The Legal Practice on Import and
Export Customs Clearance

进出口通关
法律实务

吕友臣 ● 主编

中国政法大学出版社

2021 · 北京

图书在版编目（CIP）数据

进出口通关法律实务/吕友臣主编. —北京：中国政法大学出版社，2021.11
ISBN 978-7-5764-0154-7

Ⅰ.①进… Ⅱ.①吕… Ⅲ.①海关法－中国 Ⅳ.①D922.221

中国版本图书馆CIP数据核字(2021)第219365号

书 名	进出口通关法律实务 JINCHUKOU TONGGUAN FALÜ SHIWU
出版者	中国政法大学出版社
地 址	北京市海淀区西土城路 25 号
邮 箱	fadapress@163.com
网 址	http://www.cuplpress.com (网络实名：中国政法大学出版社)
电 话	010-58908466(第七编辑部) 010-58908334(邮购部)
承 印	固安华明印业有限公司
开 本	720mm×960mm 1/16
印 张	17
字 数	276 千字
版 次	2021 年 11 月第 1 版
印 次	2021 年 11 月第 1 次印刷
定 价	88.00 元

编委会

主　编：吕友臣

副主编：袁　率　郑宗亨

撰稿人：吕友臣　袁　率　郑宗亨

　　　　张　哲　卢玉军　胡天豪

　　　　赵晓英　杨　洁　陈美欣

序 言

得益于对外开放政策的持续深入推进，2020 年我国的对外贸易进出口总值达 32.16 万亿元，连续多年居世界第一位。进出口活动的繁荣催生了对国际贸易、进出口通关等领域的法律服务需求。

与国内贸易相比，国际贸易呈现链条长、环节多、风险高等特征。传统的国际贸易法律服务更多地关注商业风险的规避和国际商事纠纷的解决，重点是对外贸易合同的签订和履行。近年来，大家又把目光转向了进出口通关。国际贸易的跨境性决定了进出口通关是必不可少的环节。

基于国际贸易自身的复杂性，比如日益碎片化的发展趋势，也基于海关监管模式、监管手段的不断创新，比如通关一体化改革、"两步申报"改革等，进出口通关也越来越呈现出专业化、技术化的倾向，法律风险的预防和纠纷的解决中专业法律服务的需求也就成为刚需。

本书关注的正是进出口通关法律服务，这是一个相对狭窄、小众的领域。能明显感觉到的是，一个专门提供进出口通关法律服务的市场正在形成，越来越多的律师和专业人员加入。一些大的律师事务所纷纷设立专门的海关法律事务部，一些提供进出口通关法律服务的小规模的精品律师事务所也不断涌现。但同时也要看到，对如何做好这一领域的专业法律服务，目前还缺乏系统的思考和总结。广大进出口企业对如何开展进出口合规而感到茫然，提供相关服务的专业人员也需要厘清进出口通关法律服务的头绪。这一现状也是我们进出口通关撰写本书的原因和动力。

从广义上讲，进出口通关涵盖了进出口主体资质认定、货物通关、检验检疫、出口退税、外汇结算等诸多事项，涉及多个政府主管部门。从狭义上讲，进出口通关则主要局限在报关、报检、查验、放行等通关层面。2018 年国家检验检疫总局口岸监管职能并入海关后，海关也就成为狭义上的进出口通关的行政主管部门。本书主要聚焦狭义上的通关法律实务，必要时会做一些广义上的拓展，比如出口退税、贸易管制等。

为了便于读者循序渐进地理解本书的内容，体例上我们安排如下。

第一部分，基础篇，对海关的管理体制和基础法律制度进行介绍，让大家对进出口通关整体框架有一个基本了解。这是理解后续进出口通关法律实务的基础。

第二部分，实务篇，对进出口通关法律实务进行介绍。从律师提供法律服务的角度，对如何提供非诉项目法律服务和诉讼代理、辩护等进行介绍，旨在帮助大家厘清这些工作的核心内容以及处理要点，并结合实践中的案例（事例）加以说明。这些都是律师实践中法律服务的主要工作内容。除传统的走私犯罪辩护、行政处罚案件代理、涉外民商事案件代理外，还包括近年来非常热门的进出口企业合规、AEO 认证协助，以及实践中常见的海关稽查协助、通关业务咨询等进出口通关非诉讼法律实务。这些新型非诉业务的专业化要求高，除了法律基础知识，还需要掌握必要的海关进出口通关业务知识，有一定的难度和挑战。为了便于大家更好地理解，我们尽量使用案例说明。

我们在附录部分，将进出口通关法律服务中常用的、本书中提及的法律规范性文件做了整理，便于索引和查阅。

本书的读者主要包括律师行业中准备或正在从事进出口通关法律服务的同行，进出口企业的业务操作人员、法务工作人员、合规工作人员，以及法律院校、外经贸院校的在校学子等。倘若本书能对大家的工作学习带来些许帮助，我们写作的初衷和目的也就实现了。

本书的作者都来自北京德恒（深圳）律师事务所进出口通关法律事务服务团队。具体的分工如下：

吕友臣，第一章第一节、第二章第十三节、第三章第四节、第三章第五节。

袁　率，第三章第三节、第五章第一节、第六章第二节。

郑宗亨，第三章第一节、第三章第二节、第三章第六节、第五章第五节、第五章第六节。

张　哲，第二章第十四节、第五章第二节、第五章第四节、第六章第一节。

卢玉军，第四章第一节、第四章第二节、第四章第三节、第六章第三节。

胡天豪，第五章第三节、第五章第七节、第七章。

赵晓英，第一章第二节、第一章第三节、第二章第一节、第二章第二节、第二章第十一节。

杨　洁，第二章第四节、第二章第五节、第二章第六节、第二章第七节、第二章第十二节。

陈美欣，第二章第三节、第二章第八节、第二章第九节、第二章第十节。

全书由吕友臣完成架构设计和最后统稿。业务秘书由杨洁担任。

谬误难免，欢迎各位读者批评和指正。

吕友臣

2021 年 4 月 9 日

■ 目 录

基础篇

实务篇

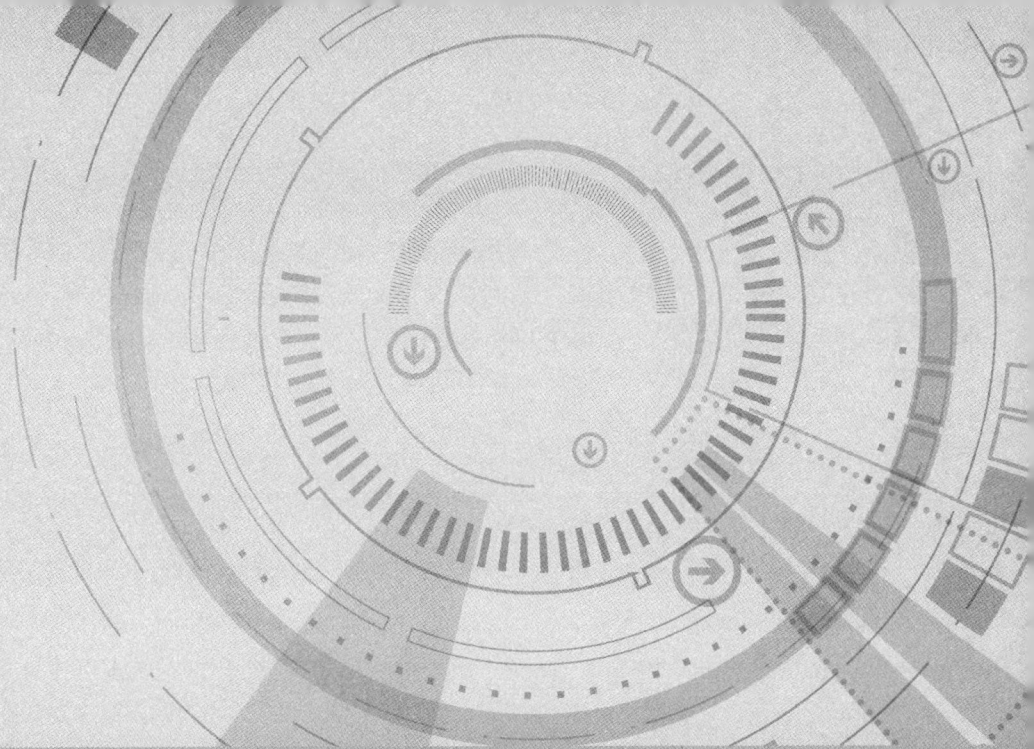

基础篇

第一章
我国海关及通关改革概述

第一节 我国海关及管理体制

一、对海关的误解

在世界各国的国家机构设置中，海关是最传统、最古老的机构之一。当然，各国海关的机构设置、隶属关系、职权范围存在很大的差异。

《中华人民共和国海关法》（以下简称《海关法》）关于"海关"的定义很简单。《海关法》第2条规定，"海关是国家的进出关境（以下简称进出境）监督管理机关"。但实践中却存在各种误解。

误解一，泛化海关。即将一切与进出口、进出境有关的国家管理工作都归为海关。比如，常听到的是"某某明星或逃犯在过关时被海关拦截"，实际上这说的是出入境管理部门，而不是海关。与世界通行做法一样，我国在口岸设置了不同的监管部门以负责不同的监管工作。比如，涉及人的身份证件的监管是由出入境管理部门负责的，而对物的监管，包括货物、物品、运输工具的监管，则是由海关负责的。

误解二，纳入地方行政区划。比如经常有人提到的"深圳市海关""罗湖区海关"，这肯定是错误的理解和表述。根据《海关法》，海关实行垂直管理体系，不受行政区划的限制。实践中，不只普通民众有这些误解，有时一些地方立法机构、行政部门在立法或文件制作过程中也可能将海关表述为地方政府的一个部门。

误解三，关检合并，或者说国检并入海关。关于2018年国务院机构改革，准确描述是"将国家质量监督检验检疫总局的出入境检验管理职责和队伍划入海关总署"，是国检的部分职能和人员划入海关，不是"关检合并"。

误解四，内陆城市没有海关。对于沿海、沿江、延边地区设立海关好理解，但一说到兰州、郑州、西安等内陆城市设立海关，大家就感觉奇怪。这恰恰说明对海关的职能、设立原则还没有准确地理解。

当然，实践中还有各种各样关于海关的误解。也正基于此，我们才需要对海关及其管理体制做一个简要的描述。

二、海关的性质

海关的性质是国家的进出境监督管理机关。海关的性质表明了其法律地位。第一，国家设立海关，海关是代表国家依法行使主权的机关；第二，监督管理进出境是海关作为国家机关的法定任务，也是与其他机关的区别之处；第三，海关是行政管理机关，也可称之为行政执法机关。

在此，我们还要对"关境"，也就是海关的管辖领域做个解释。关境是指实施某一海关法规范的领域，即一个国家或地区行使海关主权的执法范围。世界海关组织的定义是"完全实施同一海关法的地区"。

一般情况下，一国的关境等于其国境，但也有例外。如欧盟，由于区域内若干国家结成关税同盟，实施统一的海关法律制度，组成共同的关境，明显是关境大于国境。而我国，由于香港特别行政区、澳门特别行政区、台湾地区目前都是独立的法域，明显的是国境大于关境。

三、海关的基本职责

根据《海关法》第2条的规定，海关有以下五大职能。

一是监管进出境的运输工具、货物、行李物品、邮递物品和其他物品。明确了海关的监管对象。

二是征收关税和其他税、费。这里的其他税主要是指海关可以依法在进出口环节代征的税款，如增值税、消费税等。

三是查缉走私。对逃避海关监管，偷逃关税，逃避外贸管制等非法行为进行调查、惩处。

四是编制海关统计，即国家进出口货物贸易统计。

五是办理其他海关业务，如知识产权保护等。

当然，2018年国务院机构改革之后，海关新增了一项更为重要的职能就是进出口检验检疫。2018年4月20日起，出入境检验检疫系统统一以海关名义对外开展工作。

四、海关的设置和管理体制

海关的设置和管理体制一直有其鲜明的特点。

首先，海关实行垂直管理。即国务院设立海关总署，统一管理全国海关。

其次，海关设置在两类地点：一类是在国家对外开放的口岸设立海关。对外开放的口岸，包括沿海港口，与海洋相通的江河港口，与邻国交界或者相通的江河港口，边境火车站和国际联通火车站、航空港，陆地边境上的公路车站或其他国界孔道等。截至 2020 年 12 月 31 日，全国共有经国务院批准对外开放口岸 313 个。另一类是在海关监管业务集中的地点设立海关，这是根据海关监管业务的状况来决定的。也即，海关监管业务集中的城市、地区也可设立海关。比如，加工贸易、保税仓储、减免税等业务集中的地点可设立海关。这也是兰州、郑州、西安等内陆城市设立海关的原因。

再次，海关的隶属关系不受行政区划的限制。海关的设立是根据海关对进出境实施监督管理的需要决定的，不是按某一级的行政区划逐个设立。因此，我们应当称"深圳海关""罗湖海关"，而不能称"深圳市海关""罗湖区海关"。

最后，三级事权管理。即实行海关总署、直属海关、隶属海关三级行政管理体系。海关总署是全国海关的最高领导机关。全国设立 42 个直属海关，直接由海关总署领导，向海关总署负责，负责一定区域内的海关业务。直属海关下设隶属海关，负责办理具体的海关业务。目前全国共有 562 个隶属海关。另外，各级海关还设有多个办事机构，办事机构不是一级海关行政组织。海关总署的派出办事机构包括广东分署、天津特派办、上海特派办。

第二节　海关通关一体化改革

近年来，提到海关，最热门的话题莫过于海关通关一体化改革。什么是海关通关一体化改革，通关改革的脉络沿革如何，改革的核心是什么，改革带来了哪些根本性变化，本节一一解读。

一、海关通关一体化改革概述

有人把海关通关一体化改革形象地比喻成从橄榄形到哑铃形的通关模式的转变。

改革前的通关模式像一个橄榄，两边细中间粗。传统的通关模式下，企业在口岸通关的时间非常漫长，很多工作都需要在通关过程中集中完成；改革后的通关模式像一个哑铃，两边粗中间细，目前的通关模式下，企业在口岸通关的时间明显缩短，很多工作前推或后移处理。

海关通关一体化改革的根本目标是在快速通关与有效监管之间寻求平衡，通过优化海关监管模式，在方便企业通关、提高通关效率的同时达到有效监管的目的，最终实现快速、高效、安全通关。

从历史沿革来看，全国海关通关一体化改革是区域通关一体化改革的深化，更是现代化网络通讯技术广泛应用的产物。

早在 2006 年，海关总署就发布了第 43 号公告，启动了实施跨关区"属地申报，口岸验放"通关模式。

2014 年海关总署第 45 号公告，第一次提出了区域通关一体化的概念，启动京津冀海关区域通关一体化改革。

2014 年海关总署第 65 号公告，启动长江经济带海关区域通关一体化改革。

2014 年海关总署第 66 号公告，启动广东地区海关区域通关一体化改革。

2014 年海关总署第 68 号公告，石家庄海关正式启用区域通关一体化。

2015 年海关总署第 9 号公告，启动丝绸之路经济带海关区域通关一体化改革。

2015 年海关总署第 10 号公告，启动东北地区海关区域通关一体化改革。

2015 年海关总署第 11 号公告，福建、广西、海南等三省（区）内的福州、厦门、南宁、海口等四个海关启用区域通关一体化通关。

至此，全国大部分地区和关区已经实现了区域通关一体化改革，实现了"多地通关、如同一关"，全国范围内的通关一体化改革时机已经成熟。

2017 年海关总署第 25 号公告，决定从 2017 年 7 月 1 日起实施全国海关通关一体化改革，自此"全国是一关、一关通天下"。

二、海关通关一体化改革核心要点

"全国是一关、一关通天下",这是海关通关一体化改革的终极目标。2017 年 7 月 1 日起,海关总署推进全国海关通关一体化改革,企业可以任意选择通关或者报关地点和口岸,在全国任何一个地方都可办理通关手续。

此次通关一体化改革的核心是"两个中心、三项制度"。

(一)"两个中心"是风险防控中心和税收征管中心

通过"两个中心"建设,实现全国海关风险防控、税收征管等关键业务的集中、统一、智能处置。对广大企业而言,无论在哪里通关,都是同一执法口径和监管标准,企业能得到统一的通关便利,真正实现全国海关是一家,全国是一关。

(二)"三项制度"是以"一次申报、分步处置"为核心的税收征管方式改革和全国隶属海关功能化建设

1. 在通关环节实施"一次申报、分步处置"

企业在货物通关时一次申报,海关在货物放行前、放行后分步处置,即在口岸处置安全准入风险,完成对货物的安全准入甄别后,先予放行。货物放行后,再由属地海关开展税收后续管理。

改革前,企业往往需要到现场进行申报,海关现场关员在审核税收征管要素后方可下达放行指令,因此通关时间比较漫长。改革后,审核环节被放在了货物放行之后,从而极大地缩短了企业申报、通关时间,提高了通关效率,同时海关现场关员的审核压力也大大减轻。

2. 配套的海关税收征管方式改革

与"一次申报、分步处置"通关模式相配套,海关税收征管体系和运作流程也必须作出相应的调整,税款自报自缴就是相应的海关税收征管方式改革。

改革前,企业缴税需要票票过筛,每票货物都要审价、归类、计征税收,并由海关审查确定企业申报税收要素、核定企业应缴税款。改革后,企业"自报自缴",即企业自行申报税收要素、自行计算并缴纳税款、海关抽查审核,实行批量审核和税收稽查方式,监督税收入库。

海关税收征管的重点由口岸通关阶段的审核转移到后续阶段的审查，这样大大压缩了货物在口岸停留的时间。

3. 全国隶属海关功能化建设

通关模式的转变导致全国隶属海关工作职能的调整，通过隶属海关功能化、差异化改造，让不同的海关承担不同的任务，协同监管，整合优化隶属海关业务资源，完善创新运行机制。

将全国隶属海关划分为口岸型、属地型、综合型三大类。

口岸型海关侧重现场实际监管，重点承担口岸通关中的安全准入风险处置作业。

属地型海关侧重于后续监管和属地企业管理，重点承接口岸通关后的税收风险处置作业，主要是对企业进行后续的稽查和信用管理。

综合型海关是兼具口岸型和属地型业务的海关，分为偏口岸型综合海关和偏属地型综合海关，比如，保税港区海关就是偏口岸型综合海关，特殊监管区域海关、跨境电商等新型贸易业态所在地海关就是偏属地型综合海关。

三、海关通关一体化改革带来的影响

任何事物都有两面性，海关通关一体化改革也不例外。

企业是通关一体化最大的获益者，货物在口岸通关的时间大为缩短，降低通关成本，提高了生产效率，也就为企业节约了成本，从而提高了企业的利润率。但是企业不能只看到获益，而忽视了便利通关带来的风险。改革前企业的一些错误会在前期环节被发现，但现在海关通关一体化改革后很多是凭信任放行。企业享受通关一体化改革带来的便利的过程也是一个风险累积的过程，累积到一定程度就可能上升到违法犯罪的层面。因此，面对通关一体化改革，进出口企业要进一步树立风险意识，加强自身合规性建设，做到合法、合规。

对海关而言，现场快速验放减轻了现场关员的压力，但是势必要求加强后续稽核查力量，否则无法核实企业是否如实申报及纳税，这也是"一次申报、分步处置"的必然要求。以深圳海关为例，改革前深圳海关仅设一个稽查大队，改革后每个隶属海关都增设稽查科，以加强后续稽查。

第三节　关检融合

"关检融合"准确的表述是"将国家质量监督检验检疫总局的出入境检验检疫管理职责和队伍划入海关总署",这是 2018 年 3 月第十三届全国人大第一次会议审议通过的国务院机构改革方案确定的内容。

一、历史沿革

"关检融合"可谓老生常谈,但又可以说是推陈出新。1998 年以前,检验检疫按职责分为商品检验、动植物检疫、卫生检疫,分别由不同的部门承担。

1949 年,商品检验由政务院下属贸易部国外贸易司承担,卫生防疫职责由卫生部承担。1952 年,国家进出口商品检验总局成立,除承担商品检验职责外,新增了动植物检疫职责,归口政务院对外贸易部管理(对外贸易部是在 1952 年贸易部撤销后成立的)。1982 年,国家进出口商品检验总局更名为国家进出口商品检验局,隶属于国务院对外经济贸易部,同年,农业部成立了国家动植物检疫总所,负责动植物检疫工作。1988 年,卫生部成立卫生检疫总所。同年,国家进出口商品检验局归口对外经济贸易部管理。1994 年,国家进出口商品检验局升格为副部级(属对外贸易经济合作部)。1995 年国家动植物检疫总所更名为国家动植物检疫局。[1]

1998 年,"三检"合一拉开序幕,国家进出口商品检验局、卫生检疫局及动植物检疫局整合组建国家出入境检验检疫局,由海关总署管理,关检合并,实现了"一口对外"。

2001 年,关检分离。国家出入境检验检疫局与国家质量技术监督局合并,组建国家质量监督检验检疫总局。

2018 年 3 月,第十三届全国人大第一次会议明确将国家质量监督检验检疫总局的出入境检验检疫管理职责和队伍划入海关总署,关检再次合并。

表 1-1 更清楚地说明了海关与检验检疫职能归属的演变。

---

〔1〕参见汪月:"关于出入境检验检疫划入海关的探讨",载《中国机构改革与管理》2019 年第6 期。

表 1-1　海关与检验检疫职能归属历史情况

年份	海关职能	商品检验职能	动植物检疫职能	卫生防疫职能
1949	中央人民政府海关总署（属政务院）	商品检验处（隶属于政务院贸易部国外贸易司）		防疫科（隶属于政务院卫生部防疫处）
1952		国家进出口商品检验总局（隶属于政务院对外贸易部）		
1980	中华人民共和国海关总署（国务院直属机构）			
1982		更名为国家进出口商品检验局（隶属于国务院对外经济贸易部）	国家动植物检疫总所（隶属于农业部）	
1988				卫生检疫总所（隶属于卫生部）
1995			更名为国家动植物检疫局（隶属于农业部）	更名为卫生检疫局（隶属于卫生部）
1998		国家出入境检验检疫局（副部级机构，由海关总署管理）		
2001		国家出入境检验检疫局（与国家质量技术监督局合并组建国家质量监督检验检疫总局）		
2018	中华人民共和国海关总署（国务院直属机构）			

二、关检融合的要点

（一）关检融合的目标是实现"五个统一"

"五个统一"，是指统一申报单证、统一作业系统、统一风险研判、统一指令下达、统一现场执法。简单地说，就是将检验检疫作业全面融入全国通关一体化整体框架和流程。

（二）关检融合的总体思路是"两变两不变"

（1）执法内容改变，将检验检疫工作融入全国海关通关一体化的整体框架和流程，拓宽了海关执法内容。

（2）管理手段改变，将管理进一步延伸至进出境商品的境外和境内生产、加工、存放、使用、单位管理等环节。

（3）业务架构不变，保持全国海关通关一体化"中心—现场式"基本架构。

（4）业务流程不变，保持"一次申报、分步处置"的基本流程。

三、关检融合带来的影响

关检融合是一项系统工程，涉及法律法规修订、海关机构调整、工作职能转变，还涉及具体操作层面的流程、单证、系统等配套改革措施。

2018年6月1日起，海关总署公告全面取消通关单。2018年6月1日前，法检商品进出必须先有通关单后才能申报并通关。2018年6月1日后，企业可以通过"单一窗口"（包括通过"互联网+海关"接入"单一窗口"）报关报检合一界面向海关一次申报。

2018年8月1日起，海关进出口货物将实行整合申报，报关单、报检单合并为一张报关单，即"一张报关单、一套随附单证、一组参数代码、一个申报系统"。

（一）整合申报数据项

按照"依法依规、去繁就简"原则，将原报关、报检单合计229个货物申报数据项精简到105个。

（二）整合形成新报关单

整合后的新报关单以原报关单48个项目为基础，增加部分原报检内容形成了具有56个项目的新报关单打印格式。

（三）整合随附单证

整合简化申报随附单证，形成统一的随附单证申报规范。

（四）整合参数

参照国际标准，实现现有参数代码的标准化。梳理整合后，统一了 8 个原报关、报检共有项的代码，包括国别（地区）代码、港口代码、币制代码、运输方式代码、监管方式代码、计量单位代码、包装种类代码、集装箱规格代码等。

（五）整合申报系统

形成一个统一的申报系统。用户由"互联网+海关"、国际贸易"单一窗口"接入。

可以说，此次整合申报项目是关检业务融合的标志性的改革举措，改变了企业原有报关流程和作业模式，是企业感受到"关检融合"的最直接的变化。

天下大势，分久必合，合久必分。关检融合未必就是终极版本，但目前看来，对企业而言，关检融合是好事。

第二章
进出口通关法律制度

第一节　　海关通关监管

　　监管是海关最基本的任务，海关的其他任务都是在监管工作的基础上进行的。那么，海关监管是海关监督和管理的简称吗？海关通关一体化改革与关检融合后，海关通关监管有哪些变化？带着这些问题，本节我们来看看海关通关监管。

一、海关监管的概念

　　按照世界海关组织的定义，海关监管是指"为确保海关负责执行的法律、法规的实施而采取的措施"。海关监管是一项国家职能，其目的在于保证一切进出境活动符合国家政策和法律的规范，维护国家主权和利益。

　　通关一体化改革以来，我国海关全面推行综合监管模式，针对不同的监管对象、不同的监管程序，采用不同的监管措施，形成了一个层次分明又各有分支的、相对完善的进出口货物的大监管体系，如图2-1所示。

二、海关监管基本制度

　　海关监管以制度为依据。海关监管制度可分为进出境货物监管制度、进出境运输工具监管制度、进出境旅客行李物品监管制度、进出境邮递物品监管制度、海关监管场所监管制度等。其中，进出境货物监管制度比较有代表性，以下做重点介绍。

　　《海关法》第23条规定："进口货物自进境起到办结海关手续止，出口货物自向海关申报起到出境止，过境、转运和通运货物自进境起到出境止，应当接受海关监管。"

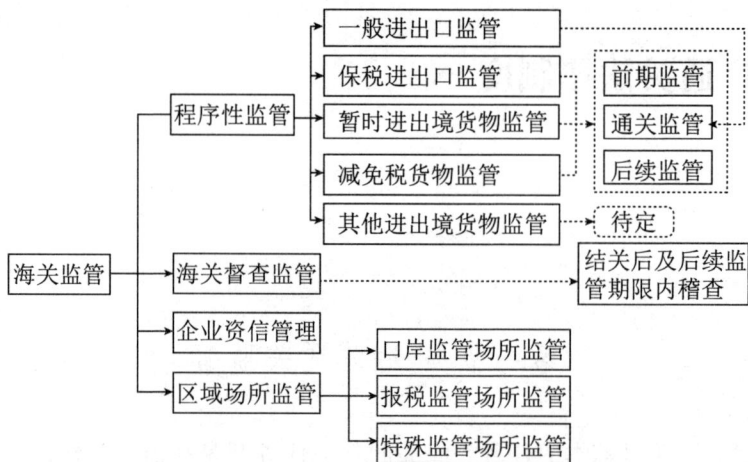

图2-1　海关综合监管模式下的海关进出境货物监管体系示意图[1]

依据对进出境货物适用监管制度的程序性要求不同，海关进出境货物监管制度可分为一般进出口监管制度、保税进出口监管制度、暂时进出境货物监管制度、减免税货物监管制度和其他进出境货物监管制度。

（一）一般进出口监管制度

一般进出口监管制度，是指在进出境环节缴纳进出口税费，涉及国家贸易管制的，在进出境环节提交相关许可证件，并办结各项海关手续的制度。适用一般进出口监管制度办理进出境手续的货物可称为"一般进出口货物"。这里的"一般"是海关监管业务中的一种习惯用语，意指正常适用进出口税收与贸易管制制度。

一般进出口监管制度主要包括以下内容：

（1）进出境时完全缴纳进出口税费。

（2）进出境时提交国家实施贸易管制的许可证件和其他相关证件。

（3）进出境放行（离境）后结关。

（二）保税进出口监管制度

保税进出口监管制度，是指经海关批准暂缓办理纳税手续进境，在境内

━━━━━━━━━━━━━━━

〔1〕　中国报关协会编：《关务基础知识》，中国海关出版社2020年版，第69页。

储存、加工、装配后复运出境或办理进口报关纳税手续后，经核销解除海关监管的制度。

保税进出口监管制度，包括保税加工（加工贸易）、保税物流进出口监管制度。

（1）保税加工，也叫加工贸易，是经营企业进口全部或者部分原辅材料、零部件、元器件、包装材料（统称料件），经过加工或者装配后，将制成品复出口的经营活动。

（2）保税物流，是以境内储存与流转为目的，包括在海关保税监管场所和海关特殊监管区域储存或简单增值加工后流转的物流活动。

（三）暂时进出境货物监管制度

暂时进出境货物监管制度，是指经海关批准，货物暂时进出境并且在规定的期限内复运出境、进境，并按规定办结海关手续的监管制度。主要适用于展览会、交易会展示使用的货物、货样；文化、体育交流活动适用的表演、比赛用品；进行新闻报道适用的仪器、设备及用品等暂时进出境物品。

（四）减免税货物监管制度

减免税货物监管制度，是指根据法律、法规和国家进出口税收优惠政策的规定，针对规定范围内的进出口货物予以减征或者免征关税、进口环节税的税收制度。依据《海关法》，关税减免分为法定减免税、特定减免税和临时减免税。

（五）其他进出境货物监管制度

其他进出境货物监管制度，主要是指针对特殊进出境方式和目的的货物而配套适用的监管制度，主要包括过境、转运和通运货物，修理货物，退运、退关、进口溢短装货物，进出境快件，跨境电子商务进出口商品等监管制度。

三、通关手续与流程

（一）海关通关监管含义

海关通关监管是海关监管的下位概念，是海关对申请办理进出境手续的"通关"环节的货物、物品的行政执法活动。

具体而言，海关通关监管是进出境货物收发货人或其代理人向海关申请办理货物、物品的进出境手续，海关对其申报的单证、数据信息与实际进出境货物、物品依法进行安全准入甄别、单证信息审核、检验检疫查验、后续监管处置和放行的全部过程。

（二）海关通关监管作业程序

海关通关监管是一个由备案核准、通关作业、后续监管等构成的完整体系。以一般进出口货物通关为例简单介绍如下。

1. 通关准入

企业应当在货物进出境前事先办理相关进出境业务的备案核准及单证准备等事项。

（1）审批与核准。

为了防止传染病传入、传出，防控生物安全风险，保护人体健康，国家对入境特殊物品实行卫生检疫审批管理。

为了防止境外动物疫病、植物疫情传入，对进境（过境）动物及其产品、植物及其产品实行检疫审批管理。

对进出口商品进行检验审批。

（2）税款担保。

"两步申报"通关模式下，企业需提前向注册地直属海关关税职能部门提交税收担保备案申请。担保额度可根据企业税款缴纳情况循环使用。高级认证企业经申请，符合条件的，可以免除税款担保。

（3）海关预裁定。

在货物实际进出境前，进出口货物收发货人可以就商品归类、原产地、进口货物完税价格相关要素、估价方法等事项向海关申请预裁定。

（4）申报前查看货物或提取货样。

在向海关申报前，当事人因无法确定货物品名、规格、归类等原因，可向海关申请查看货物或提取货样。

（5）申报单证准备。

申报单证主要包括报关单和随附单证两大类。报关企业接受进出口货物收发货人的委托办理报关业务时，应当对委托人所提供的申报单证的真实性、准确性、完整性进行合理审查。

2. 通关流程

（1）"一次申报、分步处置"的通关作业流程。

①舱单安全准入风险处置。舱单传输人按照规定向海关传输舱单及相关电子数据，海关舱单管理系统自动对舱单实施逻辑检控和审核，通过后进行风险甄别。

②企业自行报关。当事人按海关要求填制报关单，将报关单数据通过申报系统进行录入，随附必要报关单据，形成正式申报的电子数据报关单。

③自动审核。系统对报关单及随附单证电子数据进行规范性、逻辑性审核，对舱单、许可证件、电子备案信息等进行审核，符合条件的，海关接受申报，向企业发送接受申报回执；不符合条件的，系统自动退单，发送退单回执，企业需重新申报。

④企业自行报税。对应税报关单，企业收到海关接受申报回执后，办理税款相关手续：选择缴纳税款的，自行向银行缴纳；预先向海关提供税款担保并备案的，可以选择提供担保，海关按规定办理担保核扣手续。

⑤报关单风险甄别与处置。对海关已经接受申报的报关单，风险防控部门根据预先加载的风险识别规则、风险参数，运用系统进行风险甄别。申报地海关按照作业指令的要求，下达修撤单、退补税、稽（核）查指令等。

⑥查验作业。需查验（包括检验、检疫、核对货证、鉴定、初步鉴定、抽样送检、合格评定、检疫处理监管）的货物，原则上在口岸现场查验。因特殊原因不宜在口岸海关检验的，可办理转场查验手续。

⑦货物的提离与放行。报关单符合所有的放行条件后，系统自动完成放行操作。

（2）"两步申报"的通关作业流程。

①第一步是概要申报。基本流程：概要申报—风险甄别排查处置—监管证件比对—通关现场作业—货物允许提离—货物提离。

②第二步是完整申报。基本流程：完整申报—风险排查处置—监管证件比对核查、查扣—计征税费—通关现场作业—报关单放行。

3. 后续监管

进出口货物单证放行或现场放行后，根据海关规定，对进出口货物及其进口企业、出口企业在规定期限内的持续检查、监管。

（1）稽（核）查作业。进出口货物放行或报关单放行后，风险防控部门对经甄别需通过稽（核）查指令予以处置的事项，下达稽（核）查指令。税收征管局对放行后报关单事实研判处置。属地海关根据税收征管局、风险防控部门稽（核）查指令开展工作。

（2）隔离检疫。海关对放行的进境动植物限定在指定的隔离苗圃内，不少于限定时间饲养或种植，在饲养或种植期间进行检疫、观察、检测和处理的强制性措施。

（3）指定生产加工存放场所检疫监督。根据产品风险等级程度，海关对风险较高的进境动植物产品，指定生产、交工、存放企业（场所）管理。

其他后续监管还包括检疫追踪、销售记录制度、溯源管理制度、召回制度、风险预警等。

四、通关监管改革的重点与要点

通关一体化改革后，在海关通关监管方面的变革，主要体现在"两步申报""两段准入""两类通关"三种制度之中。

（一）"两步申报"制度

将原先企业需要一次性申报的 105 个项目拆分成两步分别申报。第一步概要申报，对于不涉及进口禁限管制、检验或检疫的货物，企业只需申报 9 个项目，确认 2 个物流项目；对于涉及进口禁限管制、检验或检疫的，增加申报 2 个项目，确认 5 个项目，应税的须选择符合要求的担保备案编号。如果货物不需查验，即可提离；涉税货物已经提交税款担保的，或需查验货物海关已完成查验的，也可以提离。第二步完整申报，企业应在规定时间内补充申报其他项目，办理缴纳税款等通关手续。

（二）"两段准入"制度

这里的"两段"以口岸放行（将进口货物准予提离口岸监管作业场所视为口岸放行）为界，分段实施"准许入境"和"合格入市"的监管作业方式。具体地说，禁限管制（核生化爆、毒品等）、重大疫情、高风险商品安全等重大紧急或放行后难以管控的风险，以及法律、行政法规有明确要求的，须在口岸放行前实施"准许入境"监管。非高风险商品检验、风险可控的检疫等其他准入风险可在口岸放行后实施"合格入市"监管。"合格入市"监管可在口岸放行前与"准许入境"监管合并实施。

(三)"两类通关"制度

改革现有的寄递通关监管模式,将C类快件[1]纳入货物的一体化通关管理,推动邮件和A类[2]、B类[3]快件通关整合。逐步将邮寄、快递、跨境电商纳入全国通关一体化,针对邮递、快递的物品及该渠道的小批量、多批次货物,统一规范通关模式,形成货运渠道、寄递渠道"两类通关"。

第二节　海关税收征管

关于海关征税,有些数据和事实可能出乎想象。

首先,海关税收是国家税收收入的重要来源。据海关总署统计,2020年海关征收税款17 099.1亿元,财政部数据显示同期全国税收收入154 310亿元。其次,海关征收的税款中,关税只占一小部分,大部分都是代征税。2020年海关共征收的17 099.1亿元税款中,关税2564.3亿元,进口环节税14 534.9亿元,征收船舶吨税53.7亿元。

另外,目前海关征税的主要方式是"自报自缴",也就是说,海关征税主要是靠企业自己完成的。

一、海关税收征管概述

海关税收是指海关代表国家对进出境货物、物品、运输工具所征的税,主要分为关税和代征税两大类。关税是对进出境的货物和物品征收的一种流转税。代征税是海关代征的国内税,包括进口环节代征增值税、进口环节代征消费税。

海关税收的征收主体是国家。国家通过《海关法》将征收关税的权力赋予海关,由海关代表国家向纳税义务人征收。依法征收关税及其他税收,是《海关法》规定的海关基本任务之一。

---

〔1〕　C类快件是指价值在5000元及以下不涉及许可证件管制的,不需要办理出口退税、出口收汇或者进口付汇的货物。

〔2〕　A类快件是指无商业价值的文件、单证、票据和资料。

〔3〕　B类快件是指境内收寄件人(自然人)收取或者交寄的个人自用物品。

海关税收的征收对象是准许进出境的货物、物品。但这并不意味着所有的进出境货物和物品都要征税，免税的货物和物品及保税货物等进出境时并不需要征税。

海关税收的纳税义务人是依法负有直接向国家缴纳关税义务的法人或自然人。《中华人民共和国进出口关税条例》（以下简称《关税条例》）第5条规定："进口货物的收货人、出口货物的发货人、进境物品的所有人，是关税的纳税义务人。"

二、海关税收征管的相关规范文件

自1980年恢复税收征管以来，我国海关税收征管形成了一套以《海关法》和《关税条例》为基石，包含估价、归类、审定原产地等法律法规的法律体系。

1985年3月修订的《关税条例》和《中华人民共和国海关进出口税则》（以下简称《进出口税则》）正式实施。

1987年1月，《海关法》通过，税收征管是其重要内容之一。

1992年8月，海关总署发布《中华人民共和国海关审定进出口货物完税价格办法》（以下简称《完税价格办法》）。

1992年3月，《中华人民共和国出口货物原产地规则》发布。

2004年，《中华人民共和国进出口货物原产地条例》（以下简称《原产地条例》）公布，并于2019年修订。

2007年，《中华人民共和国海关进出口货物商品归类管理规定》（以下简称《进出口货物商品归类管理规定》）公布，并于2014年、2021年修改。

随着中国经济形势的变化，我国对《完税价格办法》和《关税条例》进行了多次修订。1999年、2001年、2006年、2013年海关总署对《完税价格办法》进行修订。1987年、1992年、2003年、2011年、2013年、2016年、2017年国务院对《关税条例》进行了多次修订。

三、关税

关税是一个概括的总称，按不同的分类标准又分为不同的税种。

（一）按照计征标准可以分为从价税、从量税、复合税和滑准税

1. 从价税

从价税是以货物、物品的价格为计税标准，税率一般表现为税额占货物价格或价值的百分比。我国对进出口货物征收关税主要采用从价税计税方式。

从价税计征公式为：

应纳关税税额＝完税价格×进口关税税率

2. 从量税

从量税是以货物、物品的计量单位（重量、数量等）作为计税标准，以每计量单位应征税额计征的征收关税方式。目前，我国对啤酒、黄酒、成品油等进口商品实行从量定额计征方式。

从量税计征公式为：

应纳关税税额＝完税数（重）量×进口从量关税税率

3. 复合税

复合税是对一个税目的商品同时适用从价、从量两种标准计税，以两者之和作为应征税额计征的征收关税方式。目前，我国对香烟、烈性酒等进口商品实行复合税计征方式。

复合税计征公式为：

应纳关税税额＝完税价格×进口关税税率＋完税数（重）量×进口从量关税税率

4. 滑准税

滑准税是指对同一税目的商品按其价格的高低，设定不同的税率，进口货物按其价格水平所适用的税率课税。

征收这种关税的目的是使该种进口商品，不论其进口价格高低，其税后价格保持在一个预定的价格标准上，以稳定进口国国内该种商品的市场价格，而不受国际市场影响。

（二）按照是否施惠，可以分为普通关税和优惠关税

普通关税是相对于优惠关税而言的。普通关税是指对与我国没有签署贸易或经济互惠等友好协定的国家或地区的原产货物征收的非优惠关税；而优

惠关税就是指对来自特定国家或地区的进口货物在关税方面给予优惠待遇，按照比普通关税税率低的税率征收的关税。

在我国，优惠关税可分为最惠国待遇关税、协定优惠关税和特定优惠关税三种。其中，最惠国待遇关税主要适用于世界贸易组织成员方；协定优惠关税主要适用于区域性贸易协定国家或地区；特定优惠关税主要适用于与我国签订特殊关税优惠贸易的不发达国家。

（三）按照是否根据《进出口税则》征收，可以分为正税和附加税

正税与附加税是相对而言的。按照《进出口税则》中的进口税率征收的关税是正税；正税之外，由于国家特定需要，另行征收的关税就是附加税，包括反倾销税、反补贴税、保障措施关税、报复性关税等。附加税除报复性关税由国务院关税税则委员会直接决定并公布外，其他均由商务部提出，由国务院关税税则委员会作出决定，海关负责征税。

四、进口环节代征税

进口货物在办理海关手续放行后，进入国内流通领域，需要缴纳国内税。目前，由海关在进口环节依法代为征收进口货物的国内税包括增值税和消费税。其中，增值税征收采用从价计征方式，消费税征收采用从价、从量、复合三种计征方式，我国法律对不同应征消费税的计税方式均有明确规定。

（一）进口环节增值税

进口环节增值税是在货物进口时，由海关依法向进口货物的法人或自然人征收的增值税。

目前，进口货物增值税税率分为两档，13%的基本税率和9%的低税率。基本税率的适用范围包括除适用低税率的货物以外的货物以及提供加工、修理修配的劳务。

（二）进口环节消费税

进口环节消费税就是在货物进口时，由海关依法向进口货物的法人或自然人征收的消费税。

依据《中华人民共和国消费税暂行条例》，进口至我国的应税消费品的消费税，依据不同商品种类有从价计征、从量计征和复合计征三种方式。

五、商品归类

商品归类是海关监管和税收征管工作的重要基础，不同的归类适用不同的税率和监管条件。海关商品归类的实质是确定进出境货物商品编码。

商品经过归类后，货物的商品编码（HS CODE）就确定了，其适用的关税税率、法定计量单位、监管条件等也随之确定了。

根据《进出口货物商品归类管理规定》，商品归类是在《商品名称及编码协调制度的国际公约》商品分类目录体系下，以《中华人民共和国进出口税则》为基础，按照《进出口税则商品及品目注释》《中华人民共和国进出口税则本国子目注释》以及海关总署发布的关于商品归类的行政裁定、商品归类决定的要求，确定进出口货物商品编码的活动。

商品归类贯穿于进出口货物的整个通关环节中，包括拟进出口前商品编码的确定，海关通关中的查验、验估、税款征收，海关放行后的核查、稽查等。商品归类的主要流程如下。

（1）在货物实际进出口前，申请人可以就进出口货物的商品归类向有关直属海关申请预裁定，也可以向海关总署申请归类的行政裁定。

（2）在进口环节，如果申报人遇到无法确认进口货物的商品编码的情形时，可以向海关申请看货、取样。海关也可通过查验、验估核实申报商品的编码是否准确。

（3）在海关放行进出口货物后，税收征管中心根据风险参数或以随机等形式，进一步对企业申报货物的归类、价格、原产地等进行审核。

六、海关估价

海关征税最常见的方式是征收从价税。对于从价税来说，完税价格是海关征税的一个重要因素。

海关估价是指一国或地区海关为了征收关税，根据本国法律规定的统一估价准则，确定进出口货物的海关完税价格的作业程序。

根据《完税价格办法》，海关估计主要有六种方法：成交价格估价法、相同货物成交价格估价法、类似货物成交价格估价法、倒扣价格估价法、计算价格估价法和合理方法。在实践中，这六种估价方法的适用有先后顺序，首先要适用成交价格估价法，只有成交价格估价法不适用的情况下，才可依次适用其他五种估价方法。

（一）成交价格估价法

成交价格估价法是建立在进口货物实际交易或合同价格基础上的一种估价方法。根据《完税价格办法》，进口货物的完税价格是指由海关以该货物的成交价格为基础审查确定，并应当包括货物运抵到中华人民共和国境内输入地点起卸前的运输费、保险费及相关费用。

其中，进口货物的成交价格，是指卖方向中华人民共和国境内销售该货物时买方为进口该货物向卖方实付、应付的，并且按照有关规定调整后的价款总额，包括直接支付的价款和间接支付的价款。

（二）相同或类似货物成交价格估价法

相同或类似货物成交价格估价法，是指海关以与进口货物同时或者大约同时向中华人民共和国境内销售的，相同或类似货物的成交价格为基础，审查确定进口货物的完税价格的估价方法。

（三）倒扣价格估价法

倒扣价格估价法，是指海关以进口货物、相同或者类似进口货物在境内的销售价格为基础，扣除境内发生的有关费用后，审查确定进口货物完税价格的估价方法。

（四）计算价格估价法

计算价格估价法，是指海关以下列各项的总和为基础，审查确定进口货物完税价格的估价方法。各项费用包括以下几种：（1）生产该货物所使用的料件成本和加工费用；（2）向境内销售同等级或者同种类货物通常的利润和一般费用（包括直接费用和间接费用）；（3）该货物运抵境内输入地点起卸前的运输及相关费用、保险费。

（五）合理方法

合理方法，是指当海关不能根据上述五种方法确定完税价格时，海关根据《完税价格办法》第2条所规定的原则，以客观量化的数据资料为基础审查确定进口货物完税价格的估价方法。

七、原产地

原产地是货物的生产地。在国际贸易中，原产地与原产国通用，也就是交易货物的生产地（国），即货物的"国籍"。从征税的角度讲，各国海关按照进口国国别的不同适用不同的税率，因此，货物的原产地构成海关征税的基本要素之一。

（一）原产地规则的分类

以是否适用优惠贸易协定为标准来分，原产地规则可分为优惠原产地规则和非优惠原产地规则。

（1）优惠原产地规则，是一国为了实施国别优惠贸易政策而制定的一些特殊原产地认定标准，由给惠国和受惠国通过双边或多边协定制定的，因此也称为协定原产地规则。优惠贸易政策可以是单向给惠的，例如特惠制；也可以是双向给惠的，例如自由贸易协定。通常，优惠原产地规则比非优惠原产地规则更严格，与此同时，优惠原产地规则下的进口货物税率更加优惠。

（2）非优惠原产地规则，是一国根据实施其海关税则和其他贸易措施的需要，由本国立法自主制定的，因此也称为自主原产地政策。按世界贸易组织的规定，适用于非优惠性贸易政策措施的原产地规则，其实施必须遵守最惠国待遇原则，即必须普遍地、无差别地适用于所有原产地为最惠国的进口货物。

（二）原产地认定标准

在认定货物的原产地时，会遇到两种情况：一种是货物完全是在一个国家（地区）获得的，即只有一个国家介入该货物的生产或制造；另一种是货物的生产或制造过程中有两个以上国家（地区）介入。

（1）对于完全在一国（地区）获得的产品，如农产品或矿产品，各国的原产地认证标准基本一致，即以产品的种植、开采或生产活动的所在国为原产国，这一标准通常称为"完全获得标准"。

（2）对于经过几个国家加工、制造的产品，各国多以最后完成实质性加工的国家为原产国，这一标准通常称为"实质性改变标准"。但是，如何认定对产品进行的加工是否属于实质性加工，各国采用的标准则有所不同。

我国《原产地条例》规定的实质性改变标准是以税则归类改变为基本准

则；税则归类改变不能反映实质性改变的，以从价百分比、制造或加工工序等为补充标准。

(三) 原产地证书

原产地证书是证明产品原产地的书面文件，是受惠国的产品出口到给惠国时享受关税优惠的重要凭证。我国海关、中国国际贸易促进委员会及其他地方分会有权签发出口货物原产地证书。

八、海关税收征管

(一) 税费征收方式

目前，海关税费征收方式是以"自报自缴"为主，以"审核纳税"为补充。

1. "自报自缴"为主要方式

"自行申报、自行缴纳"即"自报自缴"，是指进出口企业、单位自主向海关申报报单及随附单证、税费电子数据，并自行缴纳税费。货物放行后，海关对进出口企业、单位申报的价格、归类、原产地等税收要素进行抽查审核。

2. "审核纳税"为补充方式

"审核纳税"，是指海关在货物放行前对纳税义务人申报的价格、归类、原产地等税收要素进行审核，并进行相应的查验，确定货物的完税价格后核定应缴税款，纳税义务人缴纳税款后货物方可放行。目前，仅个别类型单据实行海关审核纳税方式。

(二) 海关税费缴纳方式

按照支付方式，海关税费缴纳方式可分为电子支付方式和柜台支付方式。按照缴纳频率，海关税费缴纳方式可分为逐票缴纳方式和汇总征税方式。

电子支付方式是与"自报自缴"相配套的缴费方式，是目前主要的税费支付方式，通过财关库银横向联网实现海关税费信息在海关、国库、商业银行等部门之间电子流转、税款的电子入库，具有高效、便捷的优势。柜台支付方式是传统的海关税款缴纳方式，由海关作出征税决定后，海关填发税款缴款书，纳税义务人或其代理报关人员签收后前往指定银行缴纳税款。

逐票缴纳不言而喻就是一票一票逐票缴纳税费，效率低下。汇总征税是一种新的税费征缴模式，海关对符合条件的进出口纳税义务人某一段时间内多次进出口产生的税款集中进行汇总计征，满足进出口企业对通关时效的需求，提高通关效率。

（三）关税减免

关税减免是全部或部分免除应税货物纳税义务人的关税给付义务，体现国家的政策取向。《海关法》《关税条例》将减免税分为法定减免税、特定减免税和临时减免税三类。

1. 法定减免税

法定减免税是依据法律法规的规定，对进出境货物实施的减免关税优惠。对法定减免税货物一般不进行后续管理。

法定免征关税的货物主要包括关税税额在 50 元以下的货物，无商业价值的广告品和货样，外国政府、国际组织无偿赠送的物资，在海关放行前损失的货物和进出境运输工具装载的途中必需的燃料、物料和饮食用品。

2. 特定减免税

特定减免税是指海关根据国家规定，对特定地区、特定用途和特定企业给予的减免关税和进口环节代征税的优惠，也称政策性减免。

3. 临时减免税

临时减免税是指法定减免税和特定减免税以外的其他减免税，即由国务院根据《海关法》，对某个单位、某类商品、某个项目或某批进出口货物的特殊情况，需要对其进出口应税货物特别给予的关税减免。

（四）关税的追征、补征和退还

1. 关税的追征、补征

关税补征是海关发现少征或者漏征税款，应当向纳税义务人补征。纳税义务人违反规定而造成的少征或者漏征，海关可以进行追征。

2. 关税的退还

关税退还是纳税义务人按海关核定的税额缴纳关税后，海关将实际征收多于应当征收的税额（称为溢征关税）退还给原纳税义务人的一种行政行为。根据《海关法》的规定，海关多征的税款，海关发现后应当立即退还。

第三节　出入境检验检疫

2018 年之前，出入境检验检疫是与海关进出口通关相分离的制度，报检与报关分别进行。随着 2018 年国务院机构改革方案的推进，出入境检验检疫在职能上划入了海关管理，制度设计上也进行了相应的整合，报检逐步内化为报关的一部分。

一、出入境检验检疫历史沿革与监管现状

出入境检验检疫制度是三种制度的统称，包括商品检验制度、动植物检疫制度以及卫生检疫制度。具体是指由国家进出境检验检疫部门依据我国有关法律、行政法规以及我国政府所缔结或者参加的国际条约、协定，对进出境的货物及其包装物、交通运输工具、运输设备和进出境人员实施检验检疫监督管理的法律依据和行政手段的总和。

（一）监管机构之历史沿革

新中国成立初期，商品检验、动植物检疫、卫生检疫三大职责系由三大主管部门负责，分别是国务院对外经济贸易部、农业部、卫生部。1998 年，"三检合一"，三大部门整合为国家出入境检验检疫局；2001 年，国家出入境检验检疫局与国家质量技术监督局合并组建国家质量监督检验检疫总局；2018 年，国家质量检验检疫总局的出入境检验检疫职能划入海关总署。

本书第一章有更详细的介绍，此处不再赘述。

（二）职责分工现状

2018 年 7 月 30 日，中共中央办公厅、国务院办公厅印发的《海关总署职能配置、内设机构和人员编制规定》明确规定了海关总署与其他部委的职责分工范围。

在商品检验方面，由海关总署负责进口食品安全监督管理。境外发生的食品安全事件可能对我国境内造成影响，或者在进口食品中发现严重食品安

全问题的，海关总署应当及时采取风险预警或者控制措施，并向国家市场监督管理总局通报。海关总署在口岸检验监管中发现不合格或存在安全隐患的进口产品，依法实施技术处理、退运、销毁措施，并向国家市场监督管理总局通报。国家市场监督管理总局统一管理缺陷产品召回工作，通过消费者报告、事故调查、伤害监测等获知进口产品存在缺陷的，依法实施召回措施；对拒不履行召回义务的，国家市场监督管理总局向海关总署通报，由海关总署依法采取相应措施。

在动植物检疫方面，农业农村部会同海关总署起草出入境动植物检疫法律法规草案；农业农村部、海关总署负责确定和调整禁止入境动植物名录并联合发布；海关总署会同农业农村部制定并发布动植物及其产品出入境禁令、解禁令。

在卫生检疫方面，由国家卫生健康委员会负责传染病总体防治和突发公共卫生事件应急工作，编制国境卫生检疫监测传染病目录。由海关总署及各地检验检疫机构负责具体检疫的实施。

二、进出口商品检验制度

商品检验分为进出口商品检验、进出口商品复验、进出口商品免验。进出口商品检验又分为进出口商品抽查检验、进出口商品法定检验、民用商品入境验证、出口危险货物包装使用鉴定、出口危险货物包装性能检验等。

（一）进出口商品法定检验

海关总署根据进出口商品检验法的规定，制定、调整必须实施检验的进出口商品目录，并公布实施。海关对列入目录的进出口商品以及法律、行政法规规定须经过检验的其他进出口商品实施检验，此为进出口商品法定检验。

需要明确的是，列入法定检验目录的商品是法定检验商品，但有些商品虽然不在目录内，也有可能是法定检验商品。如危险化学品，根据《关于进出口危险化学品及其包装检验监管有关问题的公告》等有关规定需要法定检验。无论其是否列入法定检验目录，均属于法定检验商品，在进出口时须向海关申报。如旧机电产品也属于类似的情况。

进出口商品法定检验分为四个环节：（1）检验申请；（2）实施检验；（3）公布检验结果；（4）签发证书。

在进出口企业进行申请之后，海关根据企业信用类别、产品风险等级，判别是否需要实施现场检验及是否需要对产品实施抽样检验。

进口商品经过检验后，对于涉及人身财产安全、健康、环境保护的项目不合格的，由海关责令当事人销毁或者退运；其他项目不合格的，可以在海关的监督下进行技术处理，经重新检验合格的，方可销售或者使用。

出口商品经过检验后，经海关检验或者口岸查验不合格的，可以在海关监督下进行处理，经重新检验合格的，方准出口；不能进行技术处理或者技术处理后重新检验仍不合格的，不准出口。

（二）进出口商品抽查检验

2020 年 8 月 21 日，海关总署发布《关于开展 2020 年度法定检验商品以外进出口商品抽查检验工作的公告》，决定自公告发布之日起，对法定检验商品以外的部分进出口商品实施抽查检验。

（三）商品检验制度与 3C 认证

3C 认证的全称为中国强制性产品认证（China Compulsory Certification, CCC），是我国政府为保护消费者人身安全和国家安全、加强产品质量管理、依照法律法规实施的一种产品合格评定制度，要求产品必须符合国家标准和相关技术规范后方可生产、进口或销售。

根据《强制性产品认证管理规定》，国家对实施强制性产品认证的产品，统一产品目录，统一技术规范的强制性要求、标准和合格评定程序，统一认证标志，统一收费标准。统一产品目录由国家市场监督管理总局发布，现共涉及 17 大类 103 种产品。

根据规定，凡是被列入目录的产品，其生产者或者销售者、进口商均应当委托经国家认监委指定的认证机构对其生产、销售或者进口的产品进行认证。

在货物进境时，若货物属于统一产品目录内产品，海关会对列入目录的进口产品实施入境验证管理，查验认证证书、认证标志等证明文件，核对货证是否相符。验证不合格的，依照相关法律法规予以处理，对列入目录的进口产品实施后续监管。可见，对认证产品，海关监管的重点是验"证"，而不是实质检验。

三、进出境动植物检疫制度

先来看检疫对象范围：（1）进境、出境、过境的动植物、动植物产品和其他检疫物；（2）装载动植物、动植物产品和其他检疫物的装载容器、包装物、铺垫材料；（3）来自动植物疫区的运输工具；（4）进境拆解的废旧船舶；（5）有关法律、行政法规、国际条约规定或者贸易合同约定应当实施进出境动植物检疫的其他货物。

显然，"动植物检疫"的检疫对象不仅仅是"动植物"，还包括装载容器、包装物、铺垫材料、运输工具，甚至是废旧船舶。

动植物检疫制度分为进出境（过境）动植物及其产品、其他检疫物检验检疫、进境动植物产品生产加工存放过程的检疫监督、动植物疫病疫情监测。

进出口企业向隶属海关报关申请后，海关会进行风险识别和现场查验，根据风险识别和现场查验结果进行合格判定，决定是否放行。需要进行检疫处理的，应进行检疫处理，处理合格后放行。最后再根据进出境（过境）国家要求和具体品种出具《植物检疫证书》《动物卫生证书》《卫生证书》《检验证书》《入境货物检验检疫证明》《检疫处理通知书》。

四、国境卫生检疫制度

国境卫生检疫制度是指国境卫生检疫机关根据《中华人民共和国国境卫生检疫法》（以下简称《国境卫生检疫法》）及其实施细则，在通航的港口、机场以及陆地边境和国界江河等进出口口岸对出入境的人员、交通工具、货物、运输容器等进行传染病检疫、监测和卫生监督。

国境卫生检疫主要分为出入境人员卫生检疫，出入境尸体、骸骨卫生检疫，国境口岸卫生监督，交通工具出入境检疫四大事项。

新冠肺炎疫情下，进出境人员卫生检疫尤其引人注目。所有进出境人员均应接受海关体温监测、医学巡查等卫生检疫。海关检疫监测发现有发热或其他健康问题的人员，应配合海关进入医学排查室做好传染病排查处置工作。进出境人员应如实回答海关工作人员问询，提供详细的包含但不限于个人基本信息、乘坐的交通工具信息、健康信息、4周内到过的国家及时间、病人或病（死）动物接触情况、蚊虫叮咬情况、预防接种情况等信息。经检疫排查后，判定为患禁止进境疾病的外国人，立即终止其进境旅程；经检疫排查后为其他结果的，如传染病疑似病例、口岸重点关注传染病疑似病例、口岸关注传染病或一般传染病、排除传染病，进出境人员将按照规定根据疾病严重程度配合现场转诊或自行就医。

实践中，特殊物品检疫制度也特别值得关注，这是针对与传染病高度相关的物品进行的特殊检疫。具体而言，特殊物品是指入境、出境的微生物、人体组织、生物制品、血液及其制品等物品。因此此类物品具有易传播传染病，或有传播传染病的潜在风险、冷链运输以及对通关速度要求高等特点，属于海关严格检疫监管的对象，未经检疫许可，不准入境、出境。在特殊物品出入境之前，需要向海关申请特殊物品审批。法律法规规定须获得相关部门批准文件的，应当获得相应批准文件。经申请后，海关根据具体情况作出处理决定。申请人的申请符合法定条件、标准的，签发《入/出境特殊物品卫生检疫审批单》；申请人的申请不符合法定条件、标准的，作出不予审批的书面决定并说明理由。

五、违反出入境检验检疫规定的法律后果

违反出入境检验检疫规定，擅自进出口货物、物品的，根据相应的法律法规将构成相应的行政违法，情节严重的，涉嫌构成刑事犯罪。

（一）违反商品检验规定的法律后果

《中华人民共和国进出口商品检验法实施条例》第五章"法律责任"中规定了多种违法情况下的行政处罚幅度。

其中，第43条、第44条规定了擅自销售、使用、出口未报检或者未经检验的属于法定检验的商品，或者擅自销售、使用、出口应当申请进出口验证而未申请的商品，由出入境检验检疫机构没收违法所得，并处商品货值金额5%以上20%以下罚款。在实践中，海关适用5%或15%进行处罚的情形较多。

第45条规定："销售、使用经法定检验、抽查检验或者验证不合格的进口商品，或者出口经法定检验、抽查检验或者验证不合格的商品的，由出入境检验检疫机构责令停止销售、使用或者出口，没收违法所得和违法销售、使用或者出口的商品，并处违法销售、使用或者出口的商品货值金额等值以上3倍以下罚款；构成犯罪的，依法追究刑事责任。"实践中，海关一般都是按照涉案商品等值进行处罚。

违反进出口商品检验法的规定，逃避商品检验，情节严重的，可能涉嫌构成逃避商检罪，最高将面临 3 年的有期徒刑。具体可参见本书第五章第六节。

（二）违反动植物检疫规定的法律后果

《中华人民共和国进出境动植物检疫法》第 39 条规定，下列三类行为由口岸动植物检疫机关处以罚款：（1）未报检或者未依法办理检疫审批手续的；（2）未经口岸动植物检疫机关许可擅自将进境动植物、动植物产品或者其他检疫物卸离运输工具或者运递的；（3）擅自调离或者处理在口岸动植物检疫机关指定的隔离场所中隔离检疫的动植物的。

海关依据《中华人民共和国进出境动植物检疫法实施条例》第 59 条，对未报检或者未依法办理检疫审批手续或者未按检疫审批的规定执行的，或者报检的动植物、动植物产品和其他检疫物与实际不符的，处以 5000 元以下的罚款。实践中，罚款数额一般是一个整数金额，与货值没有直接联系。

违反动植物防疫、检疫的国家规定，引起重大动植物疫情的，或者有引起重大动植物疫情危险的，情节严重的，涉嫌构成妨害动植物防疫、检疫罪，最高将面临 3 年有期徒刑。

（三）违反卫生检疫规定的法律后果

《中华人民共和国国境卫生检疫法实施细则》第 109 条规定，应受行政处罚的违法行为包括以下十一种：

（1）应当受入境检疫的船舶，不悬挂检疫信号的；

（2）入境、出境的交通工具，在入境检疫之前或者在出境检疫之后，擅自上下人员，装卸行李、货物、邮包等物品的；

（3）拒绝接受检疫或者抵制卫生监督，拒不接受卫生处理的；

（4）伪造或者涂改检疫单、证，不如实申报疫情的；

（5）瞒报携带禁止进口的微生物、人体组织、生物制品、血液及其制品或者其他可能引起传染病传播的动物和物品的；

（6）未经检疫的入境、出境交通工具，擅自离开检疫地点，逃避查验的；

（7）隐瞒疫情或者伪造情节的；

（8）未经卫生检疫机关实施卫生处理，擅自排放压舱水，移下垃圾、污

物等控制的物品的;

(9) 未经卫生检疫机关实施卫生处理,擅自移运尸体、骸骨的;

(10) 废旧物品、废旧交通工具,未向卫生检疫机关申报,未经卫生检疫机关实施卫生处理和签发卫生检疫证书而擅自入境、出境或者使用、拆卸的;

(11) 未经卫生检疫机关检查,从交通工具上移下传染病病人造成传染病传播危险的。

前述第 (1) 项至第 (5) 项行为,处以警告或者 100 元以上 5000 元以下的罚款;前述第 (6) 项至第 (9) 项行为,处以 1000 元以上 1 万元以下的罚款;前述第 (10) 项、第 (11) 项行为,处以 5000 元以上 3 万元以下的罚款。

实践中,未到指定地点进行检疫的行为发生较多。一般是对当事人处以 5000 元罚款的顶格处罚。

违反国境卫生检疫规定,引起检疫传染病传播或者有传播严重危险的,可能涉嫌构成妨害国境卫生检疫罪,最高将面临 3 年有期徒刑。

第四节　加工贸易

2020 年,我国加工贸易进出口 7.64 万亿元,同比下降 3.9%,占全部进出口总值的 23.8%。加工贸易在我国对外贸易的地位正从"半壁江山"变为"偏于一隅",但不可否认的是,其仍然是一个极其重要的进出口贸易模式。

一、加工贸易的内涵

加工贸易是改革开放的产物,也随着改革开放的深入不断演化。1978 年出现了全国首批海外来料加工企业,并设计出第一份加工贸易纸质登记手册。2001 年底,出现了第一家海关总署标准模式联网监管的企业,电子化监管逐步替代了纸本手册监管。2019 年 1 月 15 日,金关二期加工贸易管理系统正式上线,企业可通过国际贸易"单一窗口"或"互联网+海关"一体化网上办事平台办理加工贸易业务,实现业务流程全程无纸化。

加工贸易的管理手段、管理形式在变,但其内涵却相对固定。加工贸易是指经营企业进口全部或部分原辅材料、零部件、元器件、包装物料（统称为料件），经过加工或者装配后，将制成品复出口的经营活动。

海关对加工贸易下的进口料件和成品实施保税监管，保税货物是"未办理纳税手续进境"的货物，企业无需缴纳料件进口的关税、增值税，成品出口时，企业无需缴纳出口关税。保税货物的监管时限为自进境起，到原货物退运或加工成品复运出境并由海关核销结案，或向海关补办正式进口的补证、纳税手续止。

在加工贸易中，保税监管的对象除进口料件外，还包括不作价设备。不作价设备是指与加工贸易经营企业开展加工贸易的境外厂商，免费向经营单位提供的加工生产所需设备。不作价设备在进口时，海关予以免征进口关税验放，但不免征进口增值税。

归纳起来，加工贸易有以下特点：

一是加工贸易货物进口必需事先在海关设立手册或账册；

二是加工贸易货物进口时无需缴纳进口关税和进口环节税；

三是加工贸易货物在境内经加工装配后复运出境，若保税加工货物转内销，须经批准并交验进口许可证件，缴纳进口税费；

四是加工贸易货物一般须复运出境，成品出口时除另有规定外无需缴纳关税、提交许可证件。

二、加工贸易的形式

（一）来料加工

来料加工是指进口料件由境外企业提供，经营企业不需要付汇进口，按照境外企业的要求进行加工或者装配，只收取加工费，制成品由境外企业销售的经营活动。

（二）进料加工

进料加工是指进口料件由经营企业付汇进口，制成品由经营企业外销出口的经营活动。

进料加工和来料加工的区别主要有以下几点：

（1）来料加工下，企业无需付汇购买进口料件，进料加工相反；

（2）来料加工企业不享有对进口料件的所有权，进料加工相反；

（3）来料加工制成成品后，由境外企业销售，进料加工企业的成品自找出口销路；

（4）来料加工企业赚取的是加工费，进料加工企业需要关注利润。

二者共同点在于进口料件均免征进口关税、增值税，出口成品均免征出口关税。

目前，进料加工是加工贸易的主要形式。

三、加工贸易禁止和限制商品目录

国家对加工贸易实行商品分类管理，按照商品种类分为禁止类、限制类和允许类，并制定相应的商品目录。针对禁止类商品目录中的商品，企业不得就该商品开展加工贸易业务。针对限制类商品目录中的商品，企业开展限制类商品加工贸易，企业需要按相关规定缴纳保证金。

最新版《加工贸易禁止类商品目录》为商务部、海关总署 2014 年发布的第 90 号公告，2015 年、2020 年和 2021 年商务部、海关总署又先后发文（2015 年第 59 号、2020 年第 54 号和 2021 年第 12 号）对其进行调整，调整后的《加工贸易禁止类商品目录》共计 1663 个十位商品编码。对于以下情况，虽不在《加工贸易禁止类商品目录》中单列，但仍按照加工贸易禁止类进行管理：

（1）为种植、养殖等出口产品而进口种子、种苗、种畜、化肥、饲料、添加剂、抗生素等；

（2）生产出口的仿真枪支；

（3）属于国家已经发布的禁止进口货物目录和禁止出口货物目录的商品。

但存在以下例外情况的，不按加工贸易禁止类管理：

（1）用于深加工结转转入，或从海关特殊监管区域内经实质性加工后出区的商品；

（2）用于深加工结转转出，或进入海关特殊监管区域内再进行实质性加工的商品。

四、加工贸易手册备案制度

加工贸易手册目前多采用电子化手册和电子账册形式。

电子化手册是以加工贸易合同为管理对象，在手册设立、通关、核销等环节采用"电子手册+自动核算"等模式取代纸质手册，并逐步实现"电子申报、网上备案、无纸通关、无纸报核"的监管模式。

电子账册是指海关以企业为单元为联网企业建立的电子底账，联网企业只设立一个电子账册。电子账册包括加工贸易"经营范围电子账册"和"便捷通关电子账册"。"经营范围电子账册"用于检查控制"便捷通关电子账册"进出口商品的范围，不能直接报关。"便捷通关电子账册"用于加工贸易货物的备案、通关和核销。

五、单耗管理

单位耗料量（单耗）是指加工贸易企业在正常生产条件下加工生产单位成品所耗用的进口料件的数量，包括净耗和工艺损耗。

净耗是指在加工后，料件通过物理变化或者化学反应存在或者转化到单位成品中的量。

工艺损耗是指因加工工艺原因，料件在正常加工过程中除净耗外所必须的耗用，但不能存在或者转化到成品中的量，包括有形损耗和无形损耗。

无形损耗是指在加工生产过程中，由于物质自身性质或者经济、技术方面的原因，以气体、液体或者粉尘形态进行排放的不能或者不再回收的部分。工艺损耗中，无形损耗以外的部分即是有形损耗。

以上多个概念单看难以理解，结合例子更形象生动。

一家企业 A 开展进料加工，从美国进口一批铝框，进口后在自家工厂进行加工喷漆。一个铝框的重量为 0.3 千克，经过喷漆后重量为 0.5 千克，已知对一个铝框完整喷漆需要 0.3 千克的油漆。

我们知道，单耗包括净耗和工艺损耗，二者的区别在于一个可以存在或转化到成品中，另一个无法存在或转化到成品中。可以得出，0.2（0.5-0.3）千克的油漆为净耗，0.3 千克油漆为单耗，剩余 0.1（0.3-0.2）千克为工艺损耗。进一步分析，这 0.1 千克的油漆，由于自身挥发等的特性，以气体或粉尘的形态排放到空气中，且这部分无法再次回收利用，所以 0.1 千克的油漆为无形损耗。

六、加工贸易企业联网监管制度

海关对加工贸易企业实施联网监管，是指加工贸易企业通过数据交换平台或者其他计算机网络方式向海关报送能满足海关监管要求的物流、生产经营等数据，海关对数据进行核对、核算，并结合实物进行核查的一种加工贸易海关监管方式。

加工贸易企业实施联网监管应当具备三个条件：具有加工贸易经营资格；在海关注册；属于生产型企业。加工贸易企业如需实施联网监管的，可以向主管海关提出申请。

联网监管制度的目的主要在于规范海关对加工贸易企业的监管，利用计算机手段实现对加工贸易企业的合同备案、料件进口、产品出口、手册核销等保税加工程序的全程监管。要注意，企业须具有加工贸易经营资格，且为在海关注册的生产型企业，在企业向海关申请后才能由海关对其进行联网监管。

七、外发加工

外发加工，是指经营企业因受自身生产特点和条件限制，经海关批准并办理有关手续，委托承揽企业对加工贸易货物进行加工，在规定期限内将加工后的产品运回本企业并最终复出口的行为。

根据 2020 年 12 月修正的《中华人民共和国海关加工贸易货物监管办法》第 22 条第 1 款之规定："经营企业开展外发加工业务，应当按照外发加工的相关管理规定自外发之日起 3 个工作日内向海关办理备案手续。"如果企业通过自己的子公司或分支机构外发加工，也同样需要办理备案。

根据海关相关规定，不予核准外发加工的情形有以下三类：经营企业、承揽企业的生产经营管理不符合海关监管要求的；申请外发的货物属于涉案货物且案件未审结的；海关特殊监管区域内、外企业均不得将禁止类商品外发进行实质性加工。

企业开展外发加工业务时，要特别注意不能将加工贸易货物转卖给承揽企业，承揽企业也不得将加工贸易货物再次外发给其他企业进行加工。经营企业和承揽企业应当共同接受海关监管。

八、深加工结转

深加工结转俗称"转厂"或者"结转"，包含两种形式：一般保税货物深加工结转和出口加工区货物出区深加工结转。

一般保税货物深加工结转是指加工贸易企业将保税进口料件加工的产品

转至另一加工贸易企业进一步加工后复出口的经营活动。简单来说，就是加工贸易的成品或半成品，可不直接出口而结转给另一深加工企业继续加工后出口（直接出口或继续深加工），这种保税货物在不同企业之间的结转加工业务称为深加工结转。

出口加工区货物出区深加工结转是指区内加工企业（以下简称转出企业）按照《中华人民共和国海关对出口加工区监管的暂行办法》的有关规定办理报关手续，将本企业加工生产的产品直接或者通过保税仓储企业转入其他出口加工区、保税区等海关特殊监管区域内及区外加工贸易企业（以下简称转入企业）进一步加工后复出口的经营活动。

深加工结转对于企业来说，可以节省货物出口到香港"一日游"的费用，企业无须将货物出口到香港地区，再由客户进口到境内深加工，也节省了时间成本。

随着国内加工程度的深化和上下游配套能力的增强，深加工结转业务发展对于延长加工贸易增值链条和产业链条，促进加工贸易转型升级等都有较大的推动作用。

九、边角废料的管理

加工贸易过程中会产生边角料、残次品等。首先应明确，这些边角废料等都属于海关监管货物，其结转、内销、移作他用等都需要向海关报备并获得批准。

边角料是指加工贸易企业在海关核定的单耗内、加工过程中产生的，无法再用于加工该合同项下出口制成品的数量合理的废、碎料及下脚料。

残次品是指加工贸易企业在生产过程中产生的有严重缺陷或者达不到出口合同标准，无法复出口的制品（包括完成品和未完成品）。

副产品是指加工贸易企业在加工生产出口合同规定的制成品（主产品）过程中同时产生的，且出口合同未规定应当复出口的一个或者一个以上的其他产品。

对于边角料、剩余料件、残次品、副产品和受灾保税货物等的处理，均可以退运、内销和放弃，除剩余料件可以结转外，其他都不可以结转。

剩余料件的结转，是指加工贸易企业将剩余料件结转到另一个加工贸易合同使用，限同一经营企业、同一加工企业、同样进口料件和同一加工贸易方式。

实践中，很多企业对边角料、剩余料件的处理方式是内销，但内销要注意确认料件的数量和价格，尤其是价格，如果企业先按照海关备案价格实施内销征税，那么在后续发生实际销售并产生实际内销价格后应当进行补征或者补缴税款，否则很有可能会因低报价格构成违法。

十、核销

核销是指加工贸易企业在进口料件加工成品复出口，或者办理内销等海关手续后，向海关申请解除加工贸易手册监管，经海关审核属实且符合监管规定的，海关予以办理解除监管手续的行为。核销的目的是对加工贸易成品出口后的平衡。

核销的时间。经营企业应自加工贸易手册项下最后一批成品出口后，或者加工贸易手册到期之日起 30 日内向海关报核。加工贸易合同因故提前终止的，经营企业应当自合同终止之日起 30 日内向海关报核。

海关接受报核及处置。针对不同的情形，海关会出具不同的处置意见。如企业申报资料和内容不符合规定或监管要求的，海关会按照相关规定进行退单处理；如企业报核数据与海关底账出现差异的，海关会要求企业查找原因，并提交解释说明文件。对于企业完成生产加工后的剩余料件，海关会要求企业在核销期限内办结余料结转、内销征税、退运或放弃等手续。

手册核销结案。企业向海关报核的手册经海关审核通过后，予以结案。如果企业有办理担保手续，则海关按照规定解除担保。

第五节 海关特殊监管区域和场所

改革开放至今，我国先后推出了六种形式的海关特殊监管区域，分别是保税区、出口加工区、保税物流园区、跨境工业区、保税港区、综合保税区（含特殊的综合保税区）。此外，还有保税仓库、保税物流中心、出口监管仓等形式的海关监管场所。

截至 2021 年 3 月底，全国 31 个省、市、自治区共设立海关特殊监管区域 163 个。其中，综合保税区 150 个，保税区 9 个，保税港区 2 个，出口加工区

1个，珠澳跨境工业区（珠海园区）1个。全国海关特殊监管区域总规划面积约448平方公里。[1]

一、保税区

保税区是指一国海关设置的或经海关批准注册、受海关监督和实行封闭管理的区域，具有进出口加工、国际贸易、保税仓储商品展示等功能，实行"境内关外"的运作方式。国内货物从境内进入保税区，视为出口；外国商品从境外进入保税区，不必交纳进口关税，但如果要进入关境则需交纳关税。

这里的"境内关外"并不是完全意义上的关外，只是在进口关税和通关上按照"境内关外"的运作方式，即不对区内的外国货物征收进口关税，区内货物进出口都实行便利的通关措施等。除此之外，海关和其他行政机构对保税区内的其他经营活动仍有监管权。

保税区是中国最早的一批海关特殊监管区，很长一段时间都没有发生变化，功能比较单一，直到后来出现了综合保税区，实现了全面的提升。

保税区的功能定位是：保税仓储、转口贸易、出口加工、商品展示，并且保税区内的转口货物可以在区内仓库或者区内其他场所进行分级、挑选、刷贴标志、改换包装形式等简单加工。

政策优惠有：

(1) 货物入区保税；

(2) 区内货物出境免征出口关税；

(3) 国内货物入区不退税，离境可退税；

(4) 区内加工产品不收增值税；

(5) 区内货物可以自由流转等。

二、出口加工区

狭义的出口加工区是指某一国家或地区为利用外资，发展出口导向工业，扩大对外贸易，以实现开拓国际市场、发展外向型经济的目标，专为制造、加工、装配出口商品而开辟的特殊区域，其产品的全部或大部分供出口。海

---

[1] "截至2021年3月底全国海关特殊监管区域情况"，载 http://zms.customs.gov.cn/zms/hgtsjgqy0/hgtsjgqyndqk/3656070/index.html，最后访问日期：2021年5月18日。

关对其实施封闭管理。从名称可以看出，出口加工区的功能比较单一，主要是开展出口加工业务，在加工区内的企业生产的最终产品，基本上都是直接出口的。

出口加工区的主要功能有：出口加工、保税物流、研发业务、检测业务、维修业务。

与保税区相比，二者都实行封闭管理，都是部分意义上的"境内关外"，不同点在于二者的定位和功能不同，最大不同之处在于，出口加工区实行入区即退税，而保税区需货物出境后才能办理退税。

政策优惠有：

（1）国内货物入区退税；

（2）出口加工区与其他海关特殊监管区域、保税监管场所之间的货物交易、流转不征收进出口环节和国内流通环节的有关税收。

三、保税物流园区

保税物流园区是指经国务院批准，在保税区规划面积或者毗邻保税区的特定港区内设立的、专门发展现代国际物流业的海关特殊监管区域。同样，从名称可以得出，其定位是实现"货物的快速集拼和流动"，包括存储进出口货物及其他未办结海关手续货物、对所存货物开展流通性简单加工和增值服务、进出口贸易及转口贸易、国际采购、分销和配送、国际中转、检测维修、商品展示和经海关批准的其他国际物流业务，但不得开展商业零售、加工制造、翻新、拆解及其他与园区无关的业务。从功能上分析，保税物流园区为保税区的货物顺利实现进出口提供协助服务，但政策上更优惠，保税物流园区针对出口到国外的货物，实行入区退税，而保税区则要求货物出境退税。

保税物流园区的功能定位于发展现代国际物流业，主要功能为：保税仓储、流通性简单加工和增值服务、全球采购和国际配送、国际中转和转口贸易、检测维修、商品展示。

但是，在园区内不得开展商业零售、加工制造、翻新、拆解及其他与园区无关的业务。

政策优惠有：

（1）境外货物入园区保税；

（2）国内货物入园区退税；

（3）货物出境免征出口关税；

（4）货物从园区进入境内时视同进口，按照实际监管方式的有关规定办理；

（5）货物从境内进入园区时视同出口，按照出口监管方式的有关规定办理；

（6）园区内的货物自由流转等。

四、跨境工业区

跨境工业区是指经国务院批准设立的海关特殊监管区域，实行保税区政策，与工业区外进出货物在税收方面实行出口加工区政策，其目的是吸引人流、物流、资金流、技术流、信息流等各种生产要素聚集，加快该区域的发展。珠澳跨境工业区，是我国第一个跨境工业区，包括珠海园区和澳门园区，其中珠海园区实行保税区+出口加工区两套优惠政策，而澳门区域内的澳门园区则按照澳门作为单独关税区以及自由港的政策。

另一个跨境工业区为中哈霍尔果斯国际边境合作中心中方配套区，中哈霍尔果斯国际边境合作中心是中国建立的第一个国际边境合作中心，2011年实现封关运营，但此合作中心并非海关特殊监管区域，其配套区方为海关特殊监管区域。

中哈霍尔果斯国际边境合作中心中方配套区具有国际贸易、保税物流、保税仓储、保税加工、展示展销、检测维修、国际租赁等功能，配套区的功能及优惠政策也与其他海关特殊监管区域基本相同，即境外货物入区保税、境外进口设备入区免税、境内区外货物入区退税、货物出区时视同进口按实际状态办理报关手续、区内货物可以自由流转。

五、保税港区

保税港区是指经国务院批准，设立在国家对外开放的口岸港区和与之相连的特定区域内，具有口岸、物流、加工等功能的海关特殊监管区域。保税港区糅合了保税区、出口加工区以及保税物流园区的功能，将保税物流园区予以拓宽，加强了特殊监管区域的功能整合，实现港区一体化发展，是功能合一的集大成者，功能和政策优势更突出，也实行入区退税政策。保税港区按照部分的"境内关外"进行监管。

保税港区是与外国自由港相对应的具有中国特色的对外开放区域。其比保税物流园区拥有更加强大的功能，集港口作业、物流和加工三大功能于一体。具有港口作业、出口加工、保税仓储、国际中转、国际采购、国际配送的功能，其中，港口作业功能是与其他监管区域最大的区别。

政策优惠有：

（1）境外货物入港区保税；

（2）国内货物入港区退税；

（3）货物从港区进入境内时视同进口，按照实际监管方式办理报关手续；

（4）货物从境内进入港区时视同出口，按照海关监管要求报关；

（5）港区内的货物可以自由流转等。

六、综合保税区（含特殊综合保税区）

（一）综合保税区

综合保税区是设立在内陆地区的具有保税港区功能的海关特殊监管区域，由海关参照有关规定对综合保税区进行管理，执行保税港区的税收和外汇政策，可以发展国际中转、转口贸易和出口加工等业务。实际上就是参照保税港区设立的内陆的"无水港区"。综合保税区是我国目前为止对外开放层次最高、政策最优、功能最全、区位优势最明显的海关特殊监管区域，其功能与保税港区相一致，包括港口、出口加工、保税仓储、国际中转、国际采购、国际配送、转口贸易、商品展示、检测维修功能。

政策优惠有：

（1）境外货物入区保税；

（2）国内货物入区退税；

（3）货物从综保区进入境内时视同进口，按海关监管方式办理报关；

（4）货物从境内进入综保区视同出口，按照海关监管方式办理手续；

（5）区内货物可以自由流转等。

（二）洋山特殊综合保税区

2020年1月，国务院正式批复同意设立洋山特殊综合保税区，洋山特殊综合保税区是我国目前海关特殊监管区中唯一的特殊综合保税区。

这个设置在上海自由贸易试验区临港新片区的特殊综合保税区主要以划

定区域、物理围网的方式实现，其本质属性是"境内关外"的自贸港。进入区内的货物与服务贸易、制造与加工、运输仓储和拆装、金融交易等业务均以保税的方式进行。

根据《中华人民共和国海关对洋山特殊综合保税区监管办法》的相关规定，洋山特殊综合保税区实行"一线"充分放开，区内高度自由。

（1）"一线"充分放开。

除法律法规要求必须进行申报之外，"一线"对于不涉证、不涉检的货物，采用径行放行，企业可以直接提货、发货；"二线"由区内外企业双侧申报制度改为区外企业单侧申报制度。

除涉及国际公约、条约、协定或涉及安全准入管理的货物"一线"验核监管证件外，其余货物在"二线"验核。对依法实施检疫的货物，原则上在口岸完成，经海关批准可在区内实施检疫。对入境检验的货物，原则上在"二线"实施。

（2）区内高度自由。

①海关取消账册管理，不要求区内企业单独设立海关账册，免于手册核销、单耗管理等海关常规监管，对区内企业实行企业自律管理，海关不干预企业正常经营活动。

②企业可依法开展中转、集拼、存储、加工、制造、交易、展示、研发、再制造、检测维修、分销和配送等业务。

③货物在洋山特殊综合保税区内不设存储期限。

以上海关特殊监管区域，都具备保税的基础功能，实施封闭管理，并且都遵守"一线放开，二线管住"的监管模式，"一线"是指监管区与国境外的通道，境外货物可以自由进出监管区域，区内货物也可以自由进出国境，不受海关管辖；"二线"是指自贸区与关境的通道，区内的货物进入关境内，关境内的货物进入区内，都要受到海关的监管，需要缴纳相应关税。

除以上海关特殊监管区域外，还有两种特殊监管场所：保税仓库和保税物流中心（A 型和 B 型）。

七、保税仓库

保税仓库是指经海关批准设立的专门存放保税货物及其他未办结海关手续货物的仓库，分为公用型、自用型和专用型三种。

公用型保税仓库：由主营仓储业务的中国境内独立企业法人经营，专门向社会提供保税仓储服务。

自用型保税仓库：由特定的中国境内独立企业法人经营，仅存储供本企业自用的保税货物。

专用型保税仓库：保税仓库中专门用来存储具有特定用途或特殊种类商品的仓库。

保税仓库与上述六种海关特殊监管区域不同，海关特殊监管区域由国务院审批，而保税仓库由海关审批，属于海关事权。

保税仓库是我国保税制度应用最为广泛的一种形式，20世纪80年代就已经发展起来，到了20世纪90年代后期，国家为了打击走私进行整顿后在一定程度上影响了其发展。到了2003年，海关总署对保税仓库管理进行了完善，赋予其可以进行简单加工、物流配送等功能，拓宽了保税仓库的发展空间和渠道。

保税仓库具备保税仓储、商品展示、转口贸易、缓税、简单加工和增值服务、物流配送等功能。保税仓库与一般仓库最大的不同点就是，保税仓库及所有的货物受海关的监督管理，非经海关批准，货物不得入库和出库。保税仓库的经营者既要向货主负责，又要向海关负责。

八、保税物流中心

保税物流中心是指经海关批准，由中国境内一家企业法人经营，多家企业进入并从事保税仓储物流业务的海关集中监管场所。即由多家保税物流企业在空间上集中布局的公共型场所，是具有一定规模和综合服务功能的联结国内、国外两个市场的物流集结区。保税物流中心具备保税仓储、国际物流配送、简单加工和增值、转口贸易和国际中转、入中心退税、商品展示、检验检测、口岸的功能。保税物流中心在我国分为A型和B型。

保税物流中心（A型）是指经海关批准，由中国境内企业法人经营、专门从事保税仓储物流业务的海关监管场所。按照服务范围分为公用型物流中心和自用型物流中心。公用型物流中心是指由专门从事仓储物流业务的中国境内企业法人经营，向社会提供保税仓储物流综合服务的海关监管场所。自用型物流中心是指由中国境内企业法人经营，仅向本企业或者本企业集团内部成员提供保税仓储物流服务的海关监管场所。

保税物流中心（B型）是指经海关批准，由中国境内一家企业法人经营、多家企业进入并专门从事保税仓储物流业务的海关监管场所。A型和B型的区别在于，B型为多家物流企业提供物流业务服务，而A型则是为自己一家提供物流业务服务。

在监管方面，保税物流中心与境外之间进出的货物，保税物流中心主管海关实行备案进出管理。经海关批准对从境外进入物流中心内的货物予以保税，从境外进口自用的办公用品、交通、运输工具、生活消费用品等，以及物流中心开展综合物流服务所需进口的机器、装卸设备、管理设备等，按照进口货物的有关规定和税收政策办理相关手续。保税物流中心内仓储货物离开物流中心最终出口至境外，海关实行备案管理。

保税物流中心与境内保税监管区域之外地区之间的进出货物管理。物流中心货物进入境内视同进口，按照货物实际贸易方式和实际状态办理进口报关手续；货物从境内进入物流中心视同出口，由境内发货人办理出口报关手续，可以享受出口货物退（免）税政策。

保税物流中心能够对地方的经济起到带动作用，能建立一个稳定而长效地吸引国内外物流企业进入中心发展的机制，就近解决周边企业出口退税、保税等问题，有利于吸引外资和促进企业投资，丰富当地物流业态和形式，促进本地物流业的国际化和现代化。

九、出口监管仓

出口监管仓库是指由直属海关批复，设立在我国设有海关机构的沿海或边境口岸的专门存放已经办结海关出口手续、产权属于境外厂商的货物的海关监管仓库。包括出口配送型仓库（存储以实际离境为目的的出口货物）和国内结转型仓库（存储用于国内结转的出口货物的仓库）。

在出口监管仓库内，不能对所存货物进行实质性加工，但可以进行分级、挑选、刷贴标志、改换包装等简单加工。

十、海关特殊监管区域和场所的发展趋势

根据以上各种区域和场所的特点，可以总结出海关特殊监管区域和场所的以下规律和发展趋势。

（一）特殊监管区域和场所的普及性

从最早保税区的零星分布，到现在综合保税区的遍地开花，各类海关特殊监管区域和场所已经从原来的试点范围扩大到全国，海关特殊监管区域适用的优惠政策，也随着特殊监管区域数量的增加和范围的扩大而普及全国。

（二）不断整合升级为综合保税区

前文提到，综合保税区是目前政策最优、功能最全的海关特殊监管区域，已经设立的各个特殊监管区域都在逐渐按照综合保税区的标准进行整合升级，未来将要设立的海关特殊监管区域也都会按照综合保税区的标准进行建设和命名。

（三）海关优惠政策的支撑点

从各类海关特殊监管区域和场所适用的优惠政策可以看出，这些区域和场所是海关优惠政策的试点，各种不同的优惠政策或先行先试政策都是以特殊监管区域为试点，并在这些试点中推广和落地的。

第六节　海关稽查

全国一体化通关改革的推进，口岸现场的快速验放必然以后续的有效监管为保障，而这个有效监管，其中最重要的就是稽查制度的强化。

一、海关稽查的概念

根据《中华人民共和国海关稽查条例》（以下简称《海关稽查条例》），海关稽查是指海关自进出口货物放行之日起 3 年内或者在保税货物、减免税进口货物的海关监管期限内及其后的 3 年内，对与进出口货物直接有关的企业、单位的会计账簿、会计凭证、报关单证及其他有关资料和有关进出口货物进行核查，监督其进出口活动的真实性和合法性。

海关稽查，又称海关外部审计（external audit），是指企业通关后海关运用审计方法对企业进出口活动进行系统监控，确保企业进出口行为合规，实现海关管理目的的管理模式和手段。

海关稽查制度最早在西方发达国家推行，并逐步引入我国的海关监管领域。相较于西方国家，我国的海关稽查虽然也称为外部审计，但我们却强调以会计核查和实物检查并重，其诞生的初衷就与海关控制通关风险、查发案件直接相关，并非真正意义上的单纯审计。从本质上讲，我国的海关稽查应该归入行政检查行为。重实物检查，辅之以账册审计，这是中国海关稽查的特色。

二、海关稽查的对象

根据《海关稽查条例》第 3 条规定，海关对下列与进出口货物直接有关的企业、单位实施海关稽查：

（1）从事对外贸易的企业、单位；

（2）从事对外加工贸易的企业；

（3）经营保税业务的企业；

（4）使用或者经营减免税进口货物的企业、单位；

（5）从事报关业务的企业；

（6）海关总署规定的与进出口货物直接有关的其他企业、单位。

从事报关业务的企业，除熟知的报关行外，还有货运代理企业、供应链企业等，都属于海关稽查的对象。企业可以依据该条规定进行自查，确认自身是否属于海关稽查的对象。

三、海关稽查的方式

海关稽查包括常规稽查、专项稽查和验证稽查三种方式。

常规稽查是指海关以监督和规范被稽查人进出口行为为主要目标，以例行检查和全面"体检"为基本特征，有计划地对被稽查人在一定期限或业务范围内的进出口活动实施检查的一种稽查作业方式。

专项稽查是指以查发企业、单位各类问题，保障海关监管、税收和贸易安全，以防范走私违法活动为目的，以风险程度较高或政策敏感性较强的行业、企业、商品为重点，采用风险分析、贸易调查等方式对企业实施的一种稽查工作方式。

验证稽查是指海关以验证企业守法状况或贸易安全情况，动态监督企业进出口活动，规范企业内部管理，促进企业守法自律为目标，对申请评为高信用企业的准入资质实施的稽查。

与其他两个稽查相比，验证稽查比较特殊，特殊之处在于稽查对象，验证稽查的稽查对象是具备条件申请高信用等级的企业，这是与海关信用管理工作相配套的措施。这一稽查方式在企业分类管理时代常见，发展到企业信用管理阶段已逐步弱化。

四、海关稽查的常用方法

实践中海关稽查常用的方法有以下四种。

（一）查账法

这是海关稽查最主要和最基本的方法。海关稽查人员会根据会计凭证、会计账簿和财务报表等的内在关系，通过对被稽查人会计资料记录及其所反映的经济业务稽核、检查，以核查被稽查人的进出口行为是否合法、规范。稽查的直接对象就是被稽查人的各种会计资料。

各种会计资料往往最能直观反映企业的交易情况和经营情况，有经验的稽查人员可以从企业的会计资料中发现诸多蛛丝马迹，从而掌握企业的实际经营情况。

（二）调查法

调查法是指海关稽查人员通过观察、询问、检查、比较等方式，对被稽查人的进出口活动进行全面综合的调查了解，以核实其进出口行为是否真实、合法规范的方法。在这种方式下，海关稽查人员很有可能会对企业的相关员工进行访谈和询问，从而掌握更多的细节信息。

（三）盘存法

盘存法是指海关在检查进出口货物的使用状况时，通过盘点实物库存等方法，具体查证核实现金、商品、材料、在产品、产成品、固定资产和其他商品的实际结存量的方法。

（四）分析法

分析法是指海关利用现有的各种信息数据系统，充分依靠现代信息技术，对海关监管对象及其进出口活动全面综合统计、汇总，进行定量定性分析、评估，以确定被分析对象进出口活动的风险情况的基本方法。

以上方法为海关稽查的常用方法，企业需要对这些方法有所了解，对这些方法所作用的对象要心中有数。

五、海关稽查的实施

一般来说，海关稽查的程序有通知、实施稽查、制作稽查报告以及送达稽查结论等几个环节。

（一）通知

根据《海关稽查条例》第 10 条规定，海关进行稽查时，应当在实施稽查的 3 日前，书面通知被稽查人，向被稽查人制发《海关稽查通知书》。但存在可以不事先通知的例外情况，即在被稽查人有重大违法嫌疑，其账簿、单证等有关资料以及进出口货物可能被转移、隐匿、毁弃等紧急情况下，经直属海关关长或者其授权的隶属海关关长批准，海关可以不经事先通知进行稽查。若海关不经事先通知实施稽查的，应当在开始实施稽查时向被稽查人制发《海关稽查通知书》。

（二）实施稽查

依据《海关稽查条例》《〈中华人民共和国海关稽查条例〉实施办法》的相关规定，海关稽查组（不少于 2 人）可以采取以下措施：（1）查阅、复制被稽查人的账簿、单证等有关资料；（2）进入被稽查人的生产经营场所、货物存放场所，检查与进出口活动有关的生产经营情况和货物；（3）询问被稽查人的法定代表人、主要负责人员和其他有关人员与进出口活动有关的情况和问题；（4）经直属海关关长或者其授权的隶属海关关长批准，查询被稽查人在商业银行或者其他金融机构的存款账户。

（三）制作稽查报告

海关稽查组实施稽查后，应当向海关报送稽查报告。稽查报告认定被稽查人涉嫌违法的，在报送海关前应当就稽查报告认定的事实征求被稽查人的意见，被稽查人应当自收到相关材料之日起 7 日内，将其书面意见送交海关。

（四）送达稽查结论

海关应当自收到稽查报告之日起 30 日内，作出海关稽查结论并送达被稽查人。海关应当在稽查结论中说明作出结论的理由，并告知被稽查人的权利。

至此，整个海关稽查流程实施完毕。

六、海关稽查中被稽查人的权利和义务

在海关稽查中，作为被稽查人的企业享有以下权利。

（一）知情的权利

被稽查人有权向海关了解有关进出口管理的法律、法规及规章，有权要求海关告知其在海关企业稽查中的权利和义务。

（二）维护自身合法权益的权利

被稽查人有权维护自身的合法权益，一是如被稽查人认为海关工作人员与其存在直接的利害关系，可以对海关工作人员提出回避申请；二是在稽查过程中，被稽查人有权要求海关保守商业秘密；三是对于海关违反法定程序或超出法律授权范围的要求或行为，被稽查人有权拒绝。

（三）寻求法律救济的权利

被稽查人对于海关实施企业稽查中的行政行为不服的，可以依法申请行政复议，或者向法院提起诉讼。

（四）申请行政赔偿

对于海关违法实施的企业稽查行为，致使被稽查人的合法权益受到损失的，被稽查人可依法申请行政赔偿。

此外，企业在面对海关稽查时，还有积极配合海关的稽查工作的义务。

（1）依法接受海关稽查，如实反映情况，提供账簿、单证等有关资料；

（2）依法设置、编制会计资料，真实、准确、完整地记录和反映进出口业务的有关情况，并按照规定期限保管有关资料；

（3）配合海关行使查阅、复制、检查和询问等职权；

（4）其他依法应当履行的义务。

企业最大的义务之一就是配合，按照海关的相关要求提供企业财务凭证、账簿、仓库出入库账、生产记录、订单、销售记录、进出口报关单、发票、装箱单等纸质单证，其中重要部分稽查人员均会要求复印，复印完成后会要

求在复制的资料首页上注明出处、页数、复制时间及"本复印件与原件一致，核对无误"字样，最后由被稽查人代表签字并逐页加盖被稽查人公司印章。

　　企业还要做好时间协调及生产安排，避免影响正常的经营和生产工作。若海关稽查提出检查货物、调取账簿时，遇到可能影响生产安排的情况，企业应该及时向稽查人员说明并协调具体时间，这是企业的权利，企业应积极行使该权利，避免因海关稽查导致企业利益遭受不必要的损失。

七、海关稽查的重点

实践中，海关稽查的重点主要有以下几个。

（一）保税料件稽查

保税料件的使用情况，即来源和流向情况。保税料件有无挪作他用、有无串料，有无移出监管区。

（二）保税料件管理情况稽查

保税料件与非保税料件是否有分开存放，是否有明确标示，有无与非保税料件单独建账。

（三）深加工结转稽查

有没有空转、超转、混转、不转的情况，转厂有无超过时效性。

（四）海关物流账及单证稽查

来源与流向凭证：料件的入仓单、料件的领用单、车间的生产工令单、成品的入仓单、成品的出仓单及各材料各成品的底数（账面结存）。上述凭证是否账账相符、账证相符、账实相符。

（五）不作价设备或减免税设备的稽查

是否有变卖、是否有出租、是否有挪用、是否有移出监管区，有无专门的账册。

（六）合同备案单损耗的核查

合同单损耗是否合理。

（七）边角废料、残次品的稽查

有无私自变卖边角废料和残次品、有无账册。

（八）偷逃税款的稽查

是否存在两套发票，以实际发票入账付汇，以假发票报关；报关价格中是否瞒报运保费等费用；是否伪报货物品名，将高税率货物伪报为低税率货物。

（九）骗取出口退税的稽查

是否存在伪报货物数量，以少报多来骗取出口退税等。

八、海关稽查后的处理方式

海关稽查结束后，无论稽查结果如何，企业都要做好记录工作。要把稽查过程中海关索取的资料全部逐一登记，并且要将全部的资料归档整理，并针对此次稽查开展相应的复盘、分析和学习，完善企业经营和管理体系。

如果企业一旦被海关查出问题，企业能做的，除承认错误外，就是要实事求是地将损失降到最低，尽力配合海关，展现出良好的合作态度。

第七节　海关事务担保

海关作为国家行政机关，与进出口企业并不处于平等的主体地位，这与民法上的平等主体之间的担保法律关系明显不同，或者说海关事务担保有其特殊性。

一、规范海关事务担保的相应法律规范

在 2000 年《海关法》修正前，法律并没有对海关事务担保作出规定。在规范性文件层面，海关总署在 1987 年发布了《中华人民共和国海关关于进出口货物申请担保管理办法》，规定了暂时进出口货物；国家限制进出口货物，已领取了进出口许可证件，因故不能及时提供的；进出口货物不能在报关时交验有关单证（如发票、合同、装箱清单等），而货物已经运抵口岸，亟待提取或发运，要求海关先放行货物，后补交有关单证的；正在向海关申请办理减免税手续，而货物已经运抵口岸，亟待提取或发运，要求海关缓办进出口纳税手续的；经海关同意，将海关未放行的货物暂时存放于海关监管区之外的场所的；因特殊情况经海关总署批准的等六种情况，可以向海关提交保证金或保函。

2000 年全国人大常委会对《海关法》进行修正，增加了一条，作为第 66 条第 1 款："在确定货物的商品归类、估价和提供有效报关单证或者办结其他海关手续前，收发货人要求放行货物的，海关应当在其提供与其依法应当履行的法律义务相适应的担保后放行。法律、行政法规规定可以免除担保的除外。"2000 年修正的《海关法》实现了在法律层面对海关事务担保作出调整。

2010 年，国务院制定了专门的《中华人民共和国海关事务担保条例》（以下简称《海关事务担保条例》），并对海关事务担保的具体事项进行细化。《海关法》和《海关事务担保条例》构成了海关事务担保的法律依据。

二、海关事务担保的特性

海关事务担保，是指与进出境活动有关的自然人、法人或非法人组织在向海关申请从事特定的经营业务或者办理特定的海关事务时，以向海关提交保证金、保证函等担保，承诺在一定期限内履行其法律义务的法律行为。

从这个概念可以看出，作出担保的主体，与民法上的担保的主体相同，都是包含自然人、法人或非法人组织，但是担保权人不是自然人、法人或非法人组织，而是海关。海关是海关事务担保制度的担保权人，享有担保权。担保的对象与民法的担保也不同，不是民法上的债权债务，而是行政事务，如特定的经营业务或特定的海关事务等需要行政审批的事务。担保的形式是类似的，包括人保和物保。

因此，海关事务担保既有民法担保上的一些特征，如担保主体和担保形式，但同时又有自己独特的特质，如担保权人和担保对象，可以简单理解为一种特殊的担保，既要结合民法的相关规定进行理解，也要结合海关的行政法律、法规进行研究。

三、海关事务担保的适用

根据《海关事务担保条例》第 4 条至第 9 条的规定，可以适用担保的情形有以下六种。

（一）办结海关手续前要求提前放行货物的担保

（1）进出口货物的商品归类、完税价格、原产地尚未确定的；

（2）有效报关单证尚未提供的；

（3）在纳税期限内税款尚未缴纳的；

（4）滞报金尚未缴纳的；

（5）其他海关手续尚未办结的。

（二）申请办理下列特定海关业务的，按照海关规定提供担保

（1）运输企业承担来往内地与港澳公路货物运输、承担海关监管货物境内公路运输的；

（2）货物、物品暂时进出境的；

（3）货物进境修理和出境加工的；

（4）租赁货物进口的；

（5）货物和运输工具过境的；

（6）将海关监管货物暂时存放在海关监管区外的；

（7）将海关监管货物向金融机构抵押的；

（8）为保税货物办理有关海关业务的。

（三）确保国家税收安全的担保

进出口货物的纳税义务人在规定的纳税期限内有明显的转移、藏匿其应税货物以及其他财产迹象的，海关可以责令纳税义务人提供担保；纳税义务人不能提供担保的，海关依法采取税收保全措施。

（四）申请解封涉案货物、物品、运输工具的担保

有违法嫌疑的货物、物品、运输工具应当或者已经被海关依法扣留、封存的，当事人可以向海关提供担保，申请免予或者解除扣留、封存。有违法嫌疑的货物、物品、运输工具无法或者不便扣留的，当事人或者运输工具负责人应当向海关提供等值的担保；未提供等值担保的，海关可以扣留当事人等值的其他财产。

（五）自然人、企业法定代表人在履行责任前的出境担保

法人、其他组织受到海关处罚，在罚款、违法所得或者依法应当追缴的

货物、物品、走私运输工具的等值价款未缴清前，其法定代表人、主要负责人出境的，应当向海关提供担保；未提供担保的，海关可以通知出境管理机关阻止其法定代表人、主要负责人出境。受海关处罚的自然人出境的，适用前述规定。

（六）"双反"措施及知识产权海关保护相关事务的担保

进口已采取临时反倾销措施、临时反补贴措施的货物应当提供担保的，或者进出口货物收发货人、知识产权权利人申请办理知识产权海关保护相关事务等，依照《海关事务担保条例》的规定办理海关事务担保。

以上六种情形为《海关事务担保条例》中明确规定可以适用海关事务担保的情形。此外，还可以向海关申请办理总担保，即当事人在一定期限内多次办理同一类海关事务的，可以向海关申请提供总担保。海关接受总担保的，当事人办理该类海关事务，不再单独提供担保。

四、海关事务担保担保人的资格及担保责任

《海关法》第67条规定，可以成为担保人的，是指具有履行海关事务担保能力的法人、其他组织或者公民。

对于担保人来说，履行海关事务担保能力是一个抽象概念，需要通过外界事物展示出来，通俗地说，就是指担保人应当拥有足以承担担保责任的财产。通过所拥有的财产来判断其是否具备资格成为担保人是一种非常直接且高效的做法。另外，如果担保人是自然人，还要注意该自然人应当具有民事行为能力，限制民事行为能力或无民事行为能力的自然人是无法成为担保人的。

成为担保人后，就要履行担保责任。担保人应当承担的担保责任，是指被担保人应当在规定的期限内全面、正确地履行其承诺的海关义务。如果被担保人能在规定的期限内履行担保承诺的义务或规定的担保期间届满，那么担保人的担保责任依法予以解除。

五、海关事务担保的方式

根据《海关法》第68条规定，海关事务担保的方式有以下四种。

（一）以人民币、可自由兑换货币提供担保

毫无疑问，直接提供人民币作为担保是最简单、最直接的担保方式，其

他国家的法定货币同理，只要能够在市场上自由兑换，那么即可成为向海关提供担保的货币。以货币提供担保的方式也就是提供保证金的方式。

（二）以汇票、本票、支票、债券、存单提供担保

汇票是指由出票人签发的委托付款人在见票时，或者在指定日期无条件支付确定的金额给收款人或持票人的票据。

本票是指由出票人签发，出票人承诺自己在见票时无条件支付一定的金额给收款人或持票人的票据。

支票是指出票人签发的，委托办理支票存款业务的银行或其他金融机构在见票时无条件支付确定的金额给收款人或持票人的票据。

债券是指依照法定程序发行的，约定在一定期限还本付息的有价证券。

存单是指储蓄机构发给存款人的证明其债权的单据。

（三）以银行或者非银行金融机构的保函提供担保

保函，即法律上的保证，属于人的担保的范畴。保函不同于物保，不是通过提供具体数额的财产进行担保的，而是以保证人的信誉和不特定的财产为他人的债务提供担保。

保函与保证金的区别在于，保函的保证人必须是第三人，而提供保证金的担保人可以是第三人，也可以是被担保人自己。

由银行出具的保函，具体办理可以由已与海关联网的银行出具保函，并将保函电子数据推送到海关保函备案系统中实现备案。若是由未与海关联网的银行出具，由银行在海关的备案人员将保函纸质正本送达海关关税处备案。在办理银行保函时，应先咨询当地海关是否有特殊的要求，然后再进行办理。

如果以保函向海关提供担保的，那么保函应当以海关为受益人，并且载明下列事项：

（1）担保人、被担保人的基本情况；

（2）被担保的法律义务；

（3）担保金额；

（4）担保期限；

（5）担保责任；

（6）需要说明的其他事项。

（四）以海关依法认可的其他财产、权利提供担保

如果以上述财产、权利以外的其他财产和权利作为担保的，担保财产、权利的具体范围由海关总署规定。

六、海关事务担保的实施

具体海关事务担保的实施程序，企业可以根据当地海关的具体要求进行办理，此处不予赘述。这里仅介绍几个核心内容。

首先是担保金额的确定。当事人提供的担保应当与其需要履行的法律义务相当，这与民法上的担保相同，担保金额的确定有以下几个标准。

（1）为提前放行货物提供的担保，担保金额不得超过可能承担的最高税款总额。

（2）为办理特定海关业务提供的担保，担保金额不得超过可能承担的最高税款总额或海关总署规定的金额。

（3）因有明显的转移、藏匿应税货物以及其他财产迹象被责令提供的担保，担保金额不得超过可能承担的最高税款总额。

（4）为有关货物、物品、运输工具免予或者解除扣留、封存提供的担保，担保金额不得超过该货物、物品、运输工具的等值价款。

（5）为罚款、违法所得或者依法应当追缴的货物、物品、走私运输工具的等值价款未缴清前出境提供的担保，担保金额应当相当于罚款、违法所得数额或者依法应当追缴的货物、物品、走私运输工具的等值价款。

当事人在向海关提供担保时，可以依据上述标准进行评估，评估后再提供担保。

当事人提供担保后，可以依据被担保人法律义务的承担情况确定是否承担担保责任。如果被担保人已经履行了相关的法律义务，不再从事特定的海关业务，或担保财产、权利被海关采取抵缴措施后仍有剩余的及其他需要退还的情形，当事人需向海关申请办理担保财产、权利的退还手续。

若担保人、被担保人违反海关监管规定，使用欺骗、隐瞒等手段提供担保的，那么需要承担相应的法律责任。此种情形下，海关会责令担保人、被担保人继续履行法律义务，并对二者处5000元以上50 000元以下的罚款；情节严重的，海关还可以暂停被担保人从事有关海关业务或者撤销其从事有关

海关业务的注册登记。

若担保人、被担保人对海关有关海关事务担保的具体行政行为不服的，可以依法向上一级海关申请行政复议或者向人民法院提起行政诉讼。

第八节 知识产权海关保护

知识产权海关保护又称知识产权的边境执法、知识产权的边境保护，是指海关依法在我国边境制止侵犯受国家法律和行政法规保护的知识产权的货物进境或出境的措施。

一、知识产权海关保护制度的历史沿革

1979 年中美建交以来，双方贸易频繁，相应的知识产权纷争也频发。1992 年，中美双方就知识产权保护达成初步合意，双方签署《中华人民共和国政府与美利坚合众国政府关于保护知识产权的谅解备忘录》，其中第 5 条约定："两国政府将在各自境内及边境采取有效的办法和救济，以避免或制止对知识产权的侵犯，并遏制进一步的侵犯……"这是中国知识产权海关保护制度的萌芽。

1994 年国务院发布了行政法规《国务院关于进一步加强知识产权保护工作的决定》。据此，海关总署发布了《关于在海关监管工作中加强对知识产权保护问题的通知》。自此，海关开始禁止侵犯知识产权的货物的进出口。

自 1994 年起，中美双方经过多达 9 次、长达 20 个月的磋商，最终正式达成《中美关于保护知识产权的协议》。

1995 年 7 月，国务院发布《中华人民共和国知识产权海关保护条例》（以下简称《知识产权海关保护条例》），标志着中国海关的知识产权保护制度正式进入了法治化的阶段。

二、知识产权海关保护的基本制度

（一）知识产权海关保护备案制度

1. 基本概念

知识产权海关保护备案制度，是指知识产权权利人事先通过提供知识产

权法律状况、知识产权许可使用情况、侵权货物进出口情况等相关文件以及备案申请书向海关总署申请备案，海关总署审核后将此知识产权纳入海关保护范围。

2. 海关审查期限

海关总署自收到全部申请文件之日起 30 个工作日内作出是否准予备案的决定，并书面通知申请人；不予备案的，应当说明理由。

3. 不予备案的法定原因

（1）申请文件不齐全或者无效的；

（2）申请人不是知识产权权利人的；

（3）知识产权不再受法律、行政法规保护的。

4. 保护有效期

自海关总署准予备案之日起，知识产权海关保护备案生效，有效期为 10 年；在有效期届满前 6 个月，可以向海关总署申请续展，每次续展有效期为 10 年。

5. 撤销备案

海关发现知识产权权利人申请知识产权备案未如实提供有关情况或者文件的，海关总署可以撤销其备案。知识产权权利人自备案被撤销之日起 1 年内就被撤销备案的知识产权再次申请备案的，海关总署可以不予受理。

6. 备案的必要性

（1）知识产权备案是海关依职权调查处理的前提条件。未经备案的知识产权，海关不会依职权调查侵权事实。

（2）知识产权备案为事前手段，有助于海关及时发现嫌疑货物。权利人在备案时，将全面的知识产权相关信息提供于海关，海关工作人员在日常查验工作中更容易发现侵权产品。

（3）备案知识产权权利人受海关通知后，可启动申请货物扣留的程序；未备案的知识产权权利人若要申请扣留货物，权利人需要主动掌握侵权事实，并主动向海关申请扣留，没有前置的"接受通知"程序。

（4）未备案的知识产权，若权利人申请扣留货物的，需要提供知识产权受到侵犯的证据：①请求海关扣留的货物即将进出口；②在货物上未经许可使用了侵犯其商标专用权的商标标志、作品或者实施了其专利。已备案知识产权权利人申请扣留货物的，无需提供上述证据。

(二) 依职权调查处理制度

1. 基本概念

海关对进出口货物实施监管，发现进出口货物涉及在海关总署备案的知识产权且进出口商或者制造商使用有关知识产权的情况未在海关总署备案的，可以要求收发货人在规定期限内申报货物的知识产权状况和提交相关证明文件。

收发货人未按照规定申报货物知识产权状况、提交相关证明文件或者海关有理由认为货物涉嫌侵犯在海关总署备案的知识产权的，海关中止放行货物并书面通知知识产权权利人。

2. 保护程序

知识产权权利人在收到书面通知后，应在 3 个工作日内回复海关是否申请扣留嫌疑货物。

经权利人申请并提供等值担保，海关对嫌疑货物进行扣留，并将货物扣留凭证发往收发货人。收发货人可以实际查看货物，收发货人认为其未侵犯知识产权的，可以向海关提供书面说明并随附相关证据。

自扣留之日起 30 个工作日内，海关对被扣留货物是否侵犯知识产权进行调查、认定；不能认定的，应书面通知权利人。收发货人及知识产权权利人应当对海关调查予以配合，如实提供有关情况及证据。海关对被扣留嫌疑货物进行调查的，可以请求知识产权主管部门予以协助。

(三) 依申请扣留制度

1. 基本概念

知识产权权利人在发现侵权货物即将进出口时，可以申请海关采取保护措施，对嫌疑货物进行暂扣。

2. 申请程序

知识产权权利人应当向货物进出境地海关提交申请书，并随附能够证明货物即将进出口以及侵权事实的证据；并且，知识产权权利人应当在法律规定期限内提供与货物价值等值的担保。权利人依规定进行申请，且及时提供等值担保的，海关才会扣留嫌疑货物。

3. 撤回申请

在海关认定被扣留的侵权嫌疑货物为侵权货物之前，知识产权权利人可以撤回扣留侵权嫌疑货物的申请，海关将放行被扣留的侵权嫌疑货物。

4. 申请对象

一般权利人向货物进出境地海关申请保护措施即可，如果权利人有正当理由认为其知识产权正在全国范围内遭受非法侵害，也可以向海关总署提出保护申请，由海关总署向各地海关部署查控侵权货物的指令。

（四）担保制度

知识产权权利人请求海关扣留侵权嫌疑货物，应当在海关规定的期限内向海关提供相当于货物价值的担保，用于赔偿可能因申请不当给收货人、发货人造成的损失，以及支付货物由海关扣留后的仓储、保管和处置等费用。知识产权权利人直接向仓储商支付仓储、保管费用的，从担保中扣除。知识产权权利人申请扣留货物后未提供担保的，海关放行货物。

涉嫌侵犯专利权的货物的收货人或者发货人认为其进出口货物未侵犯专利权的，可以在向海关提供货物等值的担保金后，请求海关放行其货物。注意，此处的反担保放行请求仅适用于专利权侵权的情况，下同。

海关不能认定货物是否侵犯有关专利权的，收发货人向海关提供相当于货物价值的担保后，可以请求海关放行货物。

海关放行被扣留的涉嫌侵犯专利权的货物后，知识产权权利人向海关提交人民法院受理案件通知书复印件的，海关应当根据人民法院的判决结果处理收发货人提交的担保金；知识产权权利人未提交人民法院受理案件通知书复印件的，海关应当退还收发货人提交的担保金。

（五）总担保制度

无论是依申请保护还是海关主动保护，海关扣留嫌疑货物后，权利人都必须提供与货物等值的担保。但当同一个知识产权权利人被屡次侵权时，需要向多个货物进出境地海关提供相应的担保，对于知识产权权利人而言是一个较重的经济负担。

为此，海关总署规定，已备案的知识产权权利人在一定时间内多次向海关提出扣留嫌疑货物的，可以向海关总署申请总担保。注意，此处的总担保仅适用于商标侵权情形，且只有已备案的知识产权权利人可以申请。

在海关总署备案的商标专用权的知识产权权利人，经海关总署核准可以向海关总署提交银行或者非银行金融机构出具的保函，为其向海关申请商标专用权海关保护措施提供总担保。

总担保的担保金额应当相当于知识产权权利人上一年度向海关申请扣留侵权嫌疑货物后发生的仓储、保管和处置等费用之和；知识产权权利人上一年度未向海关申请扣留货物的或者上述费用不足 20 万元的，总担保的担保金额为 20 万元。

（六）查看货物制度

在当事人依申请扣留货物或海关依职权调查货物时，海关扣留嫌疑货物的，经海关同意，知识产权权利人、收发货人均可查看海关扣留的货物。

（七）申请采取责令停止侵权行为或者财产保全的措施

知识产权权利人向海关提出采取保护措施的申请后，可以依照我国著作权法、专利法、商标法等相关法律向法院申请采取责令停止侵权行为或者财产保全的措施。

海关收到法院上述相关协助执行的通知后，应当予以协助。

知识产权权利人未在法定时间内向法院提出申请的，海关依法放行被扣留的嫌疑货物。

（八）侵权嫌疑人（收发货人）的权利

在整个知识产权海关保护的制度中，人们更多关注的往往是知识产权权利人的权益保护。事实上，《知识产权海关保护条例》及其实施办法对侵权嫌疑人的权利也进行了规定，主要有以下方面。

（1）知情权：货物被扣留后，海关会将扣留凭证送达收发货人。嫌疑货物最终不构成侵权的，海关会给予收发货人书面通知。

（2）查看权：经海关同意，收发货人可以查看海关扣留的货物。

（3）商业秘密权：经当事人书面说明，海关在执法过程中应当保守当事人的商业秘密。

（4）担保放行权：收发货人在向海关提出书面申请并提供与货物等值的担保金后，有权请求放行其被海关扣留的涉嫌侵犯专利权货物。

（5）协商权：收发货人与知识产权权利人达成协议的，可以向海关提出申请，要求海关解除货物扣留状态。除涉嫌构成犯罪的以外，海关可以终止调查。

（6）保全权：收发货人可以就知识产权权利人提供的担保向人民法院申请财产保全。海关在法定期限内，未收到人民法院相关协助执行通知的，海关应当向知识产权权利人退还担保金或者解除担保人的担保责任；收到人民法院协助执行通知的，海关应当协助执行。

（九）少量进口问题

海关发现个人携带或者邮寄进出境的物品超出个人自用的范围、超出合理数量，且侵犯了知识产权的，海关将按照货物侵权处理，可以予以扣留，但旅客或者收寄件人向海关声明放弃并经海关同意的除外。

海关对侵权物品进行调查，知识产权权利人应当予以协助。进出境旅客或者进出境邮件的收寄件人认为海关扣留的物品未侵犯有关知识产权或者属于自用的，可以向海关书面说明有关情况并提供相关证据。

（十）侵犯知识产权嫌疑货物放行规定

根据《知识产权海关保护条例》的规定，知识产权权利人申请扣留货物的，海关自扣留之日起20个工作日内未收到人民法院协助执行通知的，予以放行；海关依职权调查处理导致货物扣留的，自扣留之日起50个工作日内未收到人民法院协助执行通知，且经调查后不能认定被扣留的侵权嫌疑货物侵犯知识产权的，予以放行。

此外，涉嫌侵犯专利权的货物的收货人或发货人在向海关提供与货物等值的担保金后，请求海关放行其货物的，海关予以放行；若前述收发货人所提供的证据可以充分证明其未侵犯知识产权的，海关予以放行。

若知识产权权利人在海关认定被扣留的侵权嫌疑货物为侵权货物之前，撤回扣留侵权嫌疑货物的申请的，海关也会将货物予以放行。

（十一）侵犯知识产权嫌疑货物没收规定

根据《知识产权海关保护条例》第27条第1款的规定："被扣留的侵权

嫌疑货物，经海关调查后认定侵犯知识产权的，由海关予以没收。"

海关没收后，侵权产品的去向如下，有以下几种情形。

（1）可以用于社会公益事业的，海关转交给有关公益机构用于社会公益事业。

（2）知识产权权利人有收购意愿的，海关可以有偿转让给知识产权权利人。

（3）不可用于社会公益事业，且知识产权权利人无收购意愿的，海关可以在消除侵权特征后依法拍卖（进口假冒商标货物除外），拍卖所得款项依法上交国库。

（4）侵权特征无法消除的，海关应当予以销毁。

三、违反海关知识产权保护制度的法律后果

（一）行政责任

1. 知识产权侵权人法律责任

被扣留的侵权嫌疑货物，经海关调查后认定侵犯知识产权的，由海关作出罚款、没收侵权货物的行政处罚。

《中华人民共和国海关行政处罚实施条例》（以下简称《海关行政处罚实施条例》）第25条第1款规定："进出口侵犯中华人民共和国法律、行政法规保护的知识产权的货物的，没收侵权货物，并处货物价值30%以下罚款；构成犯罪的，依法追究刑事责任。"

在实践中，一般是按照货物价值的10%量罚。

2. 知识产权权利人法律责任

知识产权权利人请求海关扣留侵权嫌疑货物后，海关不能认定被扣留的侵权嫌疑货物侵犯知识产权权利人的知识产权，或者人民法院判定不侵犯知识产权权利人的知识产权的，知识产权权利人应当依法承担赔偿责任。

《海关行政处罚实施条例》第25条第2款规定："需要向海关申报知识产权状况，进出口货物收发货人及其代理人未按照规定向海关如实申报有关知识产权状况，或者未提交合法使用有关知识产权的证明文件的，可以处5万元以下罚款。"

（二）刑事责任

进口或者出口侵犯知识产权的货物，构成犯罪的，依法追究刑事责任。

根据《中华人民共和国刑法》（以下简称《刑法》），进出口侵犯知识产权的货物的，可能构成假冒注册商标罪，销售假冒注册商标的商品罪，非法制造、销售非法制造的注册商标标识罪，假冒专利罪，侵犯著作权罪等罪名。

第九节　海关预裁定

2017 年 12 月，《中华人民共和国海关预裁定管理暂行办法》的公布，标志着我国海关预裁定制度正式确立。实践中，海关预裁定与海关预归类、预审价经常被混淆，或直接等同。

一、预裁定制度溯源

（一）行政裁定

在 2000 年修正的《海关法》中，首次提出"行政裁定"的概念。《海关法》第 43 条规定："海关可以根据对外贸易经营者提出的书面申请，对拟作进口或者出口的货物预先作出商品归类等行政裁定。进口或者出口相同货物，应当适用相同的商品归类行政裁定。海关对所作出的商品归类等行政裁定，应当予以公布。"

2001 年，海关总署发布《中华人民共和国海关行政裁定管理暂行办法》，对海关行政裁定作出了进一步明确的概念，并详细规定了行政裁定的发布主体、效力层级、适用主体、适用范围、申请材料、申请程序等要求。根据《中华人民共和国海关行政裁定管理暂行办法》，行政裁定是指海关在货物实际进出口前，应对外贸易经营者的申请，依据有关海关法律、行政法规和规章，对与实际进出口活动有关的海关事务作出的具有普遍约束力的决定，并且由海关总署或总署授权机构作出，由海关总署统一对外公布，具有海关规章的同等效力。

（二）税收要素预确定

税收要素预确定也被称为"三预"，即商品预归类、原产地预确定、价格预审核。这三种"预确定"主要是针对进出口货物税收要素的确定，由海关对纳税人预期进口的商品税收要素作出事先的确定。效力限于单次进口，且没有统一规范的制度，三种"预确定"事务由不同部门的法律规范进行规制。

2000年，海关总署发布《中华人民共和国海关进出口商品预归类暂行办法》（以下简称《商品预归类暂行办法》），首次确立了商品预归类制度。2007年，海关总署公布《进出口货物商品归类管理规定》废止了前述的《商品预归类暂行办法》，但完整保留并完善了商品预归类制度。

2004年，海关总署发布《原产地条例》，确立了原产地预确定制度。

2005年，海关总署公布了《中华人民共和国海关进出口货物征税管理办法》。为了确定进出口货物的税款征收额，该办法对商品预归类、原产地预确定及价格预审核进行了程序上的规范，同时，这也是"价格预审核"概念的首次提出。

2011年，海关总署印发《进口货物价格预审核管理暂行规定》，对价格预审核作出了更完善的规定。

至此，税收要素预确定制度基本形成。但实践中，三个项目推进的进程不一，也没有统一、规范的程序。

（三）社会化预服务

社会化预服务，是指经中国报关协会授权的报关公司，可以接受对外贸易者的委托，根据《进出口货物商品归类管理规定》，对其拟进出口的货物预先确定商品归类，并出具《进出口商品预归类意见书》的服务活动。这也是我们平常所说的找报关公司做的"预归类"，其归类意见的出具主体是报关公司，并不是海关，此意见书没有法律约束力，但有一定的参考价值。

目前，全国经中国报关协会授予预归类服务资质的社会化预归类单位有105家，预归类人员300多人。预归类服务对进出口贸易企业货物通关效率的提高、海关执法压力的缓解起到了一定的作用，在一定程度上是对海关事先裁定体系的补充。

二、预裁定制度介绍

我国现有的预裁定制度由海关总署于2017年12月公布的《中华人民共和国海关预裁定管理暂行办法》调整，2018年海关总署发布的《关于实施

〈中华人民共和国海关预裁定管理暂行办法〉有关事项的公告》对预裁定制度作出了更详细的规定。

(一) 预裁定概念

海关预裁定是指直属海关应对外贸易者的申请，对其与实际进出口活动有关的海关事务，在货物实际进出口前的规定时间内作出的，仅对申请人具有约束力，并在海关全关境适用的处理决定。

(二) 预裁定的适用范围

在货物实际进出口前，申请人可以就下列海关事务申请预裁定：

(1) 进出口货物的商品归类。

(2) 进出口货物的原产地或者原产资格。

(3) 进口货物完税价格相关要素、估价方法。其中，完税价格相关要素包括特许权使用费、佣金、运保费、特殊关系以及其他与审定完税价格有关的要素。

(4) 海关总署规定的其他海关事务。

(三) 预裁定的申请程序

1. 申请人

预裁定的申请人应当是与实际进出口活动有关，并且在海关注册登记的对外贸易经营者。

2. 申请材料

申请人申请预裁定的，应当提交《中华人民共和国海关预裁定申请书》（以下简称《预裁定申请书》）。其中，一份《预裁定申请书》仅包含一类海关事务，明确申请事务为归类预裁定、价格预裁定或是原产地预裁定。若申请人需要海关为其保守商业秘密的，应当提交书面《保密声明》。此外，根据具体海关事务的类别，需要提供不同的材料。

申请归类预裁定的，需要提供企业进出口计划、商品描述等资料；申请原产地预裁定的，需要提供企业进出口计划、证明货物符合所申请的原产地或原产资格等材料；申请价格预裁定的，需要提供基本贸易单证、成交情况的书面说明，并根据具体价格类型提供不同的费用资料。

申请人若提供虚假材料或者隐瞒相关情况的，海关给予警告，可以处 1 万元以下罚款。

3. 申请时间

申请人应当在货物拟进出口 3 个月之前向其注册地直属海关提出预裁定申请。

因不可抗力或政策调整原因造成申请时间距实际进出口时间少于 3 个月的，或申请企业在海关注册时间少于 3 个月的，也可以在货物拟进出口前 3 个月内提出预裁定申请。

4. 受理及办理时间

海关应当自收到《预裁定申请书》以及相关材料之日起 10 日内审核决定是否受理该申请。

海关应当自受理之日起 60 日内制发《预裁定决定书》。需要通过化验、检测、鉴定、专家论证或者其他方式确定有关情况的，所需时间不计入 60 天内。

5. 不予受理情形

（1）申请不属于法定预裁定事项的、申请人不满足法定要求的、申请人未按要求提交《预裁定申请书》及海关要求的其他材料的、申请人申请时间不符合要求的；

（2）海关规章、海关总署公告已经对申请预裁定的海关事务有明确规定的；

（3）申请人就同一事项已经提出预裁定申请并且被受理的。

6. 预裁定有效范围

预裁定决定自生效之日起有效期为 3 年，预裁定决定对于生效前已经实际进出口的货物没有溯及力。

申请人在预裁定决定有效期内进出口与预裁定决定列明情形相同的货物，应当按照预裁定决定申报，海关予以认可。

7. 预裁定终止

（1）申请人在预裁定决定作出前以书面方式向海关申明撤回申请，海关同意撤回的；

（2）申请人没有按照海关要求提供相关材料或者样品的；

（3）由于申请人的原因导致预裁定决定未能在 60 天内作出的。

8. 预裁定撤销

（1）申请人提供的材料不真实、不准确、不完整的；

（2）预裁定决定错误的；

（3）其他需要撤销的情形。

经撤销的预裁定决定自始无效。

三、海关预裁定制度与"三预"制度、海关行政裁定的区别

海关预裁定制度与"三预"制度、海关行政裁定既高度相似又存在明显区别。三种制度的主要区别如表 2-1 所示。

表 2-1　海关预裁定制度与"三预"制度、海关行政裁定的区别

类型	海关预裁定	海关行政裁定	税收要素预确定
性质	具体行政行为	抽象行政行为	具体行政行为
情形	归类、价格、原产地	归类、原产地、贸易管制	归类、价格、原产地
出具类型	决定书	公告	决定书
申请时间	拟进出口 3 个月前	拟进出口 3 个月前	货物实际进出口 45 日前
实施部门	直属海关	海关总署或授权机构	直属海关
公布与否	可公开（商业秘密除外）	海关总署发文公开	不公开
适用范围	关境内统一适用	关境内统一适用	直属海关关区内（可互认）
制度状态	新设立	延续	废止

海关预裁定与税收要素预确定（"三预"制度）的本质区别在于效力期限。预裁定决定的有效期为 3 年，在有效期内，申请人进出口与预裁定决定书相同情形的货物的，均可适用该预裁定决定。而"三预"为单次有效，遵循"一事一申请"的原则，效力只限于提出申请的当次货物。

海关预裁定与海关行政裁定的本质区别在于效力范围。预裁定决定书只对申请人有约束力，为具体行政行为，申请人对预裁定决定不服的，可以申请行政复议、提起行政诉讼；而行政裁定不仅仅适用于申请人，还适用于该行政裁定所指向的同类海关事务的对外贸易者，与海关规章具有同等效力，属于抽象行政行为。

第十节　企业信用管理制度

经认证的经营者（Authorized Economic Operator，AEO）是海关企业信用管理的核心内容。但事实上，企业信用管理制度中所涉及的内容远不止 AEO。

一、AEO 的概念

2005 年，世界海关组织（WCO）正式通过《全球贸易安全与便利标准框架》（以下简称《框架》），《框架》提出了保障全球范围供应链安全的两大支柱，即海关与海关之间的合作安排和海关与商界之间的伙伴关系。为保障第二个支柱的实现，WCO 构建了 AEO 制度，该制度是实现全球贸易安全与便利的关键一环。

WCO 在《框架》中将 AEO 定义为："以任何一种方式参与货物国际流通，并经海关认可符合世界海关组织或相应供应链安全标准的一方，包括生产商、进口商、出口商、报关行、承运商、理货人、中间商、口岸和机场、货站经营者、综合经营者、仓储业经营者和分销商。"可见，AEO 的企业身份非常宽泛，只要满足了相关标准，就可以享受作为 AEO 企业在通关等方面的便利。

2005 年 6 月，中国在 WCO 理事会年会上签署意向书后，逐步在我国海关企业信用管理制度中纳入 AEO 制度。其中，我国企业信用管理制度中的"高级认证企业"就是中国的 AEO。中国海关依据有关国际条约、协定，开展与其他国家或者地区海关的 AEO 互认合作，并且给予互认企业相关便利措施。

二、中国海关企业管理制度历史沿革

（一）企业分类管理制度

中国海关最早的企业管理制度应该是企业分类管理制度。

自 2005 年中国签署实施《框架》的意向书后，我国于 2008 年将《框架》内容转化为国内法律，制定了《中华人民共和国海关企业分类管理办法》（以下简称《企业分类管理办法》）。

根据《企业分类管理办法》，海关根据企业遵守法律、行政法规、海关规章、相关廉政规定和经营管理状况，以及海关监管、统计记录等，设置 AA、A、B、C、D 五个管理类别，对有关企业进行评估、分类，并对企业的管理类别予以公开。

企业分类管理制度在实践中运行多年，在观念上根深蒂固，被海关和社会各界广泛接受和认可，但由于缺乏与国际通行规则接轨的机制，最终被企业信用管理制度取代。

（二）企业信用管理制度

2014 年《中华人民共和国海关企业信用管理暂行办法》（以下简称《企业信用管理暂行办法》）正式确立了企业信用管理制度。海关注册企业的管理类别不再分为 AA、A、B、C、D 类别，而是以企业信用状况为基础，分为认证企业、一般信用企业和失信企业。

原有的 AA 类企业、A 类企业过渡为高级认证企业与一般认证企业，原 B 类企业直接过渡为一般信用企业，原 C、D 类企业将根据《企业信用管理暂行办法》中列明的失信企业情形重新审核并确定信用等级。

《企业信用管理暂行办法》是首次明确 AEO 认证地位的法律规范文件，明确了认证企业是中国海关经认证的经营者，中国海关依法开展与其他国家或者地区海关的 AEO 互认，并给予互认 AEO 企业相应的通关便利措施。此外，相较于企业分类管理制度，企业信用管理制度增设了企业信息公示制度，完善了失信企业认定标准，并给予了高级认证企业更多的优惠措施。

2021 年《中华人民共和国海关注册登记和备案企业信用管理办法》（以下简称《海关注册登记和备案企业信用管理办法》）对企业信用管理制度作出了进一步调整，将企业分为高级认证企业、失信企业以及其他常规管理企业。

截至 2020 年 10 月 13 日，中国已与欧盟、新加坡、韩国、中国香港、瑞士、以色列、新西兰、澳大利亚、日本等 15 个经济体签署了互认安排，涵盖了 42 个国家（地区）。

三、海关企业信用管理的相关规范文件

2014 年，海关总署公布了《企业信用管理暂行办法》，后于 2018 年公布了《中华人民共和国海关企业信用管理办法》（以下简称《企业信用管理办法》），同时废止了《企业信用管理暂行办法》。这是海关企业信用管理的核心文件、基础规范。

2018 年，海关总署陆续发布了企业信用管理制度相关的公告。

海关总署 2018 年第 32 号公告，确认了相关配套制度的效力，对《企业信用管理暂行办法》与《企业信用管理办法》的衔接过渡进行明确。

海关总署 2018 年第 33 号公告，规范了企业申请认证的法律文书格式。

海关总署 2018 年第 177 号公告，明确了进出口货物收发货人、报关企业、外贸综合服务企业的认证标准。

海关总署 2018 年第 178 号公告，进一步完善了企业信用的认定标准以及相关的管理措施。

海关总署 2019 年第 161 号公告，明确了进出口企业、单位主动披露且被海关处以警告或者 50 万元以下罚款行政处罚的行为，不列入海关认定企业信用状况的记录。

海关总署 2019 年第 229 号公告，对跨境电子商务平台企业、进出境快件运营人的认证标准予以确认。

2021 年 9 月 13 日，海关总署第 251 号令（关于公布《中华人民共和国海关注册登记和备案企业信用管理办法》的令）对企业的信用等级作了新的分类，并对失信企业的认证程序、信用修复作出了明确规定。同时，废止了《企业信用管理办法》。

四、企业信用信息采集和公示

海关根据社会信用体系建设有关要求，与国家有关部门实施守信联合激励和失信联合惩戒，推进信息互换、监管互认、执法互助。

（一）信息采集

海关采集能够反映企业信用状况的信息，包括但不限于企业注册登记或者备案信息、企业相关人员基本信息、企业进出口以及与进出口相关的经营

信息、企业行政许可信息、企业及其相关人员行政处罚和刑事处罚信息、海关与国家有关部门实施联合激励和联合惩戒信息、AEO 互认信息，企业产品检验检疫合格率、国外通报、退运、召回、索赔等情况，因虚假申报导致进口方原产地证书核查，骗取、伪造、变造、买卖或者盗窃出口货物原产地证书等情况。

（二）信息公示

海关在保护国家秘密、商业秘密和个人隐私的前提下，公示以下信息：企业在海关注册登记或者备案信息、海关对企业信用状况的认定结果、海关对企业的行政许可信息、海关对企业的行政处罚信息、海关与国家有关部门实施联合激励和联合惩戒信息、海关信用信息异常企业名录等依法应当公示的信息。其中，海关对企业行政处罚信息的公示期限为 5 年。

自然人、法人或者非法人组织认为海关公示的信用信息不准确的，可以向海关提出异议，并且提供相关资料或者证明材料。

（三）企业信用信息管理系统

海关建立企业信用信息管理系统，企业应当于每年 1 月 1 日至 6 月 30 日通过企业信用信息管理系统向海关提交《企业信用信息年度报告》。

此外，企业有下列情形之一的，海关将其列入信用信息异常企业名录：

（1）未按照规定向海关提交《企业信用信息年度报告》的；

（2）经过实地查看，在海关登记的住所或者经营场所无法查找，并且无法通过在海关登记的联系方式与企业取得联系的。

列入信用信息异常企业名录期间，企业信用等级不得向上调整。在上述情形消除后，海关将有关企业移出信用信息异常企业名录。

五、企业信用状况的认定

海关根据企业信用状况将企业认定为高级认证企业、失信企业和其他常规管理企业。

（一）高级认证企业

如前文所述，高级认证企业是中国海关经认证的经营者，也就是 AEO 企业。

1. 认证标准

根据《海关注册登记和备案企业信用管理办法》，高级认证企业的认证标准分为通用标准和单项标准。其中，通用标准包括内部控制、财务状况、守法规范以及贸易安全等内容；单项标准是指海关针对不同企业类型和经营范围制定的认证标准，如进出口货物收发货人、报关企业、外贸综合服务企业、跨境电子商务平台企业、进出境快件运营人等单项标准。认证企业需要同时符合通用认证标准和与其实际情况对应的单项认证标准。

2. 认证程序

企业申请成为高级认证企业，应当向海关提交书面申请，并按照海关要求提交相关资料。海关按照高级认证企业通用标准和相应的单项标准，对企业提交的申请和有关资料进行审查，并赴企业实地认证。

海关在自收到申请及相关资料之日起 90 日内进行认证并作出决定。特殊情形下，海关认证时限可以延长 30 日。

通过认证的企业，海关制发《高级认证企业证书》；未通过认证的企业，海关制发《未通过认证决定书》。

企业主动撤回认证申请的、放弃高级认证企业管理的、未通过高级认证或复核的，1 年内不得再次向海关提出认证申请。

3. 重新认证

海关对高级认证企业每 5 年重新认证一次。企业信用状况发生异常的，海关可以不定期开展复核。经复核，不再符合高级认证企业标准的，海关应当制发《未通过复核决定书》，并收回《高级认证企业证书》。

4. 调整认证

高级认证企业被海关下调信用等级的，1 年内不得申请成为高级认证企业。失信企业被海关上调信用登记的，1 年内不得申请成为高级认证企业。

5. 第三方机构辅助认证

海关可以委托社会中介机构就高级认证企业认证、复核相关问题出具专业结论。企业委托社会中介机构就高级认证企业认证、复核相关问题出具的专业结论，可以作为海关认证、复核的参考依据。

（二）失信企业

1. 认定标准

（1）被海关侦查走私犯罪公安机构立案侦查并由司法机关依法追究刑事责任的；

（2）构成走私行为被海关行政处罚的；

（3）非报关企业 1 年内违反海关的监管规定被海关行政处罚的次数超过上年度报关单、进出境备案清单、进出境运输工具舱单等单证（以下简称相关单证）总票数千分之一且被海关行政处罚金额累计超过 100 万元的；报关企业 1 年内违反海关的监管规定被海关行政处罚的次数超过上年度相关单证总票数万分之五且被海关行政处罚金额累计超过 30 万元的；上年度相关单证票数无法计算的，1 年内因违反海关的监管规定被海关行政处罚，非报关企业处罚金额累计超过 100 万元、报关企业处罚金额累计超过 30 万元的；

（4）自缴纳期限届满之日起超过 3 个月仍未缴纳税款的；

（5）自缴纳期限届满之日起超过 6 个月仍未缴纳罚款、没收的违法所得和追缴的走私货物、物品等值价款，并且超过 1 万元的；

（6）抗拒、阻碍海关工作人员依法执行职务，被依法处罚的；

（7）向海关工作人员行贿，被处以罚款或者被依法追究刑事责任的；

（8）法律、行政法规、海关规章规定的其他情形。

2. 联合惩戒

失信企业违反进出口食品安全管理规定、进出口化妆品监督管理规定或者走私固体废物被依法追究刑事责任，或非法进口固体废物被海关行政处罚金额超过 250 万元的，海关将依照法律、行政法规等有关规定实施联合惩戒，将企业列入严重失信主体名单。

3. 认证程序

海关在作出认定失信企业决定前，会书面告知企业拟作出决定的事由、依据和依法享有的陈述、申辩权利。

海关拟将企业列入严重失信主体名单的，将告知企业列入的惩戒措施提示、移出条件、移出程序及救济措施。

企业对海关拟认定失信企业决定或者列入严重失信主体名单决定提出陈述、申辩的，应当在收到书面告知之日起 5 个工作日内向海关书面提出。海关应当在 20 日内进行核实，企业提出的理由成立的，海关应当采纳。

4. 信用修复

未被列入严重失信主体名单的失信企业纠正了失信行为，消除了不良影响，并且符合下列条件的，可以向海关书面申请信用修复并提交相关证明材料：

（1）因构成走私行为被海关行政处罚而被认定为失信企业满 1 年的；

（2）因抗拒、阻碍海关工作人员依法执行职务被依法处罚而被认定为失信企业满 1 年的；

（3）因前述认定标准第 3 点被认定为失信企业满 6 个月的；

（4）因逾期 3 个月未缴纳税款而被认定为失信企业满 3 个月的；

（5）因逾期 6 个月未缴纳罚款、没收的违法所得和追缴的走私货物、物品等值价款，并且超过 1 万元，被认定为失信企业满 3 个月的。

六、管理措施

对于不同级别的企业，海关实行不同的管理措施。对于高级认证企业会有一定的便利及优待措施，对于失信企业会有更严厉的监管措施。而其他企业则实行常规管理，没有特殊的管理措施。

（一）高级认证企业的管理措施

（1）进出口货物平均查验率低于实施常规管理措施企业平均查验率的 20%，法律、行政法规或者海关总署有特殊规定的除外；

（2）出口货物原产地调查平均抽查比例在企业平均抽查比例的 20% 以下，法律、行政法规或者海关总署有特殊规定的除外；

（3）优先办理进出口货物通关手续及相关业务手续；

（4）优先向其他国家（地区）推荐农产品、食品等出口企业的注册；

（5）可以向海关申请免除担保；

（6）减少对企业稽查、核查频次；

（7）可以在出口货物运抵海关监管区之前向海关申报；

（8）海关为企业设立协调员；

（9）AEO 互认国家或者地区海关通关便利措施；

（10）国家有关部门实施的守信联合激励措施；

（11）因不可抗力中断国际贸易恢复后优先通关；

（12）海关总署规定的其他管理措施。

其中 AEO 互认可以说是高级认证企业所享受的最便捷的措施。所谓 AEO 互认是指 AEO 企业的货物在互认国家和地区通关可以享受便利化待遇能有效降低企业港口、保险、物流等贸易成本，提升国际竞争力。

（二）失信企业适用的管理措施

（1）进出口货物查验率 80% 以上；

（2）经营加工贸易业务的，全额提供担保；

（3）提高对企业稽查、核查频次；

（4）海关总署规定的其他管理措施。

（三）管理措施的中止

高级认证企业涉嫌违反与海关管理职能相关的法律法规被刑事立案的，海关应当暂停适用高级认证企业管理措施。

高级认证企业涉嫌违反海关的监管规定被行政立案调查的，海关可以暂停适用高级认证企业管理措施。

高级认证企业存在财务风险，或者有明显的转移、藏匿其应税货物以及其他财产迹象的，或者存在其他无法足额保障税款缴纳风险的，海关可以暂停适用"高级认证企业可以向海关申请免除担保"的管理措施。

第十一节　出口退税

出口退税又与进出口通关、海关监管密切相关。实践中，大量的骗取出口退税的刑事案件最初就是由海关查获的。

一、出口退税概述

出口产品退（免）税，简称出口退税，其基本含义是指对出口产品退还其在国内生产和流通环节实际缴纳的产品税、增值税和特别消费税。

作为国际通行惯例，出口退税可以使出口货物的整体税负归零，有效避免国际双重课税。据此，出口退税一般分为两种：一是退还进口税，即出口产品企业用进口原料或半成品加工制成产品出口时，退还其已缴纳的进口税；二是退还已缴纳的国内税款，即企业在商品报关出口时，退还其生产该商品已缴纳的国内税金。

我国从1985年4月1日起实行对出口产品退税政策。随着国家税制的改革，建立了以增值税、消费税制度为基础的出口货物退（免）税制度。

二、出口退税的适用条件及税率

（一）出口退税的适用条件

出口退税主要适用对象是货物。一般而言，出口退税货物必须具备以下四个适用条件。

1. 必须是增值税、消费税征收范围内的货物

增值税、消费税的征收范围，包括除直接向农业生产者收购的免税农产品以外的所有增值税应税货物，以及烟、酒、化妆品等11类列举征收消费税的消费品。之所以必须具备这一条件，是因为出口货物退（免）税只能对已经征收过增值税、消费税的货物退还或免征其已纳税额和应纳税额。未征收增值税、消费税的货物（包括国家规定免税的货物）不能退税，以充分体现"未征不退"的原则。

2. 必须是报关离境出口的货物

是否报关离境出口，是确定货物是否属于退（免）税范围的主要标准之一。凡在国内销售、不报关离境的货物，除另有规定外，不论出口企业是以外汇还是以人民币结算，也不论出口企业在财务上如何处理，均不得视为出口货物予以退税。

3. 必须是在财务上作出口销售处理的货物

出口货物只有在财务上作出口销售处理后，才能办理退（免）税。也就是说，出口退（免）税的规定只适用于贸易性的出口货物，而对非贸易性的出口货物，如捐赠的礼品、样品、展品、邮寄品等，因其一般在财务上不作销售处理，故按照现行规定不能退（免）税。

4. 必须是已收汇并经核销的货物

按照现行规定，出口企业申请办理退（免）税的出口货物，必须是已收

外汇并经外汇管理部门核销的货物。

如果是生产型出口企业，申请办理出口退税时还需要增加一个条件，即申请退（免）税的货物必须是生产企业的自产货物或视同自产货物。

（二）出口退税的适用税率

1. 一般规定

出口货物的退税率为其适用税率。国家税务总局将退税率通过出口退税率文库予以发布，供征纳双方执行。现行的退税率有13%、10%、9%、6%等多个档次。

2. 特殊规定

（1）外贸企业购进按简易办法征税及从小规模纳税人购进的出口货物的退税率为实际征收率。

（2）出口企业委托加工修理修配货物的退税率，为出口货物的退税率。

（3）中标机电产品、出口企业向海关报关进入特殊区域、销售给特殊区域内生产企业生产耗用的列名原材料、输入特殊区域的水电气，其退税率为适用税率。

三、出口退税适用的范围和方式

出口退税适用的范围是出口企业，分为生产型出口企业（生产企业）和外贸型出口企业（外贸企业）。生产企业指具备生产能力（包括加工修理修配能力）的单位或个体工商户。外贸企业通常指不具有生产能力，但具有对外贸易经营资格的贸易公司，一般采取自营出口和代理出口两种方式。我国对这两类出口企业实行不同的退税方式。

生产企业一般既有内销也有外销，而外贸企业一般只有外销，没有内销。生产企业有内销，就要缴纳增值税；有外销，就需要退还增值税，既然一方面要缴税，一方面要退税，所以为简单操作，将退税和缴税结合起来，用外销货物的应退税额去抵内销货物的应纳税额，也就是免抵退的方式（免抵退税办法）。而外贸企业由于没有内销，没有可以抵顶的应纳税额，只能采取免退的方式（免退税办法）。

四、海关与税务机关的分工及相关退税单证政策调整

（一）出口退税通过国家税务总局认可的系统进行申报

出口企业使用国家税务总局认可的出口货物退（免）税申报系统（www. taxrefund. com. cn），以及国家税务总局下发的出口退税率文库，按照主管税务机关的规定进行出口退（免）税申报及相关出口退税单证办理。出口企业应在规定的期限内，收齐出口退（免）税所需的相关单证，使用上述电子申报系统生成电子申报数据，如实填写出口退（免）税申报表，向主管税务机关申报办理出口退（免）税申报。

（二）海关与出口退税的关联性主要体现为报关单

出口企业申报出口退税所提供的单据中，报关单是由海关查验和验放的必需单据。出口退（免）税所需相关单证主要包括：

（1）报关单。报关单是货物进口或出口时进出口企业向海关办理申报手续，以便海关凭此查验和验放的单据。

（2）出口销售发票。这是出口企业根据与出口购货方签订的销售合同填开的单证，是外商购货的主要凭证，也是出口企业财会部门凭此记账作出口产品销售收入的依据。

（3）进货发票。提供进货发票主要是为了确定出口产品的供货单位、产品名称、计量单位、数量，是否是生产企业的销售价格，以便划分和计算确定其进货费用等。

（4）结汇水单或收汇通知书。

（5）属于生产企业直接出口或委托出口自制产品，凡以到岸价 CIF（成本加保险费加运费）结算的，还应附送出口货物运单和出口保险单。

（6）有进料加工复出口产品业务的企业，还应向税务机关报送进口料件的合同编号、日期，进口料件名称、数量，复出口产品名称，进料成本金额和实纳各种税金等。

（7）产品征税证明。

（8）出口收汇已核销证明。

（9）与出口退税有关的其他材料。

（三）海关涉出口退税政策调整

自 2012 年 8 月 1 日起，取消出口收汇核销单（以下简称核销单），企业不再办理出口收汇核销手续。出口企业申报出口退税时，不再提供核销单。参见国家外汇管理局、海关总署、国家税务总局发布的《关于货物贸易外汇管理制度改革的公告》。

对 2015 年 5 月 1 日（含）以后出口的货物，海关不再签发纸质出口货物报关单证明联（出口退税专用），对 2018 年 4 月 10 日（含）以后实施启运港退税政策的出口货物，海关不再签发纸质出口货物报关单证明联（出口退税专用）。参见《关于全面取消打印出口货物报关单证明联（出口退税专用）的公告》（海关总署公告 2018 年第 26 号）和《关于取消打印出口货物报关单证明联（出口退税专用）的公告》（海关总署公告 2015 年第 14 号）。

第十二节　对外贸易管制

对外贸易管制由来已久，在早期各国签订贸易协定时，就已经开始了对外贸易管理。世界各国普遍采取多种形式来对本国的对外贸易活动加以规范和调整，主要是通过立法和政策进行规范。如《中华人民共和国对外贸易法》（以下简称《对外贸易法》）就以我国的对外贸易为调整对象，对对外贸易经营者、货物和技术进出口、国际服务贸易、与贸易有关的知识产权保护、对外贸易秩序和救济等方面都进行了规制，这部法律是我国对外贸易管制领域的基础法律。此外，还有与之相配套的其他法律法规，如《中华人民共和国技术进出口管理条例》《中华人民共和国进出口商品检验法实施条例》《中华人民共和国反补贴条例》（以下简称《反补贴条例》）等，共同构成了对外贸易管制的法律体系。

一、对外贸易管制与海关监管

我国对于货物的对外贸易管制方式，主要是实施许可证、配额等管制方式，而对技术的管制，则主要通过许可证的管制方式。许可证和配额需要通过国务院商务主管部门及其他政府职能主管部门依据相关法律法规及政策的规定进行审批获得。在通关环节的海关监管，主要是依据货物、技术应具备的许可证件和相关批准文件或通过检验检疫等强制措施对其进行监管和验放。

货物、技术的对外贸易落到实处就体现为货物、技术的进出境，而海关就是进出境监督管理机关，其依据《海关法》赋予的权力，代表国家在口岸开展进出境监督管理工作。简单来说，海关在通关环节的监管，是通过审查许可证和相关批准文件进行验放，并不向进出口主体提供相关许可证件和批准文件，这些文件需要进出口主体在通关前向其他相关政府主管部门申请获得，这也意味着对外贸易管制不是一个孤立的制度，而是一项综合制度，需要国家各行政管理部门之间合理分工和相互配合。

二、我国货物进出口管理制度

我国对于货物的进出口管理方式主要有两种：许可证和配额，更确切地说，是对限制进出口货物实行配额和许可证管理。《对外贸易法》第 19 条规定，国家对限制进口或者出口的货物，实行配额、许可证等方式管理，限制进出口货物应当按照国务院规定经国务院对外贸易主管部门或者经其会同国务院其他有关部门许可，方可进口或者出口。

除限制进出口的货物外，货物进出口管理制度的管理范围还包括禁止进出口的货物、自由进出口的货物以及自由进出口中部分实行自动许可管理的货物。

禁止进出口是指对列入国家公布的禁止进出口目录以及国家法律法规明令禁止或停止进出口的货物的，任何对外贸易经营者不得经营该类货物的进出口业务。我国已公布的禁止进出口目录有：《禁止进口货物目录（第一批）》《禁止进口机电产品目录》《禁止出口货物目录（第一批）》等。

限制进出口是指针对国家实行限制进出口管理的货物，必须依照国家有关规定，经国务院商务主管部门或经国务院商务主管部门会同国务院有关部门许可，方可进出口。限制方式分为许可证管理和配额管理，其中许可证管理是指在一定时期内，根据国内政治、工业、农业、商业等领域的需要，以及为遵守我国所加入或缔结的有关国际条约的规定，以经国家各主管部门签发许可证的方式来实现各类限制进出口的措施。许可证主要包括进出口许可证、两用物项和技术进出口许可证、药品进出口许可证、有毒化学品进出口许可证等。

配额管理是指一国政府在一定时期内，对某些商品的进出口数量或金额加以直接限制。在规定的期限内，配额以内的货物可以进出口，超过配额的不准进出口。配额管理是国家实行进出口数量限制的重要手段之一。其中，进口配额主要有绝对配额和关税配额两种形式。

绝对配额是指在一定时期内，对某些商品的进口数量或金额规定一个最高限额，在这个数额内允许进口，达到这个配额后，便不准进口。这里所指的最高限额，有可能是指最高数量限额，也有可能是指最高金额总额，需要根据所进口的不同货物确定。绝对配额按照其实施方式的不同还可以分为全球配额和国别配额。

关税配额是一种征收关税与进口配额相结合的限制进口的措施，它对商品进口的绝对金额不加限制，而是在一定时期内，对部分商品的进口制定关税配额税率并规定该商品进口数量总额。具体来说，对适用关税配额的货物，其进口不受进口总金额的限制，只要在关税配额约定的数量总额范围内，仍然可以顺利进口。

关税配额税率是指对实行关税配额管理的进口货物，关税配额内的，适用关税配额税率，通常是低税、减税或免税待遇；关税配额外的，按不同情况分别适用最惠国税率、协定税率、特惠税率或普通税率。一般情况下，关税配额税率会比非关税配额税率优惠幅度大，如玉米的关税配额税率为1%，最惠国税率为20%，而普通税率则为180%，三个税率档次相差的幅度非常大。

除进口配额外，还有出口配额的相关规定。我国出口配额管理主要有两种形式，包括出口配额许可证管理和出口配额招标管理。

要注意的是出口配额许可证管理与出口许可件管理不一样，出口配额许可证管理属于配额管理下的一种管理形式，而出口许可件管理属于许可证管理下的一种形式，要注意区分二者。

出口配额许可证管理是指国家对部分商品的出口，在一定时期内规定数量总额，经国家批准获得配额的允许出口，否则不允许出口的配额管理措施。这是通过国家直接分配的方式来发放各类配额证明，由申请者根据取得的配额证明去申领出口许可证。

出口配额招标管理是指国家对部分商品的出口，在一定时期内规定数量总额，采取招标分配的原则，经招标获得配额的允许出口，否则不允许出口的配额管理措施。这个方式是由申请者参与招标，由中标者根据取得的配额证明去申领出口许可证。

除上述禁止进出口、限制进出口的货物外，剩下的均属于自由进出口的货物。自由进出口货物不受限制，但为了对部分货物实行有效监测，对其实行自动进口许可管理。值得注意的是，我国目前仅规定了货物进口的自动许可，没有规定货物出口的自动许可。自动许可管理是在任何情况下，对进口申请一律予以批准的进口许可制度。

三、我国技术进出口许可管理制度

不同于货物进出口的管理制度，我国的技术进出口管理只有许可证管理一种方式，不存在配额管理。

技术的进出口同样包括禁止进出口、限制进出口和自由进出口。其中，禁止和限制进出口技术是通过技术目录进行管理的，即根据国家制定、调整和公布的禁止或限制进出口的技术目录来管理。属于禁止目录范围的技术，不得进出口；属于限制目录范围内的技术，实行许可证管理，未经国家许可，不得进出口。

自由进出口的技术无须申请许可证，只需要向国务院商务主管部门或者其委托的机构办理合同备案登记，由相关部门登记并颁发技术进出口合同登记证，申请人凭此证办理外汇、银行、税务、海关等相关手续。

四、对外贸易外汇管理制度

既然是对外贸易，就不可避免地会涉及外币的结算。根据《中华人民共和国外汇管理条例》的相关规定，对外贸易经营者应当依照规定结付汇。

在2012年以前，我国的货物贸易外汇管理方式是现场逐笔核销，即企业将出口付汇的单证提交至外汇管理局，进行现场核销。2012年，国家外汇管理局、海关总署、国家税务总局发布的《关于货物贸易外汇管理制度改革的公告》取消了货物贸易外汇管理中进出口逐笔核销制度，建立了"总量核查、动态监测、分类管理"的管理体系。2013年，服务贸易外汇管理将业务审核权限全部放给银行，同时大幅简化单证审核。纵观这几年的外汇改革，先是从货物贸易，然后再到服务贸易，再然后是外债，跨境担保和直接投资。可以看出改革的思路和条理十分清晰，即先放开经常项目，再开放资本项目，总体上是呈现一个有序放开的态势。

根据前述 2012 年的公告，取消了出口收汇核销单，企业不再办理出口收汇核销手续。国家外汇管理局分支局（以下简称外汇局）通过货物贸易外汇监测系统，全面采集企业货物进出口和贸易外汇收支逐笔数据，定期比对、评估企业货物流与资金流总体匹配情况，便利合规企业贸易外汇收支；对存在异常的企业进行重点监测，必要时实施现场核查。

五、对外贸易救济措施

我国在 2001 年加入世贸组织，根据世贸组织的规定，成员国可以在进口产品倾销、补贴和过激增长等给其国内产业造成损害的情况下，使用反倾销、反补贴和保障措施的手段来保护本国产业。在本质上也可以视为贸易管制，或者说与贸易管制的效果无异。

反倾销、反补贴和保障措施是典型的贸易救济措施，其中反补贴和反倾销措施是针对价格歧视的不公平贸易行为，保障措施则是针对进口产品激增的情况。

（一）反倾销措施

根据《中华人民共和国反倾销条例》（以下简称《反倾销条例》）规定，若进口产品以倾销方式进入中国市场，并对已经建立的国内产业造成实质损害或者产生实质损害威胁，或者对建立国内产业造成实质阻碍的，依照本条例的规定进行调查，采取反倾销措施。倾销是指在正常贸易过程中进口产品以低于其正常价值的出口价格进入中华人民共和国市场。进口产品的出口价格低于其正常价值的幅度，为倾销幅度。

采取反倾销措施，需要满足以下条件：（1）进口产品以低于正常价值的价格进入中国市场；（2）对已建立的国内产业造成实质损害或产生实质损害威胁，或对建立国内产业造成实质阻碍。其中，对第二个条件所指的实质损害应如何界定？

《反倾销条例》第 8 条规定，在审查确定倾销对国内产业造成的损害时，应当审查下列事项：

（1）倾销进口产品的数量，包括倾销进口产品的绝对数量或者相对于国内同类产品生产或者消费的数量是否大量增加，或者倾销进口产品大量增加的可能性；

（2）倾销进口产品的价格，包括倾销进口产品的价格削减或者对国内同类产品的价格产生大幅度抑制、压低等影响；

（3）倾销进口产品对国内产业的相关经济因素和指标的影响；

（4）倾销进口产品的出口国（地区）、原产国（地区）的生产能力、出口能力，被调查产品的库存情况；

（5）造成国内产业损害的其他因素。

可见，认定是否构成实质损害有相应的量化条件，根据上述量化条件的结果进行评估核查。

（二）反补贴措施

根据《反补贴条例》规定，若进口产品存在补贴，并对已经建立的国内产业造成实质损害或者产生实质损害威胁，或者对建立国内产业造成实质阻碍的，依照本条例的规定进行调查，采取反补贴措施。补贴，是指出口国（地区）政府或者其任何公共机构提供的并为接受者带来利益的财政资助以及任何形式的收入或者价格支持。补贴与倾销有一个明显不同就是，补贴必须具有专向性，如：

（1）由出口国（地区）政府明确确定的某些企业、产业获得的补贴；

（2）由出口国（地区）法律、法规明确规定的某些企业、产业获得的补贴；

（3）指定特定区域内的企业、产业获得的补贴；

（4）以出口实绩为条件获得的补贴，包括本条例所附出口补贴清单列举的各项补贴；

（5）以使用本国（地区）产品替代进口产品为条件获得的补贴。

专向性意味着只有某些特定的企业、群体或区域才能获得补贴。如果一视同仁，所有企业、群体、区域都可以获得补贴，那么这种补贴不具有专向性，也不能对这种补贴进行调查和救济。

与反倾销类似，采取反补贴措施，需要满足以下条件：（1）进口产品存在补贴；（2）对已建立的国内产业造成实质损害或产生实质损害威胁，或对建立国内产业造成实质阻碍。同样的，第二个条件所指的实质损害应如何界定？

《反补贴条例》第8条规定，在审查确定补贴对国内产业造成的损害时，应当审查下列事项：

（1）补贴可能对贸易造成的影响；

（2）补贴进口产品的数量，包括补贴进口产品的绝对数量或者相对于国内同类产品生产或者消费的数量是否大量增加，或者补贴进口产品大量增加的可能性；

（3）补贴进口产品的价格，包括补贴进口产品的价格削减或者对国内同类产品的价格产生大幅度抑制、压低等影响；

（4）补贴进口产品对国内产业的相关经济因素和指标的影响；

（5）补贴进口产品出口国（地区）、原产国（地区）的生产能力、出口能力，被调查产品的库存情况；

（6）造成国内产业损害的其他因素。

（三）保障措施

根据《中华人民共和国保障措施条例》（以下简称《保障措施条例》）规定，若进口产品数量增加，并对生产同类产品或者直接竞争产品的国内产业造成严重损害或者严重损害威胁的，依照本条例的规定进行调查，采取保障措施。进口产品数量增加，是指进口产品数量的绝对增加或者与国内生产相比的相对增加。

保障措施包括临时保障措施和最终保障措施。在有明确证据表明进口产品数量增加，在不采取临时保障措施将对国内产业造成难以补救的损害的紧急情况下，可以采取临时保障措施，即采取提高关税的形式。若终裁决定确定进口产品数量增加，并由此对国内产业造成损害的，可以采取最终保障措施。最终保障措施可以采取提高关税、数量限制等形式。

若要采取保障措施，需要满足以下条件：（1）进口产品数量增加；（2）对生产同类产品或直接竞争产品的国内产业造成严重损害或严重损害威胁的。要注意，保障措施中的损害与反倾销、反补贴中的损害不一样，保障措施的损害要求是严重损害，而反倾销、反补贴中的损害要求是实质损害，两种损害的程度不一样。

《保障措施条例》第8条规定，在确定进口产品数量增加对国内产业造成的损害时，应当审查下列相关因素：

（1）进口产品的绝对和相对增长率与增长量；

（2）增加的进口产品在国内市场中所占的份额；

（3）进口产品对国内产业的影响，包括对国内产业在产量、销售水平、市场份额、生产率、设备利用率、利润与亏损、就业等方面的影响；

（4）造成国内产业损害的其他因素。

六、我国的出口管制法

2020 年 10 月 17 日，第十三届全国人大常委会第二十二次会议审议通过了《中华人民共和国出口管制法》（以下简称《出口管制法》），自 2020 年 12 月 1 日起施行。

根据《出口管制法》的规定，出口管制，是指国家对从中华人民共和国境内向境外转移管制物项，以及中华人民共和国公民、法人和非法人组织向外国组织和个人提供管制物项，采取禁止或者限制性措施。

从对外贸易管制和出口管制二者的定义来看，出口管制的范围明显更窄，仅调整管制物项的出口，而对外贸易管制则包括进出口，以及进出口过程中涉及的海关监管制度、关税制度、进出口许可制度、进出口货物收付汇管理制度、对外贸易经营者管理制度、贸易救济制度等，出口管制所调整的管制物项的出口，实际上是容纳在对外贸易管制制度当中。这两年美国对中国施加多次歧视性的出口管制措施，一定程度上推动了中国出口管制领域的专门立法。

第十三节　跨境电商

近年来，对外贸易领域最引人瞩目的，且具备引领趋势的商业模式，非跨境电商莫属。在国家监管领域层面，跨境电商同样是万众瞩目。从国务院到商务部、海关总署、税务总局等各部门都出台了一系列政策文件，标示着中国政府对跨境电商的管理正逐步走向正轨，但也要看到，政策具有一定的不稳定性、不确定性，企业和经营者的违规操作层出不穷，走私犯罪案件进入高发期。

一、跨境电商定义范围

跨境电商由"跨境"和"电子商务"组成，具备双重属性。

"跨境"是其区别于普通电子商务的特性，包括交易对象跨境和交易主体跨境。交易对象跨境意味着平台上销售的商品需要跨越关境才能完成交易。主体跨境则是指平台上的买家和卖家处于不同的关境。

"电子商务"是其区别于传统外贸的特征。也就是说跨境电商商品的展示、订购、付款等环节都需要通过电子手段完成。

广义上说，凡是具备跨境和电子商务双重属性的都应归入跨境电商的范围。但实践中，并不是所有的跨境电商都被纳入国家监管的范畴。只有那些成熟的、符合一定条件的才被海关等监管部门纳入特殊的通关监管模式，并赋予一定的国家优惠措施。当然，随着时间推移，纳入海关监管范畴的跨境电商会逐步增多，比如 2020 年 7 月 1 日起，海关将 B2B 出口跨境电商纳入海关监管，并设置了专门的监管代码（9710、9810）。

需要明确的是，未纳入海关监管模式的跨境电商也是跨境电商，也需要关注其进出口的合规性。

二、跨境电商的分类

跨境电商的科学分类在政策制定过程中非常重要。近年来，相关部门出台的政策都与特定类型的跨境电商相关联。

一是根据交易量和批次不同，分为批发和零售。两者的根本差异在于买家是否是终端消费环节，是否存在转售或再次交易。批发意味着再次交易，零售则意味着进入终端生产和消费环节。目前的海关监管政策是将进口零售纳入了监管，出口的批发和零售都纳入了监管。政策尚未触及的是进口批发领域。

二是根据交易主体属性，分为 B2B、B2C、C2C、B2B2C 等。这种分类与前述批发和零售的分类有一定的对应性，B2B，一般对应着批发，B2C、C2C、B2B2C 一般对应着零售。实践中，上述两种分类标准经常混用或者结合使用。

三是以商品流向为标准，可以分为出口跨境电商和进口跨境电商。这一分类比较容易区分。实践中，监管部门对两类电商的监管要求完全不同，企业遇到的问题也截然不同。

实践中，与很多人的认知和感受不同，批发跨境电商占了我国整个跨境电商的 80%，零售不到 20%；出口跨境电商占了整个跨境电商的 80%，进口为 20% 左右。

三、跨境电商的进出口（境）方式

跨境电商交易完成后，具体的进出口方式可以概括如下。

一是完全合法的方式。包括以一般贸易方式，也就是说交易是通过电商平台完成的，进出口以一般贸易方式进行。一般贸易方式存在办理手续时间长、成本高等特点，与跨境电商的特点和要求不相符，甚至会引发是否是跨境电商，能否保证商品来自境外的质疑。另外更常见的方式就是通过海关设定的跨境电商系统模式（9610、1210、1239、9710、9810 等）。

二是灰色的方式。比如个人邮包进出模式。在这些渠道、方式下完成的进出境，是否合法存在争议。个人邮包在海关监管的过程中没有提前申报的程序，海关实行抽查式监管，抽查到的按照个人物品进行审价和征税，没有抽查到的自动放行。实践中，由于抽查率低带来的整体征税率相对非常低，个人邮包渠道成了商家的首要选择。但对该交易的商品能否认定为个人物品，执法部门存在不同的意见，也因此多次引发过走私犯罪案件。另外，目前盛行的快件模式、各种专线快线模式、包税模式也存在类似的问题。

三是涉嫌非法的方式。包括代购者的个人携带，或称人肉携带、"水客"携带、非设关地偷运等。

四、跨境电商相关的海关监管方式及代码

近年来海关总署设立了一系列的监管方式。

（1）9610，俗称跨境直购。

海关监管方式代码"9610"，全称"跨境贸易电子商务"，简称"电子商务"，适用于境内个人或电子商务企业通过电子商务交易平台实现交易，并采用"清单核放、汇总申报"的模式办理通关手续的电子商务零售进出口商品（通过海关特殊监管区域或保税监管场所一线的电子商务零售进出口商品除外）。

（2）1210，俗称保税电商。

海关监管方式代码"1210"，全称"保税跨境贸易电子商务"，简称"保税电商"。适用于境内个人或电子商务企业在经海关认可的电子商务平台实现跨境交易，并通过海关特殊监管区域或保税监管场所进出的电子商务零售进出境商品［海关特殊监管区域、保税监管场所与境内区外（场所外）之间通

过电子商务平台交易的零售进出口商品不适用该监管方式]。

（3）1239，非试点城市保税电商。

海关监管方式代码"1239"，全称"保税跨境贸易电子商务 A"，简称"保税电商 A"。适用于境内电子商务企业通过海关特殊监管区域或保税物流中心（B 型）一线进境的跨境电子商务零售进口商品。

（4）1039，市场采购。

海关监管方式代码"1039"。市场采购贸易方式是指由符合条件的经营者在经国家商务主管等部门认定的市场集聚区内采购的、单票报关单的商品货值 15 万（含 15 万）美元以下，并在采购地办理出口商品通关手续的贸易方式。

（5）0139，旅游购物商品（已废止，被市场采购取代）。

（6）9710、9810，跨境 B2B 出口。

适用范围为境内企业通过跨境电商平台与境外企业达成交易后，通过跨境物流将货物直接出口送达境外企业（简称"跨境电商 B2B 直接出口"）；或境内企业将出口货物通过跨境物流送达海外仓，通过跨境电商平台实现交易后从海外仓送达购买者（简称"跨境电商出口海外仓"）。

五、跨境电商试点城市与跨境电商综合实验区

试点是中国行政管理的特色。有些利好政策，明确只能在试点内开展。如，"1210"监管方式用于试点城市和试点区域。跨境电商领域存在两类试点，即跨境电商试点城市和跨境电商综合实验区。

（一）跨境电商试点城市

2013 年 10 月 1 日，上海、重庆、杭州、宁波、郑州 5 个城市第一批开展跨境电商政策试点。目前还有广州、深圳、天津、福州、平潭、合肥、成都、大连、青岛和苏州 10 个试点城市。

（二）跨境电商综合实验区

2015 年 3 月 7 日，国务院关于设立中国（杭州）跨境电子商务综合试验区。其后又设立了四批共 104 个跨境电子商务综合试验区，分别是：天津、上海、重庆、合肥、郑州、广州、成都、大连、宁波、青岛、深圳、苏州、北京、呼和浩特、沈阳、长春、哈尔滨、南京、南昌、武汉、长沙、南宁、

海口、贵阳、昆明、西安、兰州、厦门、唐山、无锡、威海、珠海、东莞、义乌、石家庄、太原、赤峰、抚顺、珲春、绥芬河、徐州、南通、温州、绍兴、芜湖、福州、泉州、赣州、济南、烟台、洛阳、黄石、岳阳、汕头、佛山、泸州、海东、银川、雄安新区、大同、满洲里、营口、盘锦、吉林、黑河、常州、连云港、淮安、盐城、宿迁、湖州、嘉兴、衢州、台州、丽水、安庆、漳州、莆田、龙岩、九江、东营、潍坊、临沂、南阳、宜昌、湘潭、郴州、梅州、惠州、中山、江门、湛江、茂名、肇庆、崇左、三亚、德阳、绵阳、遵义、德宏傣族景颇族自治州、延安、天水、西宁、乌鲁木齐，基本实现了国内主要城市的全覆盖。

跨境电子商务综合试验区并不是试点城市的简单升级版，而是一个多点多模式的全面创新版，是目前的主流。随着跨境电商改革的深入，两者的功能存在叠加趋势。特别是在跨境电商零售进口方面，政策优势基本实现了两类试点区域的全覆盖。

六、跨境零售进口

在跨境零售进口领域，国家政策的重点是规范。近年来几次大的政策调整都集中在跨境零售进口领域。

2014 年海关总署第 56 号公告，标志着第一份全面规范跨境电商的监管政策文件出台，监管部门明确将跨境电商进口商品按照个人物品监管，凭借这一政策优势，跨境电商一时风光无两、蓬勃发展。2016 年以海关总署第 26 号公告为代表的"4·8"新政突然刹车，设置了正面清单、个人年度和单次购买限值、跨境电商综合税等，尤其是按照货物监管的规定一度让跨境电商出现了熔断，陷入了低谷。2018 年底，以海关总署 2018 年第 194 号公告为代表的一系列政策文件再次明确了跨境电商商品按照个人物品监管，扩大了清单范围、提高了购买限值，明确了跨境电商企业、平台企业、服务企业、消费者各自的责任，明确了不得二次销售等规则。实现了跨境电商政策的又一次质的飞跃，监管政策渐趋明朗。跨境零售进口政策的核心可以归结为以下几个方面。

（一）按照个人物品监管

现行监管政策明确，对跨境电子商务直购进口商品及适用"网购保税进口"（监管方式代码 1210）进口政策的商品，按照个人自用进境物品监管，不执行有关商品首次进口许可批件、注册或备案要求。这是跨境电商零售进口政策最核心的内容。

（二）跨境电商零售进口商品清单

跨境电商零售进口商品清单，俗称白名单制度。跨境电商零售进口税收政策仅适用于《跨境电子商务零售进口商品清单》范围内的商品。目前，生效适用的是财政部等 13 部门发布的 2019 年第 96 号公告，自 2020 年 1 月 1 日起实施，共计商品 1413 项。

（三）跨境电商综合税

跨境电商综合税是一个简称，法律上并不存在这一税种，是指针对符合特定的海关监管条件的跨境电商零售进口税款征收方式。

跨境电商综合税的核心是跨境电子商务零售进口商品按照货物征收关税和进口环节增值税、消费税。跨境电子商务零售进口商品的单次交易限值为 5000 元，个人年度交易限值为 26 000 元。在限值以内进口的跨境电子商务零售进口商品，关税税率暂设为 0；进口环节增值税、消费税取消免征税额，暂按法定应纳税额的 70% 征收。

跨境电商综合税适用条件：（1）《跨境电子商务零售进口商品清单》范围内的商品；（2）通过与海关联网的电子商务交易平台交易，能够实现交易、支付、物流电子信息"三单"比对；（3）未通过与海关联网的电子商务交易平台交易，但进出境快件运营人、邮政企业能够接受相关电商企业、支付企业的委托，承诺承担相应法律责任，向海关传输交易、支付等电子信息。

（四）跨境电商的参与主体

2018 年新政对各类主体进行了定位并分别明确了责任。

跨境电子商务企业：自境外向境内消费者销售跨境电子商务零售进口商品的境外注册企业，或者境内向境外消费者销售跨境电子商务零售出口商品的企业，为商品的货权所有人。现行政策要求跨境电商零售进口经营者必须是境外注册企业。

电子商务企业的代理人：电子商务企业委托的以其名义办理海关注册、通关手续的企业，同时需承担民事上的连带责任。

跨境电商第三方平台经营者（或称跨境电商平台）：在境内办理工商登记，为交易双方（消费者和跨境电商企业）提供网页空间、虚拟经营场所、交易规则、交易撮合、信息发布等服务，设立供交易双方独立开展交易活动的信息网络系统的经营者。

境内服务商：在境内办理工商登记，接受跨境电商企业委托为其提供申报、支付、物流、仓储等服务，具有相应运营资质，直接向海关提供有关支付、物流和仓储信息，接受海关、市场监管等部门后续监管，承担相应责任的主体。

消费者：跨境电商零售进口商品的境内购买人，也包括跨境电商出口中的境外购买人。

（五）系统对接和"三单"信息传输

在跨境电商海关监管过程中，实现系统对接、"三单"比对是前提要求，即电子商务企业等相关主体必须能向海关提供订单、支付凭证和运输单证。

一般情况下，跨境电子商务零售进口商品申报前，跨境电子商务平台企业或跨境电子商务企业境内代理人、支付企业、物流企业应当分别通过国际贸易"单一窗口"或跨境电子商务通关服务平台向海关传输交易、支付、物流等电子信息，并对数据真实性承担相应责任。

（六）不得再次销售

基于跨境电商商品的性质，已经购买的电商进口商品属于消费者个人使用的最终商品，不得进入国内市场再次销售，否则应当承担相应的法律责任。

（七）跨境电商零售进口试点区域进一步扩大

2021年3月18日，商务部等多部门联合发布《关于扩大跨境电商零售进口试点、严格落实监管要求的通知》，该通知提出，将跨境电商零售进口试点扩大至所有自贸试验区、跨境电商综试区、综合保税区、进口贸易促进创新示范区、保税物流中心（B型）所在城市（及区域）。上述相关城市（区域）经所在地海关确认符合监管要求后，即可按照商财发〔2018〕486号文的要求，开展网购保税进口（1210）业务。

需要注意的是，此次试点区域的扩大仅针对1210业务，9610业务在境内各地均可开展，不存在任何试点区域。

七、跨境 B2B 出口

2020 年 6 月 12 日，海关总署公告 2020 年第 75 号——《关于开展跨境电子商务企业对企业出口监管试点的公告》发布，将跨境电商的范围进一步扩大化，海关规范的触角从零售延伸到了批发。

该公告只是提出了海关监管的初步内容，涉及税务、外汇、财政等相关政策的落实还需要进一步明确。按照海关总署的解读，在跨境电商 B2B 改革中，增列监管方式代码，将为商务、财政、税务、外汇等部门出台配套支持措施提供支点。

跨境 B2B 出口包括两种模式：境内企业通过跨境电商平台与境外企业达成交易后，通过跨境物流将货物直接出口送达境外企业（简称"跨境电商 B2B 直接出口"）；或境内企业将出口货物通过跨境物流送达海外仓，通过跨境电商平台实现交易后从海外仓送达购买者（简称"跨境电商出口海外仓"）。

通关管理上，企业通过国际贸易"单一窗口"或"互联网+海关"向海关提交申报数据、传输电子信息；跨境电商 B2B 出口货物应当符合检验检疫相关规定；海关对跨境电商 B2B 出口货物可优先安排查验；跨境电商 B2B 出口货物适用全国通关一体化，也可采用"跨境电商"模式进行转关。

八、跨境电商零售出口"免征不退"政策和所得税核定征收政策

基于跨境电商碎片化的特点，尤其是出口电商企业国内采购无票化的现状，出口征税问题一直备受关注。

在一般贸易中，企业是先交纳增值税，然后再实现退税。但对于跨境零售出口模式很多企业都没有进项增值税发票。这就导致以下问题：尽管企业不需要退税，但仍需要先交纳增值税。或者说税务部门有权要求零售出口商户补缴增值税。

为解决这一问题，税务主管部门明确，对综合试验区电子商务出口企业出口未取得有效进货凭证的货物，同时符合条件的，试行增值税、消费税免税政策。

"免增值税、消费税"相当于对零售出口企业采取"免征不退"的模式，即不征收增值税、消费税，也不退税。这意味着零售出口企业不必担心被反

征补缴增值税。

目前，"免征不退"政策仅限在跨境电商综合试验区实行。

除增值税外，对无票企业来说，企业所得税如何征收也一直存在难题。税务主管部门进一步明确，综合试验区内符合条件的企业采用应税所得率方式核定征收企业所得税。应税所得率统一按照 4% 确定。

这一政策，对解决无票企业所得税问题是一重大突破。

第十四节　边境贸易

边境贸易是国际贸易的一种补充形式。从 20 世纪 90 年代起，边境贸易已经成为中国边境地区的一大经济支柱，如广西、云南、新疆、内蒙古、黑龙江等省份与越南、缅甸、俄罗斯、蒙古等国均开展这种边境贸易形态，是落实国家"富民固边"政策的重要举措之一。

一、边境贸易的概念及其特点

（一）边境贸易的概念

边境贸易即我们通常所说的"边贸"，主要是指发生在边境地区边民之间或者小微企业之间的小额贸易。

根据我国开展边境贸易的实际情况，参照国际通行规则，目前对我国边境贸易按以下三种形式进行管理。

一是边民互市贸易，系指边境地区边民在边境线 20 公里以内，经政府批准的开放点或指定的集市上，在不超过规定的金额或数量范围内进行的商品交换活动。边民互市贸易由国务院外经贸主管部门、海关总署统一制定管理办法，由各边境省、自治区人民政府具体组织实施。

二是边境小额贸易，系指沿陆地边境线经国家批准对外开放的边境县（旗）、边境城市辖区内（以下简称边境地区）经批准有边境小额贸易经营权的企业，通过国家指定的陆地边境口岸，与毗邻国家边境地区的企业或其他贸易机构之间进行的贸易活动。边境地区已开展的除边民互市贸易以外的其他各类边境贸易形式，按规定统一纳入边境小额贸易管理，执行边境小额贸易的有关政策。

三是边境地区对外经济技术合作，系指我国边境地区经国务院外经贸主管部门批准，有对外经济技术合作经营权的企业（以下简称边境地区外经企业），与我国毗邻国家边境地区开展的承包工程和劳务合作项目。

（二）我国边境贸易的特点

我国边境贸易的特点是边贸企业规模小、容量小、合同数量小、市场窄、地域分散、国别分散。我国开展边境贸易的省份有广西、云南、西藏、新疆、内蒙古、黑龙江、吉林，分别与越南、老挝、缅甸、印度、尼泊尔、巴基斯坦、哈萨克斯坦、吉尔吉斯斯坦、塔吉克斯坦、俄罗斯、朝鲜、蒙古等国边境地区开展贸易活动。从个体户到国有贸易公司都参与做边贸，贸易方式从最原始的易货贸易到最现代化的无纸贸易都存在。

从 1992 年初，国务院陆续批准 13 个边境开放城市，它们是：黑龙江的黑河、绥芬河，吉林的珲春，内蒙古的满洲里、二连浩特，新疆的伊宁、博乐、塔城，云南的畹町、瑞丽、河口，广西的东兴、凭祥。

截至 2020 年 12 月 31 日，全国共有经国务院批准对外开放口岸 313 个。边贸企业达 3000 多家。随着我国对外开放的进一步深入，边贸政策更加完善成熟，边贸管理体制更加顺畅，边境贸易必将稳步发展。

二、边境互市贸易

边民互市在中国起源已久。早在东汉，就在边境关口设立关市，开始了与西域各国的贸易，唐宋年间著名的"茶马互市"就是以茶易马的贸易往来。如今的边民互市贸易，是指边民在边境线 20 公里以内，在经政府批准的开放点或指定的集市上，进行不超过规定的金额或者数量的商品交换活动。

1996 年边民互市贸易政策制定之初，免税额为每人每日价值在 1000 元以下，免征进口关税和进口环节税。后来随着经济的发展和边贸的逐步兴盛，边民互市贸易进口生活用品的免税额度从每人每日 1000 元先后提高到 3000 元和 8000 元，但列入边民互市进口商品不予免税清单的除外。

政策中还明确，可以通过边民互市进行贸易的商品仅限于与生活相关的、原产于边境地国家的商品，第三国产品不能享受互市贸易优惠。例如，越南边民不能免税将原产于澳大利亚的牛肉和挪威的三文鱼等商品通过边民互市贸易方式进口至中国。

（一）开展边民互市贸易的条件

开展边民互市贸易应符合以下条件。

（1）互市地点应设在陆路、界河边境线附近；（2）互市地点应由边境省、自治区人民政府批准；（3）边民互市贸易区（点）应有明确的界线；（4）边民互市贸易区（点）的海关监管设施符合海关要求。

（二）参与边民互市贸易的主体

我国边境地区的居民和对方国家边民可进入边民互市贸易区（点）从事互市贸易。同时，我国边境地区的商店等企业，如在边民互市贸易区（点）设立摊位，从事商品交换活动的，按照边境贸易进行管理。同时，边境地区居民携带物品进出边民互市贸易区（点）或从边境口岸进出境时，应向海关如实申报物品的品种、数量和金额，并接受海关监管和检查。

（三）有关边民互市贸易的限额

边民通过互市贸易进口的生活用品（列入边民互市进口商品不予免税清单的除外），每人每日价值在 8000 元以下的，免征进口关税和进口环节税。超过 8000 元的，对超出部分按照规定征收进口关税和进口环节税。同时，边境双方居民和从事商品交换活动的企业均不得携带或运输国家禁止进出境物品出入边民互市贸易区（点）。对国家限制进出口和实行许可证管理的商品，按国家有关规定办理。

（四）海关有关监管政策

对具备封闭条件，并与对方国家连接的边民互市场所，对方居民携带物品进境时，应向驻区监管的海关申报并接受海关监管。对当地未设海关机构的，省、自治区政府可商直属海关委托地方有关部门代管，地方政府应加强管理，并制定实施细则，经海关同意后实施，海关应给予指导并会同当地政府不定期检查管理情况。同时，海关也会进一步加强对边民互市贸易的管理，对利用边民互市贸易进行走私违法活动进行严厉打击。

三、边境小额贸易

(一) 边境小额贸易企业的设立和审批

边境小额贸易企业，在国务院外经贸主管部门核定的总数内，根据该主管部门制定的条件，由各边境省、自治区外经贸主管部门自行审批，报国务院外经贸主管部门核准，并由国务院外经贸主管部门抄送海关总署及国务院有关部门备案。

(二) 边境小额贸易企业总数的核定依据原则

一是国务院外经贸主管部门将根据各边境省、自治区边境地区的国民生产总值和进出口贸易额及边境地区的实际情况，核定各边境省、自治区边境小额贸易企业总数；二是已在边境地区工商行政管理部门登记注册，并已经国务院外经贸主管部门批准获得进出口经营权的外贸公司、易货贸易公司、边贸公司和自营进出口的生产企业，均可在批准的经营范围内经营边境小额贸易。

(三) 边境小额贸易企业应具备的条件

边境小额贸易企业首先应是在边境地区工商行政管理部门登记注册的企业法人，并具备以下条件：一是注册资金不得少于 50 万元；二是须有固定的营业场所和开展边贸必备的设施和资金；三是有健全的组织机构和适应经营边贸的业务人员。

(四) 企业开展边境小额贸易的区域和商品种类

根据相关规定，各边境省、自治区边境小额贸易企业须通过以企业注册地为主及相毗邻的经国家批准正式对外开放的陆路边境口岸开展边境小额贸易。同时，各边境省、自治区可指定 1 至 2 家有经营实绩或经营能力的边境小额贸易企业，通过指定边境口岸，经营向本省、自治区毗邻国家出口边境地区自产的国家组织统一联合经营的出口商品，以及进口国家核定公司经营的进口商品，经营企业名单报国务院外经贸主管部门核准，并由国务院外经贸主管部门抄送海关总署及国务院有关部门。此外，边境小额贸易企业出口统一联合经营的出口商品、实行配额招标的出口商品、军民通用化学品、易制毒化学品及我国在国际多边、双边协议中承诺限量出口的商品，原则上按国家制定的现行办法办理。

（五）边境小额贸易企业经营限制

边境小额贸易企业不得以任何形式允许其他企业以本企业名义经营边境小额贸易；同时，也不得通过边境口岸进口第三国的商品及经营向第三国出口业务。

（六）有关税收政策

发展初期，国家给予边境小额贸易进口货物关税、增值税减半政策。随着我国加入世贸组织和边境贸易的发展，为遵循世界贸易组织规则，经国务院批准，自2008年11月1日起，对边境小额贸易采取中央专项转移支付的办法替代进口税收减半政策，并提出执行当年（2008年）全年按20亿元掌握，实际执行期为两个月，以后年度在此基础上建立与口岸过货量等因素挂钩的适度增长机制（目前控制在22亿元）。具体办法则交由财政部会同有关部门另行制定。

（七）有关退税政策

边境小额贸易享受一般贸易出口退税政策，并按一般贸易出口退税办法办理出口退税手续。

四、边境地区对外经济技术合作

（一）设立边境地区外经企业的审批原则

边境地区外经企业须报国务院外经贸主管部门审批。边境地区外经企业的审批依据以下原则：一是已经国务院外经贸主管部门批准的边境地区外经公司，均可开展与毗邻国家边境地区的承包工程和劳务合作业务；二是经国家批准的一类边境口岸所在边境地区，可选择一家边境小额贸易企业，报国务院外经贸主管部门批准后，开展与毗邻国家边境地区的承包工程和劳务合作业务。

（二）有关承包工程和劳务合作合同的备案

边境地区外经企业同毗邻国家边境地区签订的承包工程和劳务合作的合

同须报外经贸主管部门备案，并申领《在毗邻国家开展承包工程和劳务合作进出口物品批准书》（以下简称《批准书》）。其中，单项承包工程项目金额在100万美元（含100万）以下、单项劳务合作项目在100人（含100人）以下的合同，报边境省、自治区外经贸主管部门备案，由其核发《批准书》。边境省、自治区外经贸主管部门每月将上述合同汇总后报国务院外经贸主管部门备案。单项承包工程项目金额在100万美元以上或单项劳务合作项目在100人以上合同、由各边境省、自治区外经贸主管部门报国务院外经贸主管部门备案，由国务院外经贸主管部门核发《批准书》。对备案材料要求包括中外文合同及合同备案表各一式两份。

（三）有关海关监管要求

一是边境地区外经企业与毗邻国家边境地区开展承包工程和劳务合作项下带出的设备、材料和劳务人员自用生活物品、除涉及实行配额招标的出口商品、军民通用化学品、易制毒化学品及我国在国际多边、双边协议中承诺限量出口的商品外，在合理范围内，不受经营分工和出口配额的限制，并免领出口许可证。海关凭国务院外经贸主管部门备案的合同及其设备、材料、物品清单和《批准书》验放。

二是承包工程和劳务合作项下带出的设备、材料和劳务人员自用物品，如涉及实行配额招标的出口商品、军民通用化学品、易制毒化学品及我国在国际多边、双边协议中承诺限量出口的商品，其合同不论金额大小，一律报国务院外经贸主管部门审批。海关凭国务院外经贸主管部门批准的合同及其设备、材料、物品清单、《批准书》和出口许可证验放。

三是边境地区外经企业与毗邻国家边境地区开展承包工程和劳务合作项下换回的原产于毗邻国家的物资，不受经营分工的限制，按项目合同规定的品种和数量进境，对此，海关凭有关外经贸主管部门批准备案的合同和《批准书》验放。

四是边境地区外经贸企业毗邻国家边境地区开展承包工程和劳务合作项下进出境的货物，应从指定的边境口岸进出。

五是边境地区外经企业与毗邻国家边境地区开展承包工程和劳务合作项下换回的原产于毗邻国家的物资，执行边境小额贸易的进口税收政策。

六是每批（次）物资进境时，边境地区外经企业须持有关外经贸主管部门批准备案的合同及《批准书》，向其项目备案（主管地）海关申请办理减税手续，经海关审批后，在核定的数量内签发减税证明书，并通知进口地海关凭此验放。进口地海关应在《批准书》背面的有关项目栏内予以签注每批（次）实际进口品种、数量。在达到合同规定的品种和数量后，海关停止办理有关货物进口手续。

五、边境贸易模式中潜在的风险

现行的边贸政策是国家"富民固边"政策的重要组成部分，依托其三大模式之一的边民互市贸易的优惠政策，数以万计的边民因此摆脱贫困，走上小康之路。目前边贸现状是：一方面边贸城市的地方政府用边贸政策来吸引外地企业来当地投资，当地边贸贸易量逐年增加，地方政府财税盈余，边民确实也从中受益；另一方面，由于国家从顶层的角度设计了边贸政策，但把进一步的详细政策的操作和执行下放到了地方，造成各地对边贸政策的理解、执行等均存在较大差异，最终导致经常受到边贸城市当地政府和海关领导点赞的当地明星企业的优秀企业家却频频被外地办案机关采取刑事强制措施，最终被判有期徒刑乃至无期徒刑。

据统计，在广西、云南边境各个口岸均有边民互市点，每天有各类商品以此类形式入境，单个口岸每天交易额有的高达几千万元甚至上亿元。根据有关政策规定，每位边民每天有 8000 元的免税额度，边民可以采购原产于邻国的生活用品后进行边民互市贸易，但很多企业打"擦边球"，将其在境外采购的货物拆分为每份价值约 8000 元的份额，然后交给边民携带入境。当地政府以及海关均未曾明确表示该行为违法，但事实上被外地执法机关认定为走私的情况时有发生。

为此，如何进一步规范、完善边境贸易政策，在真正做到"富民固边"的同时，不再伴随走私案件频发，值得各界重视和深思。

六、边境贸易政策预期

2019 年 12 月 4 日，商务部外贸司负责人表示，今后将从推动创新转型、财税金融支持、优化营商环境三个方面采取七大举措，支持边境贸易发展。主要内容包括以下几个方面。

一是调整完善边民互市贸易功能定位，鼓励其多元化发展。修订《边民互市贸易管理办法》。明确互市贸易范围、形式、交易主体、交易地点、交易模式和监管方式，制定《边民互市贸易进口商品负面清单》，动态调整互市贸易进出口商品不予免税清单，加强对互市贸易多元化发展相关试点工作的监管。

二是对边境小额贸易出口试点增值税无票免税政策，实行出口商品简化申报措施。研究比照市场采购贸易方式，在有效监管的前提下，选择部分条件成熟的地区进行相关试点，并同时在试点地区实行出口商品简化申报措施。

三是完善转移支付支持方式，加大支持力度。

四是支持边境（跨境）经济合作区和沿边重点开发开放试验区发展。

五是培育发展边境贸易商品市场和商贸中心。鼓励边境地区完善边境贸易商品市场展示展销、批发零售、集聚配送功能。

六是发展适合边境贸易特点的电商新业态。鼓励发展"互联网+边境贸易"，降低交易成本，拓宽边境贸易渠道，扩大边境贸易规模。坚持包容审慎，支持边境地区建设电商平台，推动新业态、新模式与边境贸易融合。

七是创新优化边境贸易金融服务，优化边境贸易发展的营商环境。支持边境贸易采用人民币结算。

上述支持政策的出台对于边境（跨境）经济合作区和沿边重点开发开放试验区是一次重大发展机遇。随着政策落地，边境（跨境）经济合作区和沿边重点开发开放试验区有望迎来重大突破。

实务篇

第三章

进出口通关非诉讼法律实务

第一节　协助企业配合海关稽查实务

近年来，随着海关业务改革，尤其是全国通关一体化进程的不断推进，"一线口岸放开"与"后续检查趋严"成为广大进出口企业面临的监管现状。在"通得快"的同时"管得严"，海关稽查较之以往覆盖面更广、频率更高，企业被海关稽查的可能性急剧上升。

实践中，如何有效应对海关稽查，是企业必须面对的实务问题；如何指导、协助企业有效配合海关稽查，将法律服务的"时间关口前移"，考验律师对进出口通关法律实务的把握能力。

海关稽查的具体内容林林总总，难以完全列举。本书将从实务的角度，在确定框架性应对思路的基础上，结合进出口企业的实际业务，对一些常见实际操作问题进行阐述。

一、协助企业配合海关稽查的整体思路

如果企业自身的管理和业务运作非常规范，那么在面对海关稽查时，无需有任何担忧。合规经营，就是企业应对海关稽查的最大法宝。但是，法律法规的变化，加之企业实际运作的商业考量，导致企业或多或少都存在一些不规范的做法。应如何正确认识这些问题并作出合理解释，是企业必须面对和解决的实践问题。

（一）企业面对海关稽查时的策略性失误

（1）着急。当发生海关稽查时，企业与员工面对稽查人员，往往非常着急。一是急于结束现场稽查程序，迫切希望海关执法人员离开企业；二是急

于结束整个稽查程序，迫切希望海关在短时间内给出"一切正常"的稽查结论。此种"着急"心态，从企业经营管理的角度无可厚非，但从风险控制和处理的角度来说，并不可取，会导致应对行为与应对结果出现重大偏差。

（2）慌乱。应对心态上的着急，很大程度上就会带来应对行为上的慌乱。具有以下几种表现：一是慌乱计核数据。海关在开展现场稽查时，往往会要求企业提供相应的经营数据，此时企业由于慌乱，数据计核未经核对即予提供，数据无法反映实际情况；二是慌乱提供材料，企业现场或事后提供的资料不完整，不能全面反映业务实际情况；三是慌乱签名确认，对数据、资料、陈述未经仔细核对即予签名盖章，致使这些材料在法律意义上成为"证据"，"证明"企业可能存在违规事实。这些慌乱行为，企业相关人员在当时并不自知，往往是在事后拿到或即将拿到不利的稽查结论时，才后悔莫及。

（3）模糊。心态上的着急和行为上的慌乱，导致企业对海关稽查模糊不清。一是对海关稽查的目的不清楚，不清楚稽查的重点是什么；二是对自身存在的问题不清楚，不清楚自身是否存在问题、提供了什么材料、作出了什么解释，后续即使有专业律师介入，也很难马上着手进行有效工作；三是企业的初步解释不合理，为后续处理增加了难度。

（二）指导企业形成配合稽查的整体思路

企业在面对海关稽查时，其心态、行为和结果等策略性失误，会导致严重的法律后果。一是稽查方向变化，从原定的较简单的稽查目的转移至其他稽查目的，从稽查甲问题转移为稽查乙问题；二是稽查范围扩大，即稽查目标从本企业对外延伸至关联企业、供应商或客户等上下游企业，企业经营会由此受到不利影响；三是稽查法律后果变化，可能从无违规行为，被误解存在违规行为，从而导致受到行政处罚，甚至被刑事立案。

因此，指导、协助企业形成配合稽查的正确思路，是律师参与海关稽查的首要任务。应对企业上述心态、行为、结果的策略性失误，我们认为，实务上应从以下三个方面着手，形成整体性应对思路，以维护企业的合法权益。

（1）不着急。企业在面对海关稽查时的着急，实质上是害怕稽查、心理抗拒稽查。究其根源，是对自身业务的合规性没有信心。作为律师，应指导企业形成对海关稽查的正面认知，将稽查视为企业经营中所遇到的正常事项，视为企业的规范改进机会，甚至是企业"自证清白"的机会。例如，对于商品归类、特殊贸易方式等细节问题，如果企业能在某次稽查中向海关进行全面展示，且海关对此并无异议，则相当于企业在这些方面的经营合规性得到了执法部门的认可，即使将来海关对此类问题的看法发生变化，企业也会因为该次稽查，获得阻却违法性的合理理由。这对于企业合规经营具有正面的法律意义。

（2）不慌乱。律师在实务中，应协助企业稳妥地提供相应数据和资料。所谓稳妥，体现在提交的时间、具体内容两大方面。首先，在时间上，不要急于马上提供。对于海关稽查提出的要求，律师与企业理应予以配合，但也可请求海关给予充足的准备时间，通过延长时间，降低出现差错的可能性。其次，内容上要反复核对。对需要提供的数据和资料，要反复核对，力求全面准确。对于企业自身无法厘清的事项，不要随意提供说明材料。应付式的随意提供，不符合海关稽查实事求是的基本原则，也是不负责任的做法。

（3）理清楚。一是厘清海关稽查的目的。一般来说，每次海关稽查都有具体目的，律师要协助企业判断本次稽查所针对的具体目标，确定企业后续工作的重点，以配合海关完成工作任务。二是厘清企业的运作情况。结合海关稽查的具体目的和重点，厘清企业该项业务的实际运作情况，并全面、如实地向海关陈述。三是厘清提交资料。在实务中，企业往往是在现场稽查后才聘请律师介入，因此，对于企业已经提交的资料，律师要进行全面阅读，据此判断海关稽查重点，分析企业对应业务运作的合规性，从而确定之后的应对措施。

上述应对思路，仅是律师指导、协助企业配合海关稽查的整体思路，在实务中律师仍应结合企业具体业务展开。从海关监管的角度，企业的业务类型可以分为一般贸易型和保税贸易型两大类。针对不同的业务类型，海关稽查的重点有所不同。为此，我们将根据不同的企业业务类型具体分析，以便大家遇到类似情况时有所参考。

二、一般贸易进出口企业海关稽查实务

对于从事一般贸易进出口业务的企业，海关稽查的重点在于税款，即企业进出口的商品，其税款是否已应缴尽缴。围绕税款缴纳问题，商品归类、成交价格、运保费用、特许权使用费、贸易方式等可能影响税款计核的因素，均是海关稽查的核心关注点。实务中，上述税款影响因素以多种形式呈现，如何辨别不同事实是否对税款造成法律上的实际影响，最大限度地维护企业的合法权益，是参与稽查实务的律师的工作重点。特别说明一点，由于关税的征收主要针对货物进口，货物出口的涉税情况较少，因此我们将主要就进口情形进行阐述说明。

（一）境外交易合同真实性与成交价格

在一般贸易进口征税环节，纳税义务人所申报的成交价格的真实性一直是海关执法关注的重点。由于部分企业的贸易方式是在国外集中采购，之后再分销往境内，因此海关在稽查时，往往会要求企业提供境外集中采购的合同，以印证所申报的成交价格的真实性。此时，企业所提供的境外交易合同，能否得到海关稽查的认可，从而使申报的成交价格被确认，对企业而言有着重要的实操意义。

实务中，从海关监管的角度，多数情况下每一次一般贸易进出口申报，都依托于一个独立的对外贸易行为，其外在的表现就是一份独立的贸易合同；从企业经营的角度，每一次进出口申报，可能只是在履行年度合同或者长期合作协议，并不是每一次都需要签订一份独立的书面合同。为了平衡两者之间的差异要求，在申报实务中，企业往往会根据年度合同或长期合作协议，制作一份独立的报关合同，以供进出口申报所需。

如果企业确实是依据与外方的年度合同或长期合作协议，而制作报关合同向海关申报，那么，该年度合同或长期合作协议的内容（主要指价格条款）必然与报关合同基本一致，进而可以成为申报价格真实性的有力证据。

因此，在律师实务中，要提醒企业做到以下几点。

其一，企业应注意整理保留本公司的各类对外贸易合同本文，特别是总合同或长期合作协议，并将其保存于公司经营场所，以便及时提交。

其二，企业应尽量合法获取保存前一手交易的合同或发票，也就是海关实务中经常提及的"原厂发票"等资料，以印证交易价格的真实性。

其三，对于长期稳定的大宗交易，应签订规范的合同文本，并可以在境内或境外进行公证、见证或领事认证，以提高文本的证明效力。

（二）部分特殊费用应当计入完税价格

进口货物的完税价格以货物的成交价格为基础。但是，完税价格不能简单等同于成交价格。依据现行规定，部分特殊费用，会被视为调整因素计入完税价格，从而对企业是否存在违规行为形成实质影响。这是律师参与海关稽查应当把握的法律要点。

1. 买方支出的与货物密切相关的协助费用

例如，买方甲公司向卖方乙公司购买进口货物，该货物由乙公司委托丙公司生产；甲公司额外向乙公司提供技术服务，以协助丙公司生产，而且甲公司在额外向乙公司（丙公司）提供技术服务时，未收取对应的费用。此时，如果该对应费未包含在甲乙双方的合同成交价格之中，经海关稽查发现，可以据此调整货物的完税价格。对此，参与律师应当结合企业的商业资料，确定该笔协助费用是否需要计入完税价格，以及如何进行分摊。实务中主要考虑以下两点：一是对应费用是否全部用于进口货物，如有非进口货物也使用相应技术的，则可以提出对应的剔除建议；二是对应费用如何合理分摊至每一个进出口货物，或者分摊到第一批货物，或者分摊到合同实际成交总数量，以降低企业的即时税务负担。

2. 未实际发生或无法确定的保险费用

依据海关现行规定，一般贸易进口货物的保险费，依法应当缴纳关税；当保险费未实际发生或者无法确定时，海关将按照"货价加运费"两者总额的3‰直接计算保险费并据此征税。由于3‰的比例明显偏高，企业往往会综合考虑实际发生的各种费用和利润，确定一个较低比例，并据此形成CIF价格向海关申报。此种做法一旦被海关稽查，由于保险并无实际发生，企业会面临补税，甚至被处罚的法律风险。因此，律师在处理该类事务时，应当建议企业提前做好规划：其一，如有可能，建议企业按报关单逐票支付对应阶段保险费，避免争议产生。其二，如使用年度总额限制下的保险合同，也请企业考虑尽量明确对应的票数，以便在海关稽查时能提供清晰的对应数据。其三，如系由客户缴纳保险费，应协商客户移交并保留相应的保险费单据，以备稽查时作为证据使用。

3. 进口特殊货物租用承载容器的租金及运费

在监管实务中，一些液体化工原料进口商在进口货物时，需要向出口商租用特殊容器，进口货物装载于容器内一并申报入境，销售完毕后又将容器归还出口商，由此产生了容器租金及进出境运费。对该笔费用，企业往往独立于货物货款进行核算支付，没有纳入进口货物的完税价格。律师在协助此类企业配合海关稽查时，应予特别关注，引导企业如实陈述，及时补缴相应税款，以减轻法律责任。

4. 进口人承担并实际支付的进口商品境内宣传推广费用

在进口货物贸易中，为了提升货物在国内的知名度，快速打开国内市场，买卖双方往往会在合同中约定开展相关的推广宣传工作。如果该项工作是卖方的责任，却由买方承担并实际支付相关费用的，该笔费用会被海关稽查视为完税价格的一部分，应当予以征税；但如果该项工作是买方的责任，则无征税的可能。因此，参与律师要根据双方合同文本的表述以及双方的交易细节，确定"宣传推广"是谁的责任，以维护企业的合法权益。更进一步，可以建议企业在约定有关推广宣传责任时，避免模棱两可、容易被误解的表述，直接约定宣传推广由进口企业负责。

5. 特许权使用费

特许权使用费问题非常复杂，对参与律师的要求极高。囿于文章篇幅，难以展开阐述。简单而言，律师的着力点在于：一是厘清商品的技术特征，确定特许权使用费是否与货物相关；二是厘清贸易与支付流程，确定特许权使用费是否构成货物销售条件；三是厘清费用总额与进口货物的对应关系，为企业争取均衡分摊，平缓纳税。

(三) 特殊交易方式影响海关认定完税价格

1. 销售限制影响完税价格认定

海关稽查发现企业的进口成交价格存在销售限制因素的，海关会重新审核确定完税价格，并据此要求企业补缴税款。律师参与此类业务，关键在于协助企业厘清具体的合同条款是否构成销售限制。在实践中，有些合同中明确有"销售限制"，但根据合同实际内容来看并不存在销售限制，而是一种附赠优惠。对此种情形，专业律师是"大有可为"的。例如，进口商甲公司经过招投标程序，与出口商乙公司签订协议，购买高端便携式机械设备。随后，在向海关申报进口时，未提交招投标的正式合同，在提交的报关合同中又列明"甲公司每年需携带该设备参加乙公司组织的展览会"。海关稽查据此认定存在销售限制，要求重新确定完税价格。律师在介入后，详细复盘招投标流程及招投标文件，向海关提出"投标价格即为货物价格，包括货物原价、包装费、运输费、装卸费、各种税费、调试费等"，甲公司对货物拥有完全的所有权和控制权，没有任何不当限制。所谓参加展览会实际上并不构成甲公司的义务，反而是甲公司借此机会宣传自己生产能力和产品，以增强甲公司在行业中的竞争力。货物的成交价格是通过招投标报价形成的，与是否参加展览会并无关系，不应据此认定存在销售限制并对招投标形成的价格进行调整。

2. 供应商折扣优惠影响完税价格认定

在商业上，境外供应商为了获得更多的订单或留住优质客户，往往明确当进口商的采购数量达到一定规模时会给予一个优惠的折扣价。这种折扣的方式多种多样，或者是直接给予一个溯及既往的较低价格，或者是直接返还一定金额，或者是返还对应型号的货物。由于折扣形式的多样，进口企业在办理进口报关手续时，其申报方式也多种多样，或者是先原价申报后优惠价申报，或者是直接全部平均申报，或者是对赠送品按零价值申报。如果遇到海关稽查，企业往往可能会被认定为低报价格偷逃税款。当律师介入此类情形的稽查，我们认为其关注的重点应在于：无论是何种形式的折扣，最终会有一个实际支付的总金额（对应实际购买的商品总量），以该总金额为基准，判断企业税款缴纳情况，并据此向海关提出相应的法律意见。为达到此目的，律师需要与企业一起，对稽查期间的货物购买明细进行全面的统计分析，力求每一个数据都有证据支撑，以最大限度获得海关的认可。

3. 一般贸易中借名或匿名购买货物影响海关认可申报价格真实性

在企业商务实践中，代理权与货物采购价格息息相关。由于部分供应商采取较为严格的经销商代理销售制度，不同代理经销商的价格差异较大，再加上代理经销商仅向特定客户销售货物，此时在实践中就会出现进口企业借名购货、匿名购货的情形。例如，甲公司为了获得较低的成本价格，向 A 代理商（无权在甲公司所在区域销售）采购货物，A 代理商为了符合经销制度的要求，其销售发票向其他人出具，而不是向甲公司出具。甲公司在实际收到货物后，自行制作商业单据向海关申报。此时如遇海关稽查，企业往往难以提供有效证据证明申报价格的真实性。此类情形在商务实践中较为少见，不具有代表性，但又确实存在。从律师的角度，我们应当建议企业尽量避免，若确实发生的，律师可以从以下几个方面着手，尽量协助企业做好解释：其一，协调代理商出具相关材料，说明贸易流程；其二，分析进口企业的财务数据，表明企业并无账外付款，没有低报价格；其三，提供相同产品的市场价格，侧面证明申报价格的真实性。

（四）价格不真实与走私犯罪行为的转化

如前所述，完税价格申报不正确是海关稽查的常见问题。对于故意不如实申报价格的行为，情节严重的将直接转化为走私犯罪案件，由稽查部门移交缉私部门处理。此类情形，律师在参与海关稽查实务时，应保持敏感与警惕。

1. 低报价格涉嫌走私犯罪

企业存在真假两套合同、发票的，其低报价格的主观故意十分明显，所涉税款差额达到 20 万元以上时，涉嫌构成走私普通货物罪。关于此点，法律规定十分明确。

2. "高报价格" 也可能涉嫌走私犯罪

实践中我们常见在进口环节低报价格偷逃国家税款违法的情形，但有时故意高报价格多缴税款可能是另外一个违法行为副产品。例如，海关曾对某医疗器械贸易公司进口行为进行常规稽查，发现企业申报进口的大型医疗设备，其实际订购的价格远远低于向海关申报的价格，差价达一半以上。海关经进一步调取相关材料，最终发现，该企业进口的大型医疗设备实际为二手医疗设备，属于国家禁止进口的货物。在该案中，企业为了掩盖其违法进口"二手医疗设备"的行为，故意高报价格换取正常通关时不被怀疑，在海关稽查时也设法掩饰，其主观故意十分明显。律师若参与此类案件的，应当建议企业主动向海关说明情况，以争取从宽处理。

3. 企业知悉货物原始价格的时间节点影响主观故意的成立

在部分稽查实例中，企业在稽查开始后才知悉进口货物的原始价格，该时间节点对于确定企业是否有主观故意有着重要的法律意义。例如，香港甲公司采购了一批模具，免费提供给其内地子公司乙使用，用于制造特定产品，但所有权仍归属于甲公司。为了通关便利，乙公司以一般贸易向海关申报进口，甲公司将双方之间的"成交价格"确定为实际采购价的一半。对此乙公司并不知情。在海关稽查时，乙公司应海关要求，向甲公司索取原始采购发票并予提供。律师在实务中，应当把握企业在实施进出口行为时，是否知悉货物的原始价格，或者说企业是否明知真实价格但仍低报。这对于判断企业是否具有低报价格、实施走私的主观故意，具有重要的法律意义。

(五) 企业对进出口商品的归类与海关不一致未必违法

进出口商品的归类问题，是海关稽查时争议最大的问题之一，更是企业最难以争辩的问题。根据现行法律规定，海关对商品归类具有最终的决定权。因此，当企业的归类认知与海关的归类认知不一致时，以海关认知为正确归类。若经海关稽查认定进出口的商品存在归类错误，企业则面临补缴税款、缴纳罚款的双重责任。作为律师，其工作重点在于协助企业正确判定其"商品归类错误"行为，是否构成"税号申报不实"的违法行为。

1. 可能被认定为违法行为的具体情形

实践中，下列行为一般会被认定为"税号申报不实"的违法行为。其一，海关曾通过报关单修改、下发处罚决定书等方式，向当事人书面告知过该商品完整的正确归类，当事人再次申报时仍出现归类错误的。如企业在甲地海关申报 A 后，被告知应申报成 B。企业在乙地海关继续申报成 A。其二，当事人在海关对其相同商品正确归类后，又再次出现归类错误的。其三，当事人未如实申报品名、成分、规格、原理、用途等归类要素，或者未按海关要求提供归类所需资料，影响海关正确归类的。上述情况，归结起来就是企业对归类错误存在主观过错。

2. 不被认定为违法行为的具体情形

实践中，还有一些情况是不应当认定为"税号申报不实"违法行为的。其一，当事人依据海关归类预裁定向海关申报，但海关归类预裁定内容存在错误导致申报错误的。即企业已经向海关归类部门申请了预裁定，海关同意企业的申报。如果有过错，那么也是海关归类部门的过错，企业不存在任何的故意或过失，不应当承担违法责任。其二，海关对当事人申报的税则号列曾进行过实质性归类审核，进出口货物已通关放行，海关在事后审核认定或者当事人就同样货物再次申报过程中又认为其归类错误的。上述所谓实质性归类审核包括：化验检测商品成分且未对归类认定提出疑义、查验核对归类、补充申报归类事项、修改报关单归类事项等。其三，当事人进出口货物的归类属于海关商品归类疑难问题，经海关总署归类职能部门审核已提交至国务院协调制度商品归类技术委员会研究决定的。上述情况归结起来就是，因海关原因而导致申报不符的，应当免除当事人的违法责任。

三、保税贸易企业海关稽查实务

保税贸易企业，以加工贸易企业为代表，一直以来是海关稽查的重点。海关对此类企业的稽查，核心在于保税货物是否存在短少或溢多情形。在稽查实务中，海关一般会针对某项或某几项保税货物进行清点，以此确定企业是否存在违规行为。因此，理解并运用保税贸易中特定的某项保税货物（或者保税料件）的计核基本公式，对律师协助企业配合海关稽查，具有重要的实务意义。

保税货物数量计核基本公式如下：

保税货物进口数量−保税货物出口数量＝保税货物理论库存数量

保税货物仓库存量＋保税货物产线存量＝保税货物实际库存数量

保税货物实际库存数量＞理论库存数量，为溢多

保税货物实际库存数量＜理论库存数量，为短少

在稽查实务中，律师可以紧紧围绕上述公式中实际库存数量、理论库存数量的确定过程，最大限度地为企业争取合法权益。

（一）实际库存数量的确定

我们认为，实际库存数量的确定，主要是一个事实问题，而且是一个带有时点性特征的事实问题。海关现场稽查当时，会重点确定企业当时相关保税货物的实际库存数量。由于生产的连续性，现场稽查日前后的数量，均有变化的可能，此类数据在实务中一般难以被海关认可。因此，企业、参与律师在稽查当时对实际库存数量的确定，一定要慎之又慎。

1. 企业的保税料件统计方式影响实际库存统计准确性

加工贸易企业运营中，企业一般有自己的生产统计系统。在该系统中，企业对保税料件进口数量、成品出口数量的记录，一般是沿用适应生产需要、便于企业管理的统计方式。在遇到海关稽查时，就容易出现概念理解的不一致。企业认为属于"已经出口的成品"，海关却认为属于"理论库存"，这就容易导致企业在清点库存时，申报的"实际库存"变少。此种情况下，企业

往往会被认定存在保税料件短少，甚至擅自内销保税料件等违法行为。例如，某海关对甲公司进行专项稽查时，要求企业申报其实际库存。甲公司即刻依据其生产统计系统对库存情况进行了核算。经统计，稽查当天库存保税料件260吨、制成品折合保税料件300吨，两项合计库存保税料件560吨。之后，海关自行对企业进出口申报数据进行统计（截至稽查日），显示企业当时的理论库存应为700吨，而企业申报的实际库存为560吨。海关初步认定企业短少保税料件140吨。稽查部门据此拟将案件移交缉私部门处理。企业对此初步结论向律师咨询。随后，律师对企业年度所有的进口报关单、出口报关单、入库单、出库单进行了逐一统计和对比，最终发现在稽查日当天，企业出库了一批制成品140吨，且该批货物运抵口岸后因船期原因延迟了10天方才向海关申报出口。而企业在向海关申报实际库存时，认为货物已经出库，当然就不属于库存（理论库存或实际库存）。但是主管海关在对理论库存进行计算时，由于货物尚未申报出口，此部分货物仍显示为企业的理论库存数量。由此，导致企业出现了"保税料件短少"情况。据此，企业向海关递交了详细的统计数字和相关单据，海关最终接受了企业的解释。

上述稽查实例中，企业统计方式与海关统计方式的差异，是造成企业一开始被认定存在保税料件短少的主要原因。律师参与此类业务，应当注意以下几种情况。

其一，确定企业的统计方式是否存在失误。在海关稽查程序中，对保税料件监管，只要保税制成品尚未申报出口并实际离境，该保税制成品所对应的保税料件，仍然会被视为企业库存的一部分。如果企业在提供的实际库存中未计入前述"在途货物"，而海关又不会将其纳入理论库存计算范围，那么就会产生所谓的"保税料件短少"情形。

其二，企业要确保原始记录清晰、完整。唯有如此，在海关稽查认为存在短少、溢出等问题时，可以通过倒查、逐一比对等方法，查清问题的原因，进而向海关作出合理解释。

其三，细化、保存所提交库存数据的计算过程、计算方式，便于事后的重新核对，也有利于及时发现、纠正问题。

2. 加工贸易保税料件计量单位变换影响实际库存统计准确性

加工贸易制成品生产，是一个复杂的工艺过程，常常涉及几十种，或多达上百种保税料件。企业对保税料件耗费量的记录，有时是按照生产计划，以个数为计量单位。但企业进口保税料件，有时却以"千克"为计量单位进行申报。在遇到海关稽查时，二者之间的换算，必然就会产生误差，从而导致保税料件的实际耗费量、实际库存数量无法完全准确计核。此种情况下，企业可能会被认定存在保税料件短少。例如，甲公司保税进口密封胶条、数据交换片等，从事特定仪器组装生产。但是，甲公司在具体采购进口时以"千克"为计量单位，生产又以"个数"为计量单位，且每一千克又无具体对应的"个数"。海关在稽查时，难以一一清点，遂以库存货物为基准，现场测算每一千克料件所包含的个数，并据此推断耗费数量和实际库存数量。由于稽查涉及三年的数据，两个计量单位之间的换算误差被放大，对企业造成不利影响。因此，准确计量保税料件，避免出现换算误差，对企业保护自身合法权益有着重要的法律意义。

上述情形多是事后才发现问题的原因，在稽查时顺利解决的难度较大。对律师而言，主要关注点在于如何避免再次发生类似情形。

其一，建议企业要尽可能地确保原始记录清晰、完整。在保税料件存在不同计量单位的情况下，需要记载清楚两个，甚至三个不同计量单位下各种保税料件的数量情况，以便在稽查时，能准确提供相应数据。

其二，细化生产计划。要制订精细化的生产计划，事先确定每一订单制成品所耗费的具体料件数量，或者事后及时核算、补充记载。

其三，管理上要建立有效的风险控制机制。建议企业经常性地自我清点，核对"实际库存"与"理论库存"，发现有料件短少情形的，主动申报纳税，避免法律风险的不断累积。

3. "借货"交易影响实际库存且有可能构成擅自内销保税料件

在竞争愈发激烈的背景下，加工贸易企业源于留住优质客户的需求，有时会将本应在境外交付的保税料件制成品在国内先交与客户临时应急使用，之后再由客户退还同样的货物供加工贸易企业出口核销。在此情况下，如遇海关稽查，企业必然被发现存在保税料件短少情形，进而可能被认定为擅自内销保税料件，严重时可能涉嫌构成走私犯罪。例如，甲公司主要从事智能手机主板的初级生产。其接受客户订单，保税进口 PCB 板等料件，在内地组装后复出口至香港交付客户。之后，客户再自行重新申报进口，供客户在内地的整机厂使用。在实际生产过程中，客户乙公司在香港收到甲公司交付的手机主板后再申报一般贸易进口，需要一定时间（一般需要 1 周左右），有时其内地的生产线已经出现断货，此时乙公司会要求甲公司将已经生产完毕尚未复出口至香港的保税料件制成品，先直接交付至其在内地的整机工厂。之后，乙公司会在其正常途径纳税进口的货物中，划拨数量、质量一致的货物，交回甲公司用于复出口，以便平衡加工贸易手册。这就是业内常见的"借货"交易。海关对甲公司进行稽查时，发现甲公司存在上述违法情形，遂将案件移交缉私部门处理。

律师如在业务办理过程中发现上述问题，一定要帮助企业纠正认知误区，主动向海关说明情况，争取宽大处理。

其一，企业可能认为有所谓"还货"行为的存在，国家税款未遭受实际损失。但是保税料件制成品未经许可并补税，不得在内地销售，这是保税料件海关管理的基本原则。甲公司将货物在内地交付给乙公司，已经涉嫌擅自销售。

其二，"借货"行为发生时，已经致使海关监管货物脱离了海关监管，擅自交付的违法行为已经发生，涉嫌违反海关监管规定，海关实施处罚并非没有法律依据。而且，在企业的实务操作中，往往就会导致"借出去的货"与"还回来的货"之间在书面资料上无法一一对应，企业所面临的法律风险是不言而喻的。

其三，无论基于何种理由，加工贸易企业及其客户，都不要以"借货""还货"的形式，交接保税料件制成品。对已经出现的"借货"情形，及时清理，向海关申报内销补税，避免法律风险的累积。

（二）理论库存数量的确定

根据前述公式，保税料件理论库存数量的计核，取决于保税料件进口数量、保税料件出口数量等两个数值的大小。其中，保税料件进口数量来源于企业进口保税料件时向海关的申报数据，此数据即使存在错误，除极为特殊的例外情况，在海关稽查中，海关均直接依据报关数据进行统计。因此，理论库存的实务争议，主要集中在保税料件出口数量的核算上。

在实务中，保税料件出口数量，一般是根据保税成品与保税料件的耗费比例关系进行计算得出。由于单耗，即前述"耗费比例"的存在，如果备案单耗与实际单耗不一致，就会使理论库存的计算出现偏差，进而影响其与实际库存的对比关系。

例如，甲公司进口保税牛皮后进行鞣制、加工。此类业务基于订单要求的不同，鞣制工艺、裁剪形状、原料耗费都会有较大差异。但企业在进口保税料件时，由于订单尚未实际形成，仅向海关备案了较为单一的单耗标准。在订单完成后，海关对甲公司进行稽查，认定甲公司短少保税料件价值为近300万元，涉税约55万元。稽查期间，甲公司向海关陈述，保税料件之所以会短少，主要原因是之前备案的单耗与实际生产损耗不符，致使理论库存过高，从而对比实际库存时，出现了"保税料件短少"，但海关对此不予接受。后本案历经行政复议、行政诉讼，企业的观点均不被采纳。

海关认为：由于成品已经出口，实际损耗料件情况无法核实，因此拒绝企业核实料件单耗的请求，即对企业提出的单耗不符问题不予认可。

法院认为：海关对加工贸易企业单耗的管理，系由企业如实申报，海关审核后予以备案。企业对海关核定的单耗有异议可申请复核，其在保税成品申报出口前亦可申请变更单耗，因甲公司在实际生产中未申请复核单耗，亦未根据生产情况在保税成品申报出口前申请变更单耗，故海关以备案单耗为据核算库存数量并无不当，对于甲公司提出以实际生产损耗为据核算库存数量的主张，不予采纳。

结合上述海关、法院的观点，律师介入此类稽查事项的，可以围绕实际单耗的证明，努力为企业争取合法权益。

其一，企业加工贸易生产的产品单一且未发生变化的，可以尝试利用现有成品向海关作出解释，至少是已生产尚未实际出口的货物可以根据实际单耗来进行折算。

其二，企业加工贸易生产的产品相对多样的，可以尝试结合生产订单、操作工单向海关作出解释。尤其是当前多数企业的生产管理系统都较为先进，可能详细记载每一个具体订单所对应的操作工单，记录操作工单所领取的对应料件。

其三，从预防的角度，建议加工贸易企业发现实际单耗与备案单耗不相符的，要在单耗申报环节提出，最起码也要在成品货物实际出口前提出，以便海关能予以核实。

企业经营和商品种类千差万别，海关稽查的实际情况也千差万别。前述关于律师协助企业配合海关稽查的相关内容，难免挂一漏万。但无论如何，企业的合规经营是顺利通过海关稽查的底气所在。通过配合海关稽查，律师协助企业逐步走上规范化道路，这才是律师参与此类业务的意义所在。

第二节　协助企业开展 AEO 认证实务

随着海关不断推进 AEO 认证工作，申请成为海关认证企业已经逐渐成为进出口企业在市场竞争中得以立足的"标配"。获得 AEO 认证资格，使企业在面对其他具有 AEO 认证资质的同行时，不会处于劣势地位，得以在同一起点上竞争。通过 AEO 认证的企业数量越来越多，随之需要获取 AEO 认证的潜在企业数量也越来越多。因此，对律师而言，协助有需要的企业进行 AEO 认证，逐渐成为一项新型业务。

一、协助企业厘清 AEO 认证的实务意义

获得 AEO 认证资格是一个繁琐、艰巨的长期过程。即使在获得资格后，也不是一劳永逸的，企业将长期面对海关的认证资格监管，这对企业而言可以说存在一定的实操风险。企业是否下定决心实施此类项目，很大程度上取决于企业对 AEO 认证的认知，或者企业是否能够由此获得足够优惠。因此，律师协助企业厘清 AEO 认证的实务意义，对顺利获取和推进项目实施，具有重要作用。

（一）现实利益：获得通关优惠待遇

通过 AEO 认证，企业可以获得中国海关规定的优惠待遇，享受更为便捷、高效的通关服务。此种优惠待遇，在口岸正常通关的情况下，企业可能无法确实感知。很多企业认为是否具有 AEO 认证资格在效率待遇上并无区别，但当遇到例如口岸堵塞、政策调整等突发情况时，此种优势会凸显。另外，通过中国海关 AEO 认证资格的企业，在其他与我国签署互认协定的国家或地区，也同样可以获得相应的认证资质和优惠待遇。

（二）中期利益：及时发现存在问题

在 AEO 认证过程中，企业规章制度是否完善、相关规定是否执行到位、

管理系统能否全程监控等方面均是海关重点关注的内容，这是海关对企业近距离、全方位的检查。因此，企业在认证准备阶段，通过深度自查，对于存在的问题可以及时发现并纠正，避免累积失误。

（三）长远利益：企业管理合规化

企业的长期稳定发展，必然是基于规范的管理运作体系。而 AEO 认证的要求，实质上是一套框架性合规管理体系。通过对企业的管理流程、业务流程的刚性要求，AEO 认证引导着企业不断趋向合规化经营运作。可以说，如果企业能将 AEO 认证要求落到实处，企业的合规经营管理将会发生本质变化。

二、律师协助企业进行 AEO 认证的优势和程序

协助企业进行 AEO 认证的第三方服务机构，目前主要有三类：咨询公司、会计师事务所、律师事务所。由于职业关系，律师具有专业的问题思维、案件思维，对法律风险较为敏感。因此，律师在协助企业进行 AEO 认证过程中，相对于咨询公司和会计师事务所，更能发现企业所存在的法律问题，并提出解决建议。这是价值无可估量的附加服务，实践中律师确实也帮助一些企业避免了重大违法风险。当然，这也对参与律师提出了很高的要求，需要律师在执行项目时，保持高度警惕。

AEO 认证要求是一套体系化标准，律师在实务中协助企业进行 AEO 认证，可以遵循以下基本程序。

（一）准备阶段：协助梳理企业现状

准备阶段是 AEO 认证过程的基础阶段，工作最为繁琐、最为艰辛，也是律师服务团队与企业磨合的关键时期。

（1）准备内容。按照海关针对不同类型企业制定的认证标准，律师团队准备认证实施要素稿，以此为基础协助企业进行自查，企业与 AEO 认证相关的核心人员应全部参加。同时，根据认证指标类别，分解任务，由企业按照律师团队提供的需准备的文件目录进行认证文件整理。

（2）准备时间。整个准备阶段，企业类型、规模不同，所需时间不同。实务中，企业参与人员不可能完全脱产从事该项目，所需时间一般控制在 2 个月左右。

（3）工作目标。通过准备，发现企业存在的与认证标准不一致之处，特别是规章制度、制度落实、软硬件配套等方面待补充、待完善的重点内容。以此为基础，判断向海关申请认证的可行性和具体时机。

（二）自查阶段：提出整改方案并实施

自查阶段是 AEO 认证过程的关键阶段，律师服务进入实际操作阶段，企业及相关人员也开始进入模拟检验状态。

（1）自查内容。律师团队根据海关认证标准，结合准备阶段所形成的资料，到企业进行现场核查、人员访谈与资料查看；企业的相关人员在场配合。整个自查阶段，可以进行 2 次至 3 次的全流程自查，同时结合企业的薄弱环节进行多次重点自查。通过自查，律师团队可以了解企业在哪些方面还不符合 AEO 认证标准的要求，并据此提出整改意见，协助企业组织实施整改。

（2）自查时间。自查阶段，是律师团队与企业一起不断完善准备工作的过程，更是及时发现企业潜在法律风险的过程，所需时间一般控制在 1 个月左右。

（3）工作目标。通过自查与改进，使企业基本符合海关认证标准要求，同时形成完整的准备资料，企业相关人员也已熟悉认证流程和内容。

（三）认证阶段：正式申请

这一阶段主要是协助企业向海关正式提出申请，并跟进解决企业现场认证中所遇到的问题。在实务中，海关现场认证时一般不允许第三方人员在场，因此，服务团队要与企业保持密切沟通，随时掌握认证进展情况。

（四）后期阶段：后续跟踪服务

企业通过海关认证获得 AEO 资格后，律师的工作不能就此结束，而是以认证为起点，持续助力企业的合规性经营管理。律师应结合企业具体业务类型，跟进政策变化，及时发现企业在后续经营中所可能发生的法律风险，向企业提出法律建议。

三、律师协助企业进行 AEO 认证的若干实务要点

（一）律师与企业之间：建立信任关系

律师协助企业进行 AEO 认证，首先要与企业建立起牢固、良好的信任关

系。在信任的基础上，企业应将实际状况予以详细告知，律师才能有针对性地提出应对建议，顺利完成工作目标。

(二) 企业内设部门之间：建立合作关系

申请 AEO 认证，对企业而言是一个系统工程，而不是某个部门的工作事项。在实务中，最容易出现的问题是：企业的其他部门会将认证工作视为是进出口部门或者关务部门的工作任务，很难马上形成有效的工作合力，导致在项目前期各项工作进展缓慢。因此，律师在协助企业实施 AEO 认证时，应当发挥统筹协调作用，帮助进出口部门或者关务部门分解、分配工作内容，督促其他部门及时反馈，以尽快形成合力，推动项目实施。

(三) 认证标准内容：衔接共性与特性

海关针对不同企业类型，颁布了 AEO 认证标准指南，为企业申请认证提供了详细指引。在实务中，重点是处理好"认证标准"这一共性体系与"企业实际"这一特定体系之间的衔接。

其一，特定岗位职责设置。在认证标准中，海关对关务部门、贸易安全部门等特定部门均有明确的设置和层级要求，而有些企业很难有直接对应的岗位。此时，律师不应机械地要求企业大规模重新编排，这会极大影响企业的正常运营。律师要根据企业的实际情况，建议合理调整岗位设置和职责，在认证标准与实际状况之间寻求结合点，以达成平衡。

其二，规章制度要注重落实。规章制度是 AEO 认证时海关重点考察的内容之一。在实务中，企业往往能够制定完善的规章制度，但在落实层面却有所忽略。因此，律师在实务中应关注企业的规章制度能否实际落实、是否已实际落实、是否有材料证明落实情况，避免规章制度只是一纸空文。有制度但无落实，是 AEO 认证中的硬伤之一。

其三，管理系统穿行测试要衔接顺畅。海关认证时进行穿行测试，检查企业是否能对业务进行全流程的监控和回溯，是认证的重要内容。此项工作对企业的业务系统、管理系统、财务系统提出了高要求。在实务中，有的企业具备完整系统，涵盖行政、人事、业务、财务等方面，有的企业则是各个板块相对独立。在协助认证时，律师要对企业系统进行全流程预演，确定各个系统之间、系统内各板块之间是否能够对接顺畅并满足海关的检查要求。

其四，协助企业把握硬件设施投入与认证要求的平衡。在认证标准中，海关对监控、安保等方面均有明确要求，而这些要求往往对应着硬件设施改造升级，构成企业进行 AEO 认证的成本。因此在实务中，律师要协助企业在满足认证要求的前提下，尽可能利用现有设施，或者增加设施使其具有长期使用价值，以满足其他方面的需求，最终实现投入效益的最大化。

其五，增强企业长期规范运作的自觉性和能力。AEO 认证，不是一劳永逸的项目。企业在通过初次认证后，后续有不定期的检查和期限届满的再次认证。在此过程中，企业必须按照 AEO 认证标准的要求进行管理运作。在实务中，律师要协助企业树立规范运作的自觉性，即通过本次认证，企业在规章制度落实、系统管理流程、实际业务运作方面逐步规范化，做到资料保存、业务留痕，为下一次认证做好准备。

第三节　进出口企业合规检查法律实务

2018 年被称为中国企业的"合规元年"。近年来，企业合规管理的重要性日益凸显，逐渐受到了政府和企业的高度重视。企业合规、出口管制合规、刑事合规等概念的研究及其操作实践不断被提出并推向深入。在立法层面，国家先后制定了《合规管理体系指南》《中央企业合规管理指引（试行）》等一系列管理规范，各地方也着手起草、制定了一系列企业合规管理的规范性文件。但不能回避的是，当前部分企业的合规管理水平仍然不高，企业的违法行为仍然呈现增长趋势，企业因违法犯罪被追究刑事责任的案件仍然一再发生。

聚焦到外贸进出口领域，合规的问题尤为突出，合规的意义也更加重大。外贸进出口行为由于其自身的复杂性、高度的专业性，使违法犯罪的风险大幅增加。专业律师参与外贸进出口合规工作，尤其是通过合规检查的方式帮助企业强化合规逐渐成为一项重要的工作。

当然，参与进出口合规检查工作，专业律师需要明确合规的出发点，掌握合规的步骤、方式、方法，通过合规检查帮助企业完善相关规章制度，更需要通过合规检查帮助企业搭建合规组织架构实现持续发展。

一、律师参与进出口企业合规检查基础理念

合法合规经营是企业持续健康发展的基石，如果企业在经营过程中涉嫌

违法，企业的良性发展可能就此停止，甚至可能走向破产，企业经营者也可能锒铛入狱。对于广大的进出口企业而言，其生产经营涉及进出口业务，其贸易流程的各个环节需要符合海关监管的要求，因此在合规管理方面具备鲜明的特点。

如果作出概括和列举，进出口企业可以区分为一般贸易企业、加工贸易型企业、跨境电商、外贸代理公司、报关企业、供应链企业、物流仓储企业以及特殊监管区内的企业等。海关在稽查、调查等执法过程中，发现这些企业往往因日常管理不善甚至"有意违法"而暴露很多问题，重则因为触犯刑法遭受刑事制裁，轻则涉嫌违法违规面临行政处罚。

实践中，多数企业虽然意识到合规经营的重要性，对于合规经营也有迫切的愿望，但却因为种种原因在实践当中难以实现自我纠偏和自我规范。有的是因为企业管理不到位，有的是因为对合规问题不够重视，还有的是因为企业管理层尤其是实际控制人对法律规定的理解不到位。

对企业而言，针对经营情况开展全面的合规检查，有助于客观公正地作出专业判断，找出企业经营管理方面存在的问题，才能有效地解决问题，达到企业良性、持续发展的目标。所以，合规检查更像为企业做一次全方位的"体检"，发现问题企业应当"及时就诊"。

需要重点提醒的是，合规管理应当重视实质性，避免形式合规。合规建设的目的在于全面提升企业内在素质，全面规范企业的业务运营，而不是为了装点门面和应对检查。如果脱离实际，只是忙于做表面文章，企业的合规管理就会有名无实，不能切中要害，更妄谈通过合规检查加强管理。

二、进出口企业合规检查的方法、步骤、内容

（一）合规检查的方法

实践证明，通过企业之外的第三方专业机构，采取尽职调查和模拟稽查相结合的方法开展企业合规检查，是一种行之有效的方法。

合规检查的具体方法包括掌握真实的股权结构和股东信息；了解关联交易及子母公司情况；查阅公司文件、合同、协议、订单等材料；查阅企业管理 ERP 系统及其他涉及管理经营的电子系统；检查全贸易流程的信息递转内容，比如电子邮件、QQ、微信等内容；全贸易流程的穿行测试；企业重点岗

位及重点人员的调查模拟问话等，同时切忌将合规检查等同于单纯的审文件和核数据。

专业律师作合规检查的优势在于三个方面：一是第三方专业机构具备丰富的进出口法律知识，具备丰富的工作经验，接触过大量的各种各样的案例，可以切中要害地发现违法违规的问题。比如，当前社会上热议的上市公司并购项目，因被收购方经营造假而诉诸法庭乃至启动刑事控告程序。如果第三方专业机构工作不到位，难以有效发现企业隐藏较深的问题，这样的"体检"不如不做。二是尽职调查和模拟稽查相结合的方式有助于结合执法人员和尽调人员双方的视角，全方位审视企业经营管理方面存在的问题。借助模拟稽查的方式，合规检查的力度会大幅增加，检查范围也将明显大于一般的尽职调查，从而有效避免陷入尽职调查流于形式、"调而不查"等误区。三是有利于吸取以往发生的违法案例的教训，从更广的维度和更深的角度挖掘企业经营表象之下的深层次问题，不留死角。

（二）合规检查的步骤

进出口企业的经营虽然较为复杂，但是仍然具有鲜明的特点，合规检查需要熟悉贸易流程，掌握各个环节要点，以"货运流""单证流""资金流"的走向为基本脉络，根据企业经营的自身特点梳理企业业务流程，评估容易发生问题的风险点，采取尽职调查和模拟稽查相结合的方式深度查找企业存在的问题，在此基础上制作和完善企业经营管理的制度办法，全方位搭建合规管理体系。

合规检查的步骤具体包括合规风险评估、流程梳理及检查、制定合规管理制度及建立合规体系四个部分。在实施上述合规检查步骤的同时，要注意做到以下要求。一是以掌握企业真实情况为出发点，对于重点环节和重点内容反复了解；二是在合规检查的同时广泛宣传合规的重要作用和意义，帮助企业各层级人员统一思想认识，争取得到全员的支持；三是严守企业商业秘密，在合规检查的过程中保证企业正常生产运营。

（三）合规检查的内容

进出口企业需要合规的内容涵盖哪些方面？是否要涉及企业经营活动的方方面面？比照《海关法》和《海关行政处罚实施条例》等海关相关法律法规和规章制度，我们归纳总结出业务流程合规、报关单证合规、申报价格合规、三项确认合规、监管条件合规、对外付汇合规、财务制度合规、加工流程合规、料件管理合规、合理审查合规、特许权使用费申报合规和知识产权保护合规十二项合规内容。

合规管理万变不离其宗。在合规检查过程中，如果发现了上述十二项内容与现有规定不相符合或者存在打"擦边球"的情况，这些都是下一步需要重点改正和完善的部分。换句话说，只要上述十二项内容做到合法，进出口贸易企业就不会出现大的违法问题。

比如在我国香港地区设立平台公司是否影响进口货物价格真实性的问题。A 公司在香港地区设立平台公司 B 公司作为境外采购货物的供货商，按照商业运作的普遍规律以及政府监管的要求，A 公司和 B 公司需要确保各自独立运作经营、岗位职责清晰，还要避免人员和资金的混同，B 公司需要建立明确的定价机制和利润留存要求。如果"一套人马，两块牌子"，资金混同、定价混乱、电脑系统混用、价格倒挂，就很有可能在执法机关的检查中出现违法情况，这些都是需要在合规检查中加以改正的问题。

再如，当前跨境电商企业的发展如火如荼，短短几年时间，跨境电商在部分地区已经成长为当地的支柱产业。但遗憾的是，违法违规问题始终与跨境电商相伴而生。对于跨境电商企业的合规检查，我们需要紧扣业务流程的关键点，通过查找重点环节判断企业的合规程度。以"1210"保税进口模式为例，首先要核对进口货物价格是否真实、品名是否准确，因为如果价格不真实，会偷逃税款；如果品名不准确，可能将国家许可名单之外的商品伪报进口。其次要核实每一个环节和操作过程的合法性，尤其关注是否存在"刷单""推单"和"截单"的情况，如果存在此类情况，意味着企业经营已经触碰监管"红线"，执法机关很有可能将其认定为"伪报贸易方式走私"追究刑事责任或者给予行政处罚。

三、通过合规检查完善规章制度

完善规章制度建设是合规检查的一个重要组成部分，企业需要通过完善制度将正确的业务流程固化。完善规章制度包括公司章程、合同协议、岗位职责等内容，需要全方位涵盖和渗透企业经营管理的各个角落，涉及各类型企业的共性问题的内容，比如公司章程、合同协议、签约流程等，有以下几个重点内容需要关注。

（一）合规制度建设从高层做起

进出口企业的高级管理人员尤其是实际控制人，要高度重视、率先垂范，切实履行合规要求，并带动员工积极参与合规、落实合规，自上而下实现合规管理、合规经营，把合规经营价值观融入日常工作。

（二）建立独立检查的合规制度

进出口企业在机构设置、岗位安排、汇报路径、内部管理、日常经营等方面都要保证独立性，实现机构独立、岗位职责独立、汇报路径独立等。各个分支机构和子公司之间的经营管理也要保持独立，避免混同、利益交叉等情形的出现。

（三）落实全员合规培训制度

从实践分析，定时开展合规培训是保证合规检查胜利成果的有效方法和手段。其中，具体的培训工作内容，可以由企业自行制定并实施，也可以委托外部合规专家进行培训。所有员工都应参加合规培训，培养员工的合规意识和风险防范意识。合规培训的参加记录、培训内容和材料等都应做好登记和保存。特别建议，在培训过程中，可以加入"合规建设有问必答"的环节，以问答题的方式了解员工掌握的情况，同时帮助员工理解和有效执行企业制度。

四、建立合规组织架构体系

合规工作需要强有力的组织架构做保障，同时赋予其相关职能以便持续有效地开展工作。我们认为，建立合规组织架构是确保合规管理作用发挥的必然选择，如果合规组织架构不能有效建立，即便前期开展的合规检查工作发挥了明显的作用，也会因为缺乏行之有效的组织架构，导致成果难以持续。律师在合规项目中可以从以下方面帮助企业着手搭建合规架构。

（一）合规委员会

合规委员会由企业实际控制人作为主要负责人，合规委员会作为进出口企业合规顶层设计和具体合规工作的最高负责机构，主要负责设定合规目标，明确合规管理工作内容，制定合规管理制度，加强合规风险识别、评估与处置，开展合规评审与改进，培育合规文化。

合规委员会设置合规负责人，统筹合规委员会的工作安排，专门负责集团及其各分支机构的合规要求的落实执行，定期抽查公司的日常经营和管理，指导、监督落实合规要求，评价公司和所有员工的合规工作。

（二）设置首席合规官或合规专员

在合规委员会中设置首席合规官或合规专员负责具体的合规管理工作，这也是合规建设责任到人的有效方式，具体人员可以由一线员工、经理层级或者董事层级的人员组成，确保合规专员既熟悉业务，又了解合规管理。合规专员所担任的其他业务职责应确保与合规专员的职责不产生利益冲突。

合规专员应当对公司的关键岗位每年进行两次合规风险评估，从关键岗位的岗位职责及该关键岗位所处的流程节点进行识别、分析和评价。针对关键岗位的合规风险评估与关键岗位员工的绩效考核应同步进行，检查关键岗位员工的业务活动是否存在合规风险，并将合规风险评估的结果作为关键岗位员工的绩效考核指标。

（三）聘请外部合规专家

进出口企业可以委任外部合规专家，与合规委员会及合规专员对接，从第三方的视角对公司的合规工作进行检查，落实合规要求的执行情况，发现并指出公司执行合规要求中的不当之处或合规风险，提出改进意见。委任的外部合规专家应确保与企业无直接利益关联，充分落实独立性原则。

第四节　协助企业主动披露实务

企业如果自行发现其在进出口过程中存在违法行为，该如何处理呢？企业可能担心马上面临巨额罚款，担心被认定为失信企业，担心进出口通关受阻，等等，但企业能选择的路径应是主动披露。

一、主动披露的意义

进出口通关过程中涉及众多的专业性问题，归类、审价、原产地、减免税、报关单填制等，即使企业本意是完全地遵纪守法，也难免会有所疏漏，造成违规违法。特别是在全国一体化通关改革的背景下，企业现场通关更加顺畅，但通关过程中的纠错机会也相应减少，企业因过失带来的违规潜在风险有所增加。主动披露制度是为企业在出现过失违法行为时提供一条"逃生通道"，帮助企业以最小代价解决自我发现的违法问题。"主动披露"对守法企业来讲很有意义，通过主动披露求得较轻处理，减少风险。

因此，在讨论主动披露时首先要关注的就是，企业想通过主动披露达到什么目的。这决定了企业要不要选择主动披露，选择何时进行主动披露。一般来讲，企业关注的点有三个。一是行政处罚能否从轻、减轻或免除。二是企业信用管理措施的适用，包括是否将处罚结果纳入企业信用等级调整的范围，以及调查期间是否暂停企业等级。三是如果涉及滞纳金的，滞纳金能否减免。

二、主动披露的制度设计

主动披露，本质上是海关监管的进出口企业在海关执法部门查处之前主动向海关披露自身存在的进出口监管方面存在的违法违规问题，以取得海关的从轻处理。

主动披露制度不是新鲜事物。早在 20 世纪末及 21 世纪初，我国各地海关就参照国际惯例并结合关区特点实行了类似的自查自报制度，其目的也是规范企业行为，引导企业守法自律。

主动披露制度的基本法律原理就是"坦白从宽"，相当于刑事诉讼中的"自首"。相关的上位法《海关法》《中华人民共和国行政处罚法》（以下简称《行政处罚法》）及《海关行政处罚实施条例》都能找到其影子，不存在任何的法律依据障碍。尤其是《海关稽查条例》，其修改前后都对主动披露制度作出了规定。

根据《海关稽查条例》第 26 条的规定，与进出口货物直接有关的企业、单位主动向海关报告其违反海关监管规定的行为，并接受海关处理的，应当从轻或者减轻行政处罚。

对主动披露的前提条件，即哪些情形下企业可以主动披露或者被认定为主动披露，相关法律规范并没有规定。但却从反面规定了不予认定为主动披露的例外情形，即有下列情形的，海关不接受或不认定企业的主动披露：（1）报告前海关已经掌握违法线索的；（2）报告前海关已经通知被稽查人实施稽查的；（3）报告内容严重失实或者隐瞒其他违法行为的。也就是说，只要不属于上述情形的，企业都可以主动披露。

至于认定企业主动披露后的处理问题，《〈中华人民共和国海关稽查条例〉实施办法》第 27 条规定："对主动披露的进出口企业、单位，违反海关监管规定的，海关应当从轻或者减轻行政处罚；违法行为轻微并及时纠正，没有造成危害后果的，不予行政处罚。对主动披露并补缴税款的进出口企业、单位，海关可以减免滞纳金。"也就是说，对主动披露，法定的处理是从轻或减轻处罚，并不必然是免予行政处罚。只有在特定条件下，违法行为轻微并及时纠正，没有造成危害后果的，才有可能不予行政处罚。

三、与主动披露相关的法律规范性文件

相关法律规范性文件对企业关注的三个问题做了回应，也反映了主动披露的发展轨迹。

（1）2016 年 10 月 1 日起实施的修订后的《海关稽查条例》第 26 条作出了概括而全面的规定。

该条例第 26 条第 2 款规定："与进出口货物直接有关的企业、单位主动向海关报告其违反海关监管规定的行为，并接受海关处理的，应当从轻或者减轻行政处罚。"

（2）2016 年 9 月 26 日公布，2016 年 11 月 1 日起实施的《〈中华人民共和国海关稽查条例〉实施办法》设置专章第四章"主动披露"，对主动披露作出了详细规定。

其中，第 25 条规定了可以接受及排除披露情形，第 26 条规定了主动披露资料要求，第 27 条规定了主动披露结果。

（3）2018 年 5 月 1 日起施行的《企业信用管理办法》（已失效）第 29 条规定了主动披露与企业信用等级的关系。

该办法第 29 条规定："……企业主动披露且被海关处以警告或者 5 万元以下罚款的行为，不作为海关认定企业信用状况的记录。"

2021 年 11 月 1 日起实施的《海关注册登记和备案企业信用管理办法》第 37 条第 4 款规定，企业主动披露且被海关处以警告或海关总署规定数额以下罚款的行为，不作为海关认定企业信用状况的记录。

（4）2018 年 11 月 27 日发布的海关总署公告 2018 年第 178 号——《关于实施〈中华人民共和国海关企业信用管理办法〉有关事项的公告》也规定，

主动披露不影响企业信用等级的范围进一步扩大，海关执法更加理性。

该公告规定，"九、企业主动披露且被海关处以警告或者 50 万元以下罚款的行为，不作为海关认定企业信用状况的记录"。

（5）2019 年 10 月 17 日，海关总署发布的《关于处理主动披露涉税违规行为有关事项的公告》，针对主动披露影响税款征收的违反海关监管规定行为给予了特别规定，内容更加务实，本书在下文专门讨论。

（6）2015 年 6 月 5 日发布的海关总署公告 2015 年第 27 号——《关于明确税款滞纳金减免相关事宜的公告》，规定货物放行后，纳税义务人通过自查发现少缴或漏缴税款并主动补缴的，海关可以依法减免税款滞纳金。

（7）2017 年 7 月 20 日发布的海关总署公告 2017 年第 32 号——《关于进一步明确税款滞纳金减免事宜的公告》重申，"海关总署 2015 年第 27 号公告第一条第（三）项规定的'自查发现'，仅指符合《〈中华人民共和国海关稽查条例〉实施办法》（海关总署令第 230 号）第四章有关主动披露的规定，并按照海关规定程序办理的情形"。

（8）2016 年 10 月 28 日公布的海关总署公告 2016 年第 61 号（关于公布《〈中华人民共和国海关稽查条例〉实施办法》所涉及法律文书格式的公告）对《〈中华人民共和国海关稽查条例〉实施办法》执行过程中涉及的主动披露报告的法律文书予以公布。

四、协助企业开展主动披露要点

主动披露是一把"双刃剑"，实践中，律师协助企业开展主动披露应把握以下要点。

（1）帮助企业树立合规观念，对于企业主动发现的违反海关监管规定事项，主动披露是企业积极自救的有效手段。

（2）企业的主动披露必须符合法定条件。

（3）进出口企业、单位主动披露应当向海关提交账簿、单证等有关证明材料，并对所提交材料的真实性、准确性、完整性负责。

（4）主动披露相关情形的处理。这是企业最为关注的问题，也是企业是否参与主动披露的疑虑之处。一般来讲，涉及以下几个方面：涉及少缴、漏缴税款情形的，企业应当按规定及时办理补税手续，对于符合有关规定的，海关可以依法予以减免税款滞纳金；企业主动披露的问题涉及办理进出口许可证件的，企业应自行到相关部门办理；企业主动披露的问题涉嫌走私违规情形的，海关稽查部门应当依据有关规定移交海关缉私部门处理。缉私部门根据有关规定可以对企业依法予以从轻、减轻或免于行政处罚。

注意，企业并不因主动披露而当然获得处罚豁免。主动披露只是作为从轻、减轻、免于处罚的可考虑情节，具体还要参照法律规定。这同一般企业理解的只要披露就不处罚存在较大出入。但笔者以为，现行做法是符合法律精神的。海关无权也不会因企业的主动披露即免除处罚，这是缺乏法律依据的。

（5）由于主动披露是企业的自愿行为，企业在披露过程需保留相关证据以便到时候确定主动披露的有效性，如披露时间、披露内容等。企业需要留存好相关的报告及递交的材料，最好能让海关相关部门出具签收回执。当然，目前的主动披露可以通过单一窗口完成，"留痕"不成问题。

五、涉税违规主动披露的特别规定

2019年10月17日，海关总署发布了《关于处理主动披露涉税违规行为有关事项的公告》，对主动披露涉税违规行为处理的有关事项进行了调整和明确。

该公告在广大进出口企业中引发热烈反响。企业主动披露的结果预期进一步明确，重大利好。

值得关注的要点有如下几点。

一是适用范围。该公告适用于影响税款征收的违反海关监管规定行为（以下简称涉税违规行为），不适用于不影响税款征收的其他违规行为，如影响海关统计准确性、影响许可证件管理等违规行为，也不适用于走私违规行为、走私犯罪行为。

二是明确不予处罚的情形。符合以下两种情形之一的主动披露涉税违规行为不予行政处罚：（1）在涉税违规行为发生之日起3个月内向海关主动披露，主动消除危害后果的；（2）在涉税违规行为发生之日起3个月后向海关主动披露，漏缴、少缴税款占应缴纳税款比例10%以下，或者漏缴、少缴税款在50万元以下，且主动消除危害后果的。

三是明确了对信用状况的影响。主动披露且被海关处以警告或者50万元以下罚款行政处罚的行为，不列入海关认定企业信用状况的记录。

四是明确信用管理措施的实施。认证企业（含高级认证和一般认证）主动披露涉税违规行为的，海关立案调查期间不暂停对该企业适用相应管理措施。

第五节　进出口通关咨询实务

对律师来说，咨询是最常见的业务形式，也是最考验律师专业能力和水平的业务形式。就进出口通关而言，一方面是由于咨询涵盖的范围广泛，从企业管理问题，到通关操作问题，再到企业违法违规后的处置问题都有涉及。另一方面通关业务咨询涉及的问题专业性强，不仅包括具体的法律责任问题，而且还包括归类、审价、原产地认定、加工贸易备案的专业技术问题。另外，这些咨询业务往往时效性强，要求在极短的时间内给予答复或提出解决方案。正因为如此，很多业内人士都将咨询业务视为进出口通关法律服务的最高段位，通关业务咨询水平也就成为评价一个律师事务所水平高低的标尺。

通关业务咨询的问题林林总总，范围广、跨度大、综合性强，很难总结出该类业务处理的规律，或者说即便是总结出规律也未必会对其他的咨询业务存在指导意义。本书中我们仅从能力建设和方法论上提出一些建议。

一、进出口通关业务咨询的方法

从方法论上来说，在接到或面对一个通关业务咨询，可以从以下角度考虑或按以下步骤处理。

首先，要厘清问题是什么，也就是要对问题做一个准确的概括或描述。实践中常见的是企业要咨询一个问题，但由于叙述不清，让人误以为在咨询其他问题，或摸不清头绪。专业律师的首要任务就是引导或协助当事人弄清问题所在。

其次，要准确定位所咨询问题在进出口通关体系中的位置，是属于企业管理方面，通关管理方面，还是行政处罚方面。如果是企业管理方面的，那么是事关企业注册登记，还是事关 AEO 认证，还是因行政处罚而降低企业信用等级，只有找准了位置，才能准确适用相关的规范，寻求解决思路。

再次，要对该问题领域涉及的规范性文件、政策做充分完整的梳理，与咨询问题形成关联和对照，查找差距和差异，并对实践操作中的做法给予必要的了解，这是解决咨询的立足点。

最后，根据前述分析形成法律意见或解决问题的思路方案。这是咨询服务的结果输出形式。执业律师形成的法律意见的基本要求是合法、可行。合法是指符合现行的法律规范的要求，不能超越法律，甚至故意规避法律。可行是指可落实、可执行，能解决企业的问题。

前述方法、步骤在实践中可能需要几个来回磨合。

为了更直观地说明问题，下文举几个例子。

二、具体业务咨询

北京某标测试技术服务有限公司是一家从事进出口商品检验鉴定业务的公司，取得了《进出口商品检验鉴定机构资格证书》。同时该公司在深圳设立了一家分公司，深圳分公司未申请《进出口商品检验鉴定机构资格证书》。深圳分公司接受北京公司的指定参与进出口商品检验鉴定部分业务。现客户欲就深圳分公司参与进出口商品检验鉴定业务的行为定性及合规性进行咨询。

这是一个涉及企业业务资质和运营合规的新业务。这类业务咨询，企业的问题指向非常明确。

回答这一问题，律师需要完成以下工作。

首先，要收集基础性文件，包括北京公司主体材料及资格证书、申请《进出口商品检验鉴定机构资格证书》材料、深圳分公司的概况材料、深圳分公司开展业务情况。了解总公司、分公司的主体情况及业务运行情况。

其次，要查阅相关的规范性文件，如《中华人民共和国进出口商品检验法》《中华人民共和国进出口商品检验法实施条例》《进出口商品检验鉴定机构管理办法》《进出口商品检验鉴定业务的检验许可服务指南》《进出口商品检验鉴定业务的检验许可行政审批工作细则》《中华人民共和国公司法》《中华人民共和国公司登记管理条例》《外国企业常驻代表机构登记管理条例》《关于外商投资的公司审批登记管理法律适用若干问题的执行意见》《中华人民共和国行政许可法》《中华人民共和国海关实施〈中华人民共和国行政许可法〉办法》、国务院机构改革方案、深圳地区进出口商品检验鉴定机构名录等。明确关于商检资质的法律规范性文件，商检职能管理部门，分公司的定位等法定事项。

　　为保险起见，律师还要向中国海关电话咨询、通过中国海关网站咨询，甚至现场面对面咨询，以确认实践中相关执法部门的认知和态度。

　　通过前述分析，得出深圳分公司参与进出口商品检验鉴定业务存在违反我国相关法规的风险，北京总公司与深圳分公司均可能遭受海关行政处罚。

　　最后，需要提出降低法律风险的相关建议。

三、专项业务咨询

　　2020年初，突如其来的新冠肺炎疫情带动了防疫物资出口的快速增长，企业出口通关需求旺盛。但基于国内国际形势的要求，国家逐步强化了防疫物资的出口监管，发布了《商务部、海关总署、国家药品监督管理局关于有序开展医疗物资出口的公告》，要求出口新型冠状病毒检测试剂、医用口罩、医用防护服、呼吸机、红外体温计的企业向海关报关时，须提供书面或电子声明，承诺出口产品已取得我国医疗器械产品注册证书，符合进口国（地区）的质量标准要求。海关总署公告2020年第53号——《关于对"6307900010"等海关商品编号项下的医疗物资实施出口商品检验的公告》，明确"6307900010"等海关商品编号项下的医疗物资实施出口商品检验，还列明了其他附件。同时实践中海关等部门的监管措施也前所未有地严格，相应地也查处了一批案件。

　　相关政策、措施的出台和快速调整，广大企业极度不适应，企业的进出口行为处于不稳定状态，违法风险高悬。为解决企业防疫物资出口合规问题，寻求合法高效的出口方式，企业需要专业人士意见。

　　这是一类典型的专项咨询业务，突发性强，问题集中。企业较为关注此领域中宽泛的风险和问题。类似的问题还有企业对跨境电商问题的咨询，企业对综合保税区优惠政策的咨询等。

　　律师在这些突发事件来临时也是首次面临此类具体问题，可以从以下几个方面着手处理咨询事项。

　　首先，要对国家相关部门的政策做快速而准确的解读。这些政策文件由于匆忙出台，难免存在不完善或矛盾之处，有可能被随后的文件覆盖，或在执行中有所改变。这就需要专业律师不仅要研究政策文件本身，还要了解文件出台的背景、目的，了解现场执法人员的认知和态度。

　　其次，要对实践中的问题做详细的梳理，如高发的问题、疑难的问题有哪些，基本的症结是什么，风险在哪里。比如，防疫物资出口声明问题，就要明确出口发货人出具声明的基础是什么，执法部门接受何种声明，声明后的法律风险在哪里等。

再次，对企业提出的具体问题进行解决。比如，能否加贴 CE 或 FDA 标识。这些具体问题的解答要做到准确明确、不含糊。

最后，还要定期整理相关的政策文件、被海关查处的案例等资料向企业通报，为企业的综合决策提供参考。

如果企业有需要，还要出具汇总性的报告、意见。

第六节　参与海关立法调研与论证实务

在进出口通关法律实务领域，律师参与立法调研与论证，是相对少见的业务内容。我国海关实行海关总署垂直领导体系，进出口通关领域的立法调研与论证多属于中央层级事务，律师参与的切入口相对狭窄。但是，随着立法民主化与科学化的不断发展，海关总署作为进出口通关领域立法的主导部门之一，近年来对外部专业力量逐渐重视。特别是《海关法》2021 年 4 月已最新修正，而把握住基础立法重大调整前后的"黄金时期"，参与立法调研以及上位法配套实施制度的论证，是值得律师拓展的全新业务领域。

律师参与海关立法调研与论证，实务中有三个问题。

其一，为什么参与？律师参与海关立法调研与论证，已经突破了传统诉讼与非诉讼的业务范畴，能否带来实务收益，是必须考虑的首要问题。

其二，如何参与？律师怎样获得有效参与海关立法调研的机会，而不是仅仅限于对法律草案"提提意见"。

其三，注意要点是什么？在实际参与海关立法调研与论证中，律师应遵循什么样的原则，怎样才能使自己的具体意见得到立法机关的认可。

一、参与海关立法调研与论证的意义

律师参与海关立法调研与论证，对提升律师事务所、主办律师的知名度，扩大影响力，有着重要的实务意义。

一是增强专业优势。通过深度参与相关法律的起草制定，尤其是法律配套制度的实施论证，律师会具有更高的业界知名度和更强的专业优势，有利

于后续该类具体法律业务的承接和办理。

二是提升客户层次。在参与立法调研过程中，律师能接触更多的业内头部企业，对构建多元化的客户层次有着深远的意义。

三是拓展业务范围。在接受行业组织、头部企业委托参与立法调研与论证的情况下，律师所提供的服务已经超越了传统的案件纠纷、服务事项范畴，处于制度的顶层设计，实际上是与企业一起，构建行业的政策空间。这是更高层次的全方位法律服务。

二、参与海关立法调研与论证的途径

（一）接受海关委托，承担某个专项课题

在海关立法调研领域，海关总署会根据各类业务在各直属海关的集中度，将对应的立法任务进行分解，由对应直属海关进行前期研究。一般情况下，海关或是自行研究，或是委托高校科研机构代为研究。随着海关对法条可操作性的重视，海关会委托律师事务所等专业机构对某一基础监管制度的法条设计进行前期调研和草拟，供其参考。

（二）接受企业委托，对特定监管制度提出立法意见

随着新型商业形态不断发展壮大，例如，外贸综合服务平台、跨境电商平台等大型企业在国家进出口贸易中所占比例日益增大，对海关原有监管制度提出了新的监管要求，迫切需要改变现有的"不合理"的规定，以促进行业的进一步发展。此时，企业需要借助律师事务所等法律服务机构的专业能力，对特定监管制度提出立法修订意见，以期为行业和企业发展创造更友好的政策制度环境。

（三）联合行业组织，主动促成海关开展立法调研

在被动接受委托参与立法调研与论证的基础上，律师可以主动联合行业组织，例如报关协会、报检协会、供应链协会、跨境电商协会、保税企业协会、物流协会等与进出口贸易相关的各类协会，就亟须立法解决的普遍性问题进行研讨，形成相应的法律意见，并通过行业组织渠道进入立法修订视野，进而促成海关开展立法调研。

三、参与海关立法调研与论证的要点

正如前述，律师参与海关立法调研与论证，其焦点是"海关监管制度中带有普遍性的具体问题"。因此，律师从事该类业务，应注意以下方面。

（一）客观中立地提出意见

在立法中体现法律对利益的平衡处理，是对立法参与者的基本要求。因此，无论是接受海关委托，还是接受企业委托，对具体制度的调研、设计和论证，律师都应该秉承客观中立的原则，提出自身的专业意见。

例如，针对报关员准入资格制度是否需要重新设立的问题，海关与企业（或行业）的观点不一。

从海关管理的角度，海关不对报关员的准入与退出实施强制性管理，符合国家行政许可改革的要求。同时，对报关员的管理属于企业内部事项，因报关员原因导致企业违法的，海关可以处罚企业，权责明晰。

从企业的角度，在海关取消报关员资格制度后，报关行业的准入门槛大大降低，一定程度上导致报关行业良莠不齐的现象逐步加重。特别是随着海关通关改革的深入，企业自主申报、合规申报的责任日益加重，对报关员的专业性要求更为迫切。实务中，报关员业务不精、责任心不强，导致企业严重违规的情况时有发生。

对上述两种不同观点，如何进行平衡取舍？我们经过调研，设计调查问卷，征询了行业协会、企业、个人从业者的意见，提出了折衷建议：在新的业务背景下，在《海关法》上建立新的报关员专业评价制度，即对报关员、报关企业以行业自治、自管为基础，通过行业自律组织（例如中国报关协会）实施管理和评价。通过法律授权，协会可以组织开展培训、考核、评价等工作，引导报关员、报关行业健康发展。

（二）注意立法修订步伐的控制

根据我们的经验，立法上的改变，尤其是法律层面的变化，是一个渐进过程，很难一步到位。因此，律师在承接立法调研与论证业务时，一般情况下应尽量避免对现有制度提出剧烈的、反转性的意见，特别是在接受企业或行业组织委托时，应在客观中立的基础上，提出相对温和的修订建议，以增大意见被接纳的可能性。

例如，在进出口通关法律实务领域，外贸综合服务企业作为名义上的"收发货人"以及实质上的"服务提供者"，对申报过程中的违规行为，应承担何种法律责任，一直是争议的焦点。在此次《海关法》的修订调研过程中，此问题也是重要的调研内容之一。

一方面，对于现行海关规定与执法实践，主流观点坚持将外贸综合服务企业视为收发货人，要求其据此承担责任。

另一方面，外贸综合服务企业则认为，其商业行为的本质是服务，而不是贸易本身，如果将其视为传统意义上"收发货人"，要求其履行并承担"收发货人"的全部法律义务和责任，超出了其在外贸关系的实际地位和作用。企业界迫切地认为，其最好与"报关行"一样，只承担合理审查义务，其他法律责任由实际货主承担。

两种不同意见，其法律后果对企业可以说是天壤之别。在承接相关课题后，我们走访了众多外贸综合服务企业，分析研究了与此相关的执法案例，在此基础上设定了外贸综合服务企业法律责任承担的考量因素，即从主观认知、因果关系、执法导向等多层次予以考量，确定相对公平的责任分担原则。最后我们提出，外贸综合服务企业的法律责任，应当介于实际贸易主体、报关企业二者之间，其应履行以有效风控为基础的"审慎审查义务"，否则应承担相应的法律责任。

（三）注重实际可操作性

律师由于长期直接接触企业，知悉企业在进出口通关监管中所遇到的实际法律问题。因此，在参与海关立法调研与论证时，律师应注重发挥"了解企业实务需求"的优势，提出的立法建议应尽可能地具备实际可操作性。

例如，在海关事务担保制度立法调研中，我们发现，现行《海关法》对担保方式没有明确的规定，仅仅规定为"海关认可的财产、权利"。其不足之处在于：

其一，担保方式没有类型化。由于海关事务担保与民事担保的功能属性相同，在海关法律对担保方式没有制度化规定的情况下，民事担保的许多制度和措施无法适用于海关事务担保。

其二，容易极端化。程序上需要海关的认可，实务中容易走向两个极端：第一是什么都可作为担保，其中的风险不言而喻；第二是除了上级已经明确的某种财产或权利（实务中主要是"现金类"），其他的都不予接受，担保的便利化特征没有得到充分体现，反而加重了企业的实际负担。在当前的实践中，第二种情形的体现较为明显。

针对现行规定实务操作性不强，容易出现极端化操作的问题，我们建议在立法修订中，不再采用现行模式，而是采用类似于民事担保的模式，规定保证、抵押、质押等均可以作为海关事务担保的方式。同时，基于海关监管有效性考虑，要明确海关需接入国家不动产登记系统、有价证券及股权登记系统，实现海关担保的对外公示。

参与海关立法调研与论证，对律师而言，是实务与理论的结合，需要付出巨大的心血与努力。当然，作为立法参与者，能看到自己的建议上升为法律条文，能为国家的法治进步贡献力量，也是法律人的荣誉与追求。

第四章
进出口通关行政案件法律实务

第一节　海关行政案件处理程序实务

客观地讲，目前律师介入海关行政案件的处理并不常见。很多海关行政案件都是以涉案企业自行申辩，或自行向海关求情，或自认倒霉而结束。究其原因，就是作为行政管理相对人，涉案企业大多抱着多一事不如少一事、息事宁人的心态，更重要的是，企业害怕因聘请律师代理相关行政案件被海关认定为态度不好而被科处重罚，或者在后续的进出口通关中被海关刁难。企业的顾虑可以理解，但也要看到，随着法治化进程的推进，律师介入或代理海关行政案件的情况还是在逐渐增多的，海关案件处理部门对律师介入也持越来越开放的态度。

律师代理海关行政案件涉及的问题，可分为程序法和实体法两个方面。本节主要介绍程序方面的法律实务。

需要说明的是，《行政处罚法》已完成修订，对原有的制度规定做了大幅调整，于2021年7月15日起实施。本书对相关问题的讨论，如无特殊说明，我们将以修订后的法律为准。

一、海关行政案件的种类

律师可代理的海关行政案件，大多数律师的认识可能仅局限于行政处罚。实际上，除海关行政处罚外，还有许多种行政案件可代理。例如，企业对海关作出的稽查结论不服；企业对海关作出的征税决定不服；企业对海关扣留有关货物、物品、运输工具、账册、单证或其他财产，封存有关进出口货物、账簿、单证等强制措施不服；企业对海关采取的强制执行措施不服等，均可委托律师与海关就其中的法律问题进行交涉，亦可采取行政复议或行政诉讼等手段维护自身权益。因此，建议代理律师和相关企业就与海关交涉过程中产生的问题多多沟通，在出现有损企业权益情形时，可向海关积极争取。

在众多海关行政案件中，行政处罚类案件占主要部分，其他类案件也因情况各异而无法统一讨论，故本节的海关行政案件处理程序及实体法律实务，主要讨论海关行政处罚案件的相关问题。

二、海关行政处罚程序

海关行政处罚程序主要规定在《行政处罚法》《海关行政处罚实施条例》《中华人民共和国海关办理行政处罚案件程序规定》之中。根据适用情况，海关行政处罚程序总体划分为通用程序和个别程序，个别程序又可分为一般案件程序和简单案件处理程序。

通用程序包括：（1）案件移送制度，指海关发现的依法应由其他行政机关或者刑事侦查部门处理的违法行为，应当及时将案件移送处理的制度。（2）双人作业、出示证件制度，海关在调查、收集证据时，办理行政处罚案件的海关工作人员不得少于两人，并且应当向当事人或者有关人员出示执法证件。（3）回避制度，包括海关办案人员、化验人、鉴定人和翻译人员的回避，由直属海关关长或隶属海关关长决定。（4）超过时效不罚制度，违法行为在2年（涉及生命健康安全、金融安全的5年）内未被发现的，不再给予行政处罚。（5）送达制度，海关可通过直接、留置、委托、邮寄或公告等方式送达行政法律文书，在当事人确认的情况下也可以传真、电子邮件等方式。（6）证据适用制度，证据种类有书证、物证、电子数据、视听资料、证人证言、化验报告、鉴定意见、当事人的陈述、查验记录、检查记录。其中，化验报告、鉴定意见和查验记录、检查记录是海关行政案件较具特色的种类，也对案件的代理极为重要，律师可重点关注。

个别程序中，一般案件程序有：（1）立案，指海关发现公民、法人或者其他组织有依法应当由海关给予行政处罚的行为的，应当立案调查。（2）查问、询问，办案人员查问违法嫌疑人、询问证人应当个别进行，并且告知其依法享有的权利和作伪证应当承担的法律责任。（3）检查、查验，办案人员对与涉嫌违法行为有关的运输工具、场所（包括仓库、码头、货场以及存放海关监管货物的地点）等进行实地观察、调查。查验货物、物品，应当制作查验记录、检查记录。办案人员依法检查走私嫌疑人的身体，应当在隐蔽的场所或者非检查人员视线之外，由二名以上与被检查人同性别的办案人员执行。（4）化验、鉴定，是海关指定或者聘请具有专门知识的机构或人员，就案件中某些专门性问题进行鉴别和判断的一种调查活动。（5）查询存款、汇款，海关根据调查走私案件的需要，可以按照规定的程序查询走私嫌疑人在银行、邮政企业的存款和汇款。（6）扣留和担保，海关在办案过程中，有权依照法律规定对涉案物品、货物、运输工具、账册等资料进行扣留，违法嫌疑的货物、物品、运输工具无法或不便扣留的，当事人或者运输工具负责人应向海关提供等值的担保，未提供的，海关可以扣留当事人等值的其他财产。（7）调查中止、终结，海关在办案过程中发现符合中止或终结的条件时，应当或可以启动中止或终结程序。（8）行政处罚决定，海关办案机关根据前期调查结果，依法作出行政处罚决定的程序，一般要经过案件审查、告知、复核、听证等程序。其中，告知时应制发行政处罚告知单，当事人不服的可在三个工作日内提出陈述、申辩和听证申请。（9）行政处罚决定的执行，海关作出行政处罚决定后，当事人应当在行政处罚决定规定的期限内予以履行。逾期不履行的，海关可加处罚款或将扣留的货物、物品、运输工具变价抵缴，或者以当事人提供的担保抵缴，也可以申请人民法院强制执行。

个别程序中的简单案件处理程序，是指根据海关行政执法的特点，结合实际情况，在法律允许的范畴内设立的一项提高行政效率、降低行政执法成本、充分保护行政相对人合法权益的具体制度，包括行邮、快件、货管、保税监管等业务现场及其他海关监管业务中违法事实清楚，违法情节轻微的案件。适用简单案件处理程序的案件，海关进行现场调查后，可以直接制发行政处罚告知单，当场由当事人或者其代理人签收，并且在当事人当场放弃陈述、申辩、听证权利或当事人当场进行陈述、申辩，经海关当场复核后，当事人或者其代理人接受复核意见的情况下，海关可以当场作出行政处罚决定。

三、海关行政处罚案件的管辖

海关的行政管理体制属中央垂直领导管理，其隶属关系不受行政区划的限制。同时，海关内设专门的走私犯罪侦查的部门，即缉私局或缉私分局。这些因素导致海关行政处罚案件的管辖与其他行政处罚案件有所不同。

首先，海关对违反海关法的应受行政处罚的行为具有专属管辖权，其他行政执法部门查获走私案件需要给予行政处罚的，要移送海关处理。其次，如当事人的行为同时违反了海关法和其他行政管理法规，构成法条竞合，则海关和其他执法部门均具有管辖权。如申报不实影响出口退税的行为可能同时构成出口退税违法或是骗取出口退税的行为，海关和国税部门均有查处职权，但应注意不得违反"一事不二罚（款）"的行政法原则。按照 2021 年修订的《行政处罚法》，涉及法条竞合的应按照罚款数额最高的规定处罚，那么相应地，案件是否要移交最高额处罚权的机关办理，实践中并不明确。再次，需要厘清海关与缉私（分）局对海关行政处罚的管辖权关系。此处注意两点：一是海关行政处罚案件无论是简单程序案件或一般程序案件，其处罚决定均以直属海关或隶属海关的名义作出；二是简单程序案件由海关处置科独立完成行政处罚，而一般程序案件则由缉私分局调查，具体由缉私分局内设的缉私科负责，但该缉私科是由分局与对应的海关双重管理（海关内部称查私科）。缉私分局的缉私科调查后，交由缉私分局法制科审理，最后以对应海关的名义作出处罚决定。最后，海关行政处罚案件以发现违法行为的海关管辖为主，违法行为发生地管辖为辅。两个以上海关都有管辖权的案件，由最先发现违法行为的海关管辖。

四、海关行政处罚案件的处罚时效

行政处罚时效，是指在违法行为发生后，对该违法行为有处罚权的行政机关在超过法律规定的期限内才发现的，对当时的违法行为人不再给予处罚。《行政处罚法》第 36 条规定，违法行为在 2 年内未被发现的，不再给予行政处罚。涉及公民生命健康安全、金融安全且有危害后果的，上述期限延长至 5年。海关执法领域的行政案件，由于《海关法》等相关法律未对海关行政处罚案件的处罚时效作出特殊规定，故海关行政处罚案件的处罚时效为 2 年。但涉及食品、药品等检验、检疫类的案件，如有危害后果，可以适用 5 年的处罚时效。处罚时效从违法行为发生之日起计算；违法行为有连续或者继续状态的，从行为终了之日起计算。

其中，继续或持续性行为是指一个行为需要持续一段时间才能完成的行为，如绕关走私行为，该违法行为需要持续一个过程才能完成，那么该行为的处罚时效则应从绕关行为完成之日起算。该状态容易理解。而违法行为的连续状态则易引起争议，是指当事人基于同一个违法故意，连续实施数个独立的行政违法行为，并触犯同一个行政处罚规定的情形。海关行政处罚案件中，认定违法行为有连续性需要满足以下几个条件：（1）当事人实施数个独立的行政违法行为的性质应当完全相同。（2）违法行为触犯了同一个行政处罚规定，即触犯了同一法条的规定，可以适用同一法条来处罚。（3）违法行为存在连续性是指行为之间存在连续，而不是行为的危害后果存在连续性。（4）数个独立的违法行为之间的间隔在六个月以内。

至于时效的终止时间，应当是海关对违法行为的"发现时间"，具体以海关缉私立案告知时间为准。

五、海关行政处罚案件的听证程序

海关总署发布的《中华人民共和国海关行政处罚听证办法》，对海关行政处罚听证程序作出了较为详细的规定。[1]

海关行政处罚听证主要适用于行政处罚中一般程序的某些特殊案件，即海关拟作出暂停从事有关业务，撤销海关注册登记，对公民处1万元以上的罚款，对法人或其他组织处10万元以上罚款，没收有关货物、物品、走私运输工具等决定的案件。2021年修订的《行政处罚法》将听证扩大到了降低资质等级等处罚行为，但在海关领域的降低企业信用等级是否纳入行政处罚范畴还未明确。海关在作出行政处罚决定之前，会告知当事人有要求举行听证的权利，如当事人要求听证的，海关应当组织听证。

海关行政处罚案件的听证由上一级海关行政处罚案件审理部门负责组织。涉及知识产权处罚案件的听证，由海关法制部门负责组织；涉及资格罚案件的听证，由海关作出资格罚处罚决定的部门负责组织。具体而言，笔者在"海关行政处罚案件的管辖"部分中阐述，一般程序案件的调查由缉私分局的缉私科实施，故听证由其上级即缉私局组织听证。例如，当事人对皇岗海关拟作出的行政处罚申请听证，系由深圳海关缉私局的法制二处负责组织听证。在听证程序中，当事人要充分利用此机会表达自己的意见，这也是行政处罚决定作出前当事人最后的权利保障程序。如听证后维持原处罚意见的，组织听证方会将意见交给原处罚机关，不再通知申请人，由原处罚机关作出行政处罚。

---

〔1〕《中华人民共和国海关行政处罚听证办法》已废止。对海关行政处罚听证程序的规定参见2021年6月15日海关总署公布的《中华人民共和国海关办理行政处罚案件程序规定》。

律师在代理听证案件时，需围绕拟处罚事项梳理法律依据、法律意见、举证提纲及证据，还需准备发问提纲，以便在听证中征得主持人同意下向对方发问。在听证开始前，问清听证人员及对方人员身份信息，以确定是否提出回避并记录开庭人员。

六、海关行政处罚案件的复议程序

行政复议作为海关行政处罚作出后的事后救济手段，与其他领域的行政处罚复议制度基本相同，此处重点介绍有海关行政处罚案件特色的一部分。

一是可以申请复议的范围，涵盖了大部分的海关行为，包括对所有的海关行政处罚，或者行政处罚程序中作出的收缴有关货物、物品、违法所得、运输工具、特制设备等决定不服；限制人身自由的行政强制措施不服的；扣留有关货物、物品、运输工具、账册、单证或者其他财产，封存有关进出口货物、账簿、单证等行政强制措施不服；对行政处罚过程中收取担保的具体行政行为不服，采取的强制执行措施不服；认为符合法定条件，申请海关办理行政许可事项或者行政审批事项，海关未依法办理的等。

二是被申请人的确定，公民、法人或者其他组织对海关作出的行政处罚不服，作出该处罚决定的海关是被申请人，向作出该处罚决定的海关的上一级海关提出行政复议申请。对海关总署作出的处罚决定不服的，向海关总署提出行政复议申请。

三是申请复议的期限，公民、法人或者其他组织认为海关行政处罚侵犯其合法权益的，可以自知道该处罚决定之日起 60 日内提出行政复议申请。当场作出行政处罚的，自行政处罚作出之日起计算；载明行政处罚的法律文书直接送达的，自受送达人签收之日起计算。未送达的视为当事人不知道该具体行政行为。

四是行政复议期间海关行政处罚一般不停止执行，当事人未按期缴纳罚款会产生滞纳金，企业会因处罚而被降低信用等级。除非有法定事由经复议机关决定停止执行。

五是公民、法人或者其他组织对海关行使法律、行政法规或者海关规章规定的自由裁量权作出的行政处罚不服申请行政复议的，在海关行政复议机关作出行政复议决定之前，申请人和被申请人可以在自愿、合法基础上达成和解。海关行政复议机关可以按照自愿、合法的原则进行调解。

需注意的是，实践中复议机关调解后，被申请人口头承诺自愿变更行政处罚，申请人因此撤回复议申请的，不得再以同一事实和理由提出行政复议申请。除非申请人能够证明撤回行政复议申请违背其真实意思表示。故建议申请人在与被申请人沟通变更行政处罚而撤回复议申请的相关事宜时，宜通过书面方式进行，防止被申请人出尔反尔，申请人失去重新提出复议申请的机会。

七、海关行政处罚案件的行政诉讼程序

行政诉讼是当事人对海关行政处罚不服，向法院提起诉讼的程序。相对于行政复议，行政诉讼由人民法院审理，更具中立性和客观性，是行政相对人最有力的救济措施，也是最后一个屏障。海关行政诉讼与其他行政诉讼大致相同，此处略作介绍。

一是对海关行政处罚不服提起的行政诉讼案件一审均由中级人民法院管辖。不论作出行政处罚决定的是隶属海关、直属海关，还是海关总署，均由作出处罚决定的海关所在地的中级人民法院管辖一审。

二是如果海关行政处罚案件经过了复议，复议海关维持原海关行政处罚决定的，原海关和复议海关为行政诉讼共同被告；复议海关改变原海关行政处罚决定的，复议海关为行政诉讼被告。

三是经过复议的案件，行政诉讼由最初作出行政处罚的海关所在地法院管辖，也可以由复议海关所在地法院管辖。

四是对海关行政处罚中作出的人身扣留等限制人身自由的强制措施不服提起的行政诉讼，可以由被告或原告所在地法院管辖。

此外，行政诉讼中，代理律师需注意：行政诉讼中，法院主要审查行政行为的合法性；对于合理性关注较少。虽然《中华人民共和国行政诉讼法》第77条规定，行政处罚明显不当，或者其他行政行为涉及对款额的确定、认定确有错误的，人民法院可以判决变更，但实践中较少适用。故对海关处罚明显不当的诉讼，需降低当事人的期望值。

八、海关行政处罚案件的追缴程序

《海关行政处罚实施条例》第56条规定："海关作出没收货物、物品、走私运输工具的行政处罚决定，有关货物、物品、走私运输工具无法或者不便

没收的，海关应当追缴上述货物、物品、走私运输工具的等值价款。"结合该条例第9条、第25条可知，海关行政处罚涉及追缴的对象有两类：一类是走私的货物、物品和运输工具，另一类是进出口侵犯知识产权的货物。

其中，无法没收的情形包括：（1）进料加工、来料加工的原材料，已进入生产加工流程的；（2）走私运输工具、货物、物品下落不明的；（3）运输工具、货物、物品灭失的；（4）货物已经和其他合法标的连接在一起，无法分割的。

不便没收的情形有：（1）如果没收将会损害国家利益或者社会公共利益；（2）应当予以没收的货物、物品、走私运输工具已经被人善意占有；（3）违法货物与其他合法货物组成了一个整体，没收会侵犯货物所有人合法权益。

追缴程序中的一个重要问题是，如何认定"等值价款"的概念。《海关行政处罚实施条例》第56条的实质是，走私货物、物品无法扣押或者不便扣押情况下，走私违法所得应该如何追缴问题。实践中，按照走私货物、物品进出口完税价格认定违法所得予以追缴；走私货物、物品实际销售价格高于进出口完税价格的，应当按照实际销售价格认定违法所得予以追缴。

第二节　海关行政案件实体问题实务

海关的行政处罚主要涵盖三类，即传统的海关法对走私行为和违规行为的行政处罚，对违反知识产权边境保护的行政处罚，以及对违反进出境检验检疫的行政处罚。本章主要关注的是传统海关法领域的行政处罚，违反知识产权保护规定的行政处罚和涉及检验检疫的行政处罚在其他章节中有提及。

传统的海关行政违法行为主要分为走私行为和违反海关监管规定行为两大类。法律实务中，首先遇到的是走私行为和违规行为的界定问题。实践中更为突出的是违规行为的主观要件问题、处罚的形式和种类问题、双罚问题，特别是涉及税则号列申报不实违法行为认定、申报不实的责任主体认定等问题。

2021年修订的《行政处罚法》对相关问题进行了明确，具有指导意义。

一、走私行为与违规行为的界定问题

海关行政违法行为可以分为违反海关监管规定（以下简称违规）和走私，

如被认定为走私，处罚的力度将大幅提升，如达到起刑点，还可构成走私犯罪。故对于违规和走私的区分界定具有重要意义。目前，我国海关法律法规对走私行为与违规行为采用的是"两分法"的标准，一种海关行政违法行为，如果不属于走私，那就是违规，即走私与违规行为之间是非此即彼、互相排斥的关系。

（一）走私行为的概念及表现形式

根据《海关法》第82条和《海关行政处罚实施条例》第7条规定，走私行为的概念可定义为：违反海关法及其他有关法律、行政法规，逃避海关监管，偷逃应纳税款、逃避国家有关进出境的禁止性或者限制性管理的行为。具体则采用列举的方式对走私行为进行了规定。

（1）未经国务院或者国务院授权的机关批准，从未设立海关的地点运输、携带国家禁止或者限制进出境的货物、物品或者依法应当缴纳税款的货物、物品进出境的；

（2）经过设立海关的地点，以藏匿、伪装、瞒报、伪报或者其他方式逃避海关监管，运输、携带、邮寄国家禁止或者限制进出境的货物、物品或者依法应当缴纳税款的货物、物品进出境的；

（3）使用伪造、变造的手册、单证、印章、账册、电子数据或者以其他方式逃避海关监管，擅自将海关监管货物、物品、进境的境外运输工具，在境内销售的；

（4）使用伪造、变造的手册、单证、印章、账册、电子数据或者以伪报加工贸易制成品单位耗料量等方式，致使海关监管货物、物品脱离监管的；

（5）以藏匿、伪装、瞒报、伪报或者其他方式逃避海关监管，擅自将保税区、出口加工区等海关特殊监管区域内的海关监管货物、物品，运出区外的；

（6）有逃避海关监管，构成走私的其他行为的。

《海关行政处罚实施条例》第8条规定了按走私行为论处的行为：

（1）明知是走私进口的货物、物品，直接向走私人非法收购的；

（2）在内海、领海、界河、界湖，船舶及所载人员运输、收购、贩卖国家禁止或者限制进出境的货物、物品，或者运输、收购、贩卖依法应当缴纳税款的货物，没有合法证明的。

（二）违规行为的概念及表现形式

《海关行政处罚实施条例》第 12 条规定，违反海关法及其他有关法律、行政法规和规章但不构成走私行为的，是违反海关监管规定的行为。该条例第三章对违规行为的表现形式也进行了列举。

（三）违规行为与走私行为的区别界定

走私强调的是"逃避海关监管"，即主观存在逃避监管、偷逃税款或逃避国家有关管制性制度的故意，《海关行政处罚实施条例》第 7 条规定列举的即是体现主观故意的客观行为。故界定违规行为与走私行为时，应关注当事人是否存在逃避的主观故意。若其主观方面无刻意逃避海关监管、偷逃税款或逃避国家有关管制性制度的故意，仅仅是一时疏忽大意或因不了解相关规定而为之的，则应认定为其为违规行为。

在办理此类案件时，如当事人行为被认定为走私，最重要的是争取变更为违规行为。如一名当事人携带外币出境时，将外币放置鞋垫下面，被现场人员查获，以走私对其作出行政处罚。但如当事人将外币放置鞋垫下面仅仅是怕放口袋易被偷，为安全起见为之，而并非出于逃避监管的目的，依法应认定为违规。

二、海关行政违法行为的主观要件构成问题

违反海关法律法规的行政违法行为的构成要件一般包括四个部分，即违法主体、主观方面、违法客体和客观方面。违法主体是海关监管对象，境外的企业一般不予处罚；违法客体是海关法律规范所维护的国家进出境监督管理秩序，包括国家的禁止进出口或限制进出口的进出口贸易管制秩序、税款征收秩序、外汇管理秩序、出口退税管理秩序、贸易统计秩序、检验检疫秩序等。

实践中的争议集中在主观构成要件和体现主观的客观方面。应受行政处罚的行政违法行为的主观要件，主要是指该行为的构成是否要求当事人具备过错。所谓过错，是指行为人实施违法行为时的主观心理状态，包括故意和过失。1996 年《行政处罚法》制定时，对行政违法行为进行处罚时没有要求行政管理相对人须具备主观过错，导致行政处罚在主观状态上的认定存在混乱。

得益于《海关法》对走私的明确规定，"逃避海关监管……是走私行为"，走私行为的主观方面要求为故意较为明确，过失或无过错不构成走私。逃避海关监管是行为人在明知海关监管内容或明知其行为是海关法所不允许的情况下，而故意追求危害结果或者放任危害结果发生的一种恶性较大的主观心理状态。如绕关进口或在进口货物时低报价格或少报多进以偷逃税款，即属于追求危害结果的主观心理，存在故意。

而违规行为是否需具备过错要件，则最易引起争议。从《海关法》和《海关行政处罚实施条例》的相关规定看，违规行为的主观状态可以是故意或过失，也可以是无过错。行为人对无过错的违规行为遭受处罚而对海关最为不满，这也是行政复议和行政诉讼相对集中的部分。如，甲公司委托乙运输公司报关进口货物，因乙运输公司司机错拿其他公司的单证进行申报，导致申报不实，海关对甲公司实施处罚。

可喜的是，2021 年修订的《行政处罚法》对此进行了明确，"当事人有证据足以证明没有主观过错的，不予行政处罚"。从这一规定来看，将没有主观过错的举证责任分配给了相对人，在相对人不举证或无法举证其没有主观过错的情况下需要承担不利的后果。但毕竟是给了相对人证明自己没有主观过错从而获得不予处罚的机会。

三、海关行政处罚种类与形式问题

海关行政处罚主要规定于《海关法》和《海关行政处罚实施条例》，尤其后者，是海关作出行政处罚必然引用的依据。作为行政处罚在海关执法领域的细分，海关行政处罚的种类与行政处罚的种类相对应，不同的是，海关行政处罚没有行政拘留。需注意的是，根据《海关法》的相关规定，海关可以对犯罪嫌疑人进行扣留，最长时间不得超过 48 小时。但这属于行政强制措施，与行政处罚无关。根据实践中海关作出处罚的频次，海关行政处罚的种类与形式如下：

（一）罚款

这是海关行政处罚领域最常见的一种处罚形式，可单独适用或与其他种类处罚并用。而罚款一般以固定金额、以货物或物品价值或以偷逃应缴税款、申报价格等确定量罚标准。如走私国家禁止进出口货物的，没收走私货物及违法所得，可以并处 100 万元以下罚款；应当提交许可证件而未提交，但未偷逃税款，走私国家限制进出境的货物、物品的，没收走私货物、物品及违法所得，可以并处走私货物、物品等值以下罚款；偷逃应纳税款但未逃避许可证件管理，走私依法应当缴纳税款的货物、物品的，没收走私货物、物品及违法所得，可以并处偷逃应纳税款 3 倍以下罚款；申报不实影响国家外汇、出口退税管理的，处申报价格 10% 以上 50% 以下罚款。

(二) 没收违法所得、没收非法财物

海关行政处罚中的没收非法财物主要针对走私的货物、物品、运输工具，没收违法所得则包括走私和违规行为中的违法所得。专门用于走私的运输工具或者用于掩护走私的货物、物品，2 年内 3 次以上用于走私的运输工具或者用于掩护走私的货物、物品，应当予以没收。对申报不实的行为予以罚款的同时，有违法所得的，没收违法所得。

(三) 责令停产停业

责令停产停业属于能力罚，即在停产停业期间，受处罚的当事人不得进行生产、作业或者工作，但法律资格并没有被剥夺，在其符合法律、法规和规章规定的标准和要求以后，无须重新申请许可证或者营业执照就可以继续经营。海关行政处罚中的责令停产停业主要是针对报关企业、报关人员及加工贸易、保税仓储企业等海关特定监管对象，这些企业的从业资格本身就需要海关以行政许可的方式予以认可。报关企业、报关人员对委托人所提供情况的真实性未进行合理审查，或者因工作疏忽致使发生《海关行政处罚实施条例》第 15 条规定情形的，可以对报关企业处货物价值 10% 以下罚款，暂停其 6 个月以内从事报关业务或者执业。

(四) 暂扣或者吊销许可证、执照

暂扣或吊销许可证及执照是一种比责令停产停业更为严厉的行为能力罚，主要针对那些严重违反行政管理法律法规的行为，是对违法者从事某种活动的权利或享有的某种资格的取消。如，报关企业、报关人员和海关准予从事海关监管货物的运输、储存、加工、装配、寄售、展示等业务的企业，1 年内 3 次以上被海关暂停执业的，海关可以撤销其注册登记、取消其报关从业资格。

（五）警告

这是对违反法律规范的公民、法人或者其他组织所实施的仅仅影响其声誉的处罚。警告只具有精神惩戒作用，一般针对实施轻微行政违法行为的相对人。警告必须以书面形式作出，指明行为人的违法错误，并具有令其改正、纠正违法的性质，具有国家强制性。警告在实践中较少适用。

值得注意的是，2021 年修订的《行政处罚法》对行政处罚进行了定义并增加了处罚的种类，如通报批评等。其中降低资质等级，对应于海关执法领域的降低信用等级，是否构成行政处罚的一种，实践中有争议，相关政策文件也未明确。

四、海关行政处罚自由裁量权问题

所谓海关行政处罚自由裁量权，是指海关行政处罚的实施主体，在法律法规等相关规定的范围、幅度内，自行判断、选择是否作出行政行为，或以何种方式、范围、幅度、期限作出行政行为的权力。《海关法》《行政处罚法》以及《海关行政处罚实施条例》均赋予海关行政处罚实施主体大量的自由裁量权，其可分为以下几种类型。

（一）是否作出行政处罚的自由裁量权

对于走私或违反海关监管规定的行为，海关有权选择是否作出行政处罚。这在海关行政处罚的自由裁量中占有非常大的比例。如《海关行政处罚实施条例》第 30 条规定："未经海关注册登记和未取得报关从业资格从事报关业务的，予以取缔，没收违法所得，可以并处 10 万元以下罚款。" 10 万元以下罚款，即由海关决定是否处罚。

（二）选择处罚方式的自由裁量权

在海关对行政相对人作出行政处罚时，可以根据情形自主决定选择何种方式。比如，《海关行政处罚实施条例》第 20 条规定："运输、携带、邮寄国家禁止进出境的物品进出境，未向海关申报但没有以藏匿、伪装等方式逃避海关监管的，予以没收，或者责令退回，或者在海关监管下予以销毁或者进行技术处理。"这类条款为数不多，所占比例较小。

(三) 在幅度范围内选择处罚的自由裁量权

此类条款是海关行政处罚自由裁量权体现最为集中的部分，在《海关行政处罚实施条例》中占据比例最大。例如第 18 条规定，"有下列行为之一的，处货物价值 5%以上 30%以下罚款，有违法所得的，没收违法所得"。除处罚数额、比例等之外，还包括了在期限幅度的选择。第 28 条规定："报关企业、报关人员非法代理他人报关或者超出海关准予的从业范围进行报关活动的，责令改正，处 5 万元以下罚款，暂停其 6 个月以内从事报关业务或者执业；情节严重的，撤销其报关注册登记、取消其报关从业资格。"海关可在 6 个月的范围内决定暂停 3 个月或 4 个月。

(四) 对事实性质认定的自由裁量

如《海关行政处罚实施条例》第 64 条规定，"本实施条例下列用语的含义是：……'合理数量'，指海关根据旅客或者收件人的情况、旅行目的和居留时间所确定的正常数量"。"其他违法行为""合理数量"，均属于海关可以自由裁量的范围。

为了规制海关行政处罚主体自由裁量权的行使，海关总署制定了若干裁量基准，供各直属及隶属海关参考执行。如海关总署于 2016 年颁发的《海关行政处罚幅度参照标准》针对《海关行政处罚实施条例》第 9 条、第 14 条、第 15 条、第 17 条、第 18 条、第 19 条等条款的适用作出了细致的裁量基准。

办理案件时应注意，《海关行政处罚幅度参照标准》仅是海关系统的内部文件，在行政复议和行政诉讼中，海关部门、法院均不会在文件中明文引用该规定。但一般而言，只要处罚在该规定的标准之内，海关复议机关会予以维持原处罚决定。行政诉讼中，人民法院认为行政处罚明显不当时，可以判决变更。

2021 年修订的《行政处罚法》第 34 条明确规定"行政处罚裁量基准应当向社会公布"。相信各行政机关，包括海关会陆续公布处罚适用标准，这个问题带来的困扰将不复存在。

五、税号申报不实的违法认定问题

《海关行政处罚实施条例》规定，进出口货物的税则号列应如实申报（"申报税号"与"应当申报税号"相一致），如申报不实将被处罚。进出口商品税则号列（又称"税号""归类"）的确定，是一个十分复杂的专业技术过程。作为执法部门的海关，实践中也常常对某一商品应归入哪一具体税号产生争议。因此，海关发布了相关文件以明确税号申报不实的具体认定标准。

应当认定为税号申报不实的违法行为的情形。根据《海关总署关于申报不实的解释》规定，在下列五种情形下，出现"申报税号"与"应当申报税号"不一致的，即属税号申报不实违法行为：（1）商品在《进出口税则》品目条文中有具体列名的或有关类注、章注和子目注释明确写明的；（2）商品属《进出口税则商品及品目注释》具体列举的品目商品范围；（3）商品与《中华人民共和国进出口税则本国子目注释》中所述商品相同的；（4）商品与海关总署已公布的商品归类行政裁定、商品归类决定所述商品相同的；（5）有证据证明海关曾通过预归类决定书等方式，向特定当事人书面告知过该商品完整的正确归类，则该商品视同对特定当事人已明确商品归类事项。

实践中，下列衍生情形也会被认定为"申报不实"：（1）海关曾通过报关单修改、下发处罚决定书等方式，向当事人书面告知过该商品完整的正确归类，当事人再次申报时仍出现归类错误的；（2）当事人在海关对其相同商品正确归类后，又再次出现归类错误的；（3）当事人未如实申报品名、成分、规格、原理、用途等归类要素，或者未按海关要求提供归类所需资料，影响海关正确归类的。这实质上是"行政处罚过错追责原则"的具体体现。

不应当认定为税号申报不实的情形。《海关总署关于申报不实的解释》还规定，当事人申报税号与应当申报税号不符，如果所涉商品不属于前述五种情形，且同时具有以下三种情形之一的，不构成"税号申报不实"违法行为：（1）当事人依据海关预归类决定向海关申报，但海关预归类决定内容存在错误导致申报错误的；（2）海关对当事人申报的税则号列曾进行过实质性归类审核（实质性归类审核包括化验检测商品成分且未对归类认定提出疑义、查验核对归类、补充申报归类事项或修改报关单归类事项等），进出口货物已通关放行，海关在事后审核认定或者当事人就同样货物再次申报过程中又认为其归类错误的；（3）当事人进出口货物的归类属于海关商品归类疑难问题，经海关总署归类职能部门审核已提交协调制度商品归类技术委员会研究决定的。该三种情形归结为，因海关原因而导致申报不符的，免除当事人的违法责任。

税号申报不实会产生以下法律后果：（1）认定为走私。税号申报不实，根据海关相关规定，如故意归错税号以逃避应缴纳税款的，依据《海关行政处罚实施条例》第7条、第9条的规定，定性为走私行为，予以处罚。（2）认定为违规。当事人无主观故意隐瞒归类申报要素的情况下，依据《海关行政处罚实施条例》第15条的规定，按"申报不实"定性为违规行为，予以处罚。同时依据《海关法》第62条规定追征少征或漏征税款。（3）认定不构成税号申报不实。根据《海关总署关于申报不实的解释》第2条规定，此种情形海关不予行政处罚，予以修改报关单或者补征税款进行纠正。

实践中，针对税号申报不实违规案件，囿于归类专业性和复杂性且海关有最终决定权，可争取的空间不大。但在认定为走私（甚至构成走私犯罪）时，可通过客观证据的举证来证明不具有主观故意，如曾向专业的归类公司申请归类认定、以前以同一税号报过关且顺利通行等。

六、双罚问题

所谓行政处罚双罚，是指在行政处罚过程中，对于单位或组织违法的，不仅应依法对单位实施行政处罚，而且还应（或可）对单位负责的主管人员和其他直接责任人依法给予行政处罚的法律责任制度。《海关行政处罚实施条例》第32条规定："法人或者其他组织有违反海关法的行为，除处罚该法人或者组织外，对其主管人员和直接责任人员予以警告，可以处5万元以下罚款，有违法所得的，没收违法所得。"实践中海关较少实施双罚。以下就几个问题进行介绍。

双罚是否是必须的。根据对《海关行政处罚实施条例》相关规定的字面理解，罚款及没收违法所得是"可以"，而不是必须的，属自由裁量范围。而警告则存在争议，有的海关认为是应当，除特殊情况，必须处罚；有的海关认为该条款均为授权性规定，可以不予处罚。

双罚责任的自然人主体如何确认。海关没有针对该问题进行具体规定。借鉴双罚理论和实践均较为成熟的刑事司法，一般包括直接负责的主管人员与其他直接责任人员。根据司法解释的规定，直接负责的主管人员，是在单位犯罪中起决定、批准、授意、纵容、指挥等作用的人，一般是单位的主管负责人，包括法定代表人。其他直接责任人员，是在单位犯罪中具体实施犯罪并起较大作用的人员，既可以是单位的经营管理人员，也可以是单位的职工，包括聘任、雇用的人员。同时，还需注意几点：一是必须是与违法行为相关联的人，而不能是违法行为被查处后，代表企业出面解释和处理案件的人。二是没有参与实际经营的企业法定代表人不一定是双罚责任主体。三是双罚责任自然人主体对应受处罚的违法行为一定存在较大过错，即存在违法的故意或过失，不存在主观过错则不应受到责任追究。四是企业中实际业务操作人员如果仅仅是按照公司的岗位职责进行业务操作，并未存在积极参与违法行为的，不宜作为双罚责任自然人主体。五是双罚责任主体可以是一人，也可以是多人，常见的包括企业负责人、关务经理、报关人员、录入人员等。

双罚的限制。双罚时，对自然人的处罚限于警告和可以处 5 万元以下罚款，有违法所得的，没收违法所得。执法部门不得随意创设其他形式的处罚。并且双罚的处罚数额，特别是罚款的处罚数额之和不得超过相关法律规范规定的上限。

七、涉嫌走私运输工具的认定及处置问题

《海关法》第 82 条第 2 款规定，专门或者多次用于走私的运输工具，予以没收。《海关行政处罚实施条例》第 9 条第 2 款规定，专门用于走私的运输工具或 2 年内 3 次以上用于走私的运输工具，应当予以没收。在海关行政执法实践中，没收运输工具的适用不多，这与没有直接、可操作性强的适用标准不无关系。因运输工具价值高，如没收对当事人影响巨大，因此作出没收运输工具时，赋予了当事人要求听证的权利。本书结合相关规定，就走私运输工具的认定和处置分析如下。

如何判断专门用于走私的运输工具。此处有正反两个方面的判断标准：第一，延续性。运输工具自处于走私行为人实际控制之时起，一直或主要被行为人用于从事走私违法活动。这主要出现在团伙走私行为或职业走私行为当中。如专门用于运送走私货物、"放风"或接送走私行为人。第二，排他性。运输工具在客观上不可能用于走私以外的其他正常活动。从客观属性上看，运输工具已经没有用于其他正常活动的可能，其使用只能与走私活动相结合。如在小型箱车内加装油罐用于走私成品油，用于非设关地海上走私的大功率改装快艇等。

如何判断多次用于走私的运输工具。首先，判定运输工具是否被用于走私，应当以确定生效的行政处罚文书认定用于走私为标准，即如提起行政复

议或行政诉讼，处罚决定被复议决定或行政判决维持的。其次，"2 年内 3 次"的理解。2 年指第一次走私行为的行政处罚决定生效时间，与第三次走私行为的行政处罚决定生效时间，二者之间的间隔为 2 个完整的自然年度。3 次指 3 次行政处罚决定均为生效的处罚决定。并且，2 年内 3 次的走私行为，应当是同一行为人所实施。最后，"同一运输工具"的具体认定。应通过法定号牌进行认定，如车辆号牌或船舶名称变更，则可结合车架号、EMI 号码及登记备案资料进行确定。

运输工具所有权人与行为人不一致的处理。当走私行为人与运输工具所有权人非同一人时，对走私运输工具的没收是否有影响。对此，海关总署的指导意见为："同一当事人在 2 年之内将同一运输工具 3 次或 3 次以上用于走私活动。走私行为当事人是否为该运输工具的所有权人，并不影响案件的定性处理。但是，考虑运输工具所有权人的利益关系，如果运输工具所有权人不是走私行为当事人，海关应当将《行政处罚决定书》抄送所有权人。"即明确了所有权的归属不影响行政处罚的实施。

办理此类案件时，首先，代理律师应梳理清楚，运输工具是否是专门用于走私的；如果是多次用于走私，要分析其多次之间的时间间隔。其次，在运输工具实际所有权人与行为人不一致的情况下，可从保护善意第三人私权、刑法规定仅没收行为人本人财物等角度进行争取。

第三节　几类常见的海关行政处罚案件实务

前两节对海关传统的违法行政案件在程序和实体上的法律实务进行了较为全面的介绍，本节就六种常见多发、争议较大的案件作进一步分析，分别是申报不实影响税款征收、申报不实影响出口退税、申报不实影响监管秩序、递交单证不真实或未如实传输电子数据、海关监管货物短少、减免税货物擅自处置等案件。

一、申报不实影响税款征收案件

《海关行政处罚实施条例》第 15 条第 4 项规定，进出口货物的品名、税则号列、数量、规格、价格、贸易方式、原产地、启运地、运抵地、最终目的地或者其他应当申报的项目未申报或申报不实，影响国家税款征收的，处漏缴税款 30% 以上 2 倍以下罚款，有违法所得的，没收违法所得。该条款是海关对申报不实影响税款征收进行认定和处罚的依据，因该类案件占据了货运渠道申报不实案件的较大比例，故该条款也成为海关行政处罚中较为常用的条款。

（一）申报不实影响税款征收的情形

海关在进出口环节征收的税款包括关税、代征的增值税、消费税、吨税等。计征方式有从价税、从量税、复合税、滑准税等，其中以从价税为主，从量税为辅，其他很少。申报不实影响税款征收的情形有以下几种：（1）货物的品名或税则号列申报不实，导致进出口的货物归入了不同的税则号列，从而适用不同的税率，并进而影响税款征收。（2）价格申报不实，包括单价、总价申报不实。因计税以完税价格作为税基，故此处的价格申报不实专指完税价格申报不实。（3）数量申报不实影响税款征收。数量申报不实在从量税的计征方式中对税款征收的影响非常明显。在从价税计征方式中，数量申报不实会影响到货物总价，并最终影响税款征收。（4）原产地申报不实影响税款征收。原产地的不同可能会导致进口货物的适用税率不同，特别是存在优惠原产地协议的情况下。（5）贸易方式，征免方式等申报不实也会影响税款征收。

除上述传统因素外，2016 年新版报关单的调整，致使以下因素也成为影响税款征收的情况。（1）特殊关系，如果买卖双方具有特殊关系的，应当填报"是"，不具有特殊关系的应当填报"否"。而认定是否有特殊关系，《完税价格办法》第 16 条有明确规定。对特殊关系，如果企业未如实申报，影响价格认定并影响税款征收的，按照《海关行政处罚实施条例》第 15 条第 4 项进行处罚。（2）影响价格确认，如因特殊关系影响成交价格，则应当填报"是"；虽然存在特殊关系，纳税义务人能证明其成交价格与同时或者大约同时发生的下列任何一款价格相近的，应视为特殊关系未对成交价格产生影响，则应当填"否"：①向境内无特殊关系的买方出售的相同或者类似进口货物的成交价格；②按照倒扣价格估价方法（参见《完税价格办法》第 23 条的规定）所确定的相同或者类似进口货物的完税价格；③按照计算价格估价方法（参见《完税价格办法》第 25 条的规定）所确定的相同或者类似进口货物的完税价格。（3）支付特许权使用费确认，特许权使用费是指进出口货物的买方为取得知识产权权利人及其有效授权人关于专利权、商标权、专有技术、著作权、分销权或者销售权的许可或者转让而支付的费用。如果进出口行为中买方存在向卖方或者有关方直接或者间接支付特许权使用费的，在本栏目应填报"是"，反之则填报"否"。

（二）申报不实影响税款征收违规行为的量罚

除《海关行政处罚实施条例》第15条规定，对申报不实影响税款征收以漏缴税款为标准进行处罚外，海关总署还颁布了一些内部规定，如《海关行政处罚幅度参照标准》，对具体的处罚标准进行细化，供各海关处罚时参考执行：有减轻情节的，处以漏缴税款30%以下的罚款；有从轻情节的，处以漏缴税款30%至80%以下的罚款；没有特别情节的，处以漏缴税款80%至1倍的罚款；有从重情节的，处以漏缴税款1倍以上至2倍的罚款。

而认定是否有上述情节，可看企业是否有符合相关规定的情形：一是不予处罚的情形，如海关发现时，距离申报不实行为已过2年的处罚时效；企业在违法行为发生之日起3个月内向海关主动披露，主动消除危害后果的或在违法发生之日起3个月后向海关主动披露，漏缴、少缴税款占应缴纳税款比例10%以下，或者漏缴、少缴税款在50万元以下，且主动消除危害后果的。二是减轻处罚情节，如积极配合海关调查违法行为，并提供海关尚未掌握的违法事实，以及尚未调查的证据并查证属实或为海关调查提供协助使案情有重大突破的。三是从轻情节，如企业在海关调查期间如实说明情况，主动提供材料或办理海关规定的手续，并在海关作出处罚告知前主动缴纳足额担保的。这里的足额担保是指不低于量罚幅度一般情节的处罚幅度计核金额。除了要符合上述有利的情形，企业还需避免有从重处罚的情形，如因违反海关监管规定被海关行政处罚后，1年内又实施同一违反海关监管规定行为。注意这里的"同一违反海关监管规定行为"，我们认为仅限于前后两个行为都是申报不实影响税款征收的行为。

（三）办理此类案件的关注点

一是处罚的对象，相对于报关企业、物流企业、实际货主，海关更倾向于处罚进出口收发货人。但应注意搜集有关过错责任主体的证据，以排除或减轻收发货人的责任。二是对于归类错误问题，如归类错误是企业认知不足，而这种认知是业界普遍性的，企业应充分举证，并避免带来处罚后果。

二、申报不实影响出口退税案件

《海关行政处罚实施条例》第 15 条第 5 项规定，进出口货物的品名、税则号列、数量、规格、价格、贸易方式、原产地、启运地、运抵地、最终目的地或者其他应当申报的项目未申报或者申报不实，影响国家外汇、出口退税管理的，处申报价格 10% 以上 50% 以下罚款。有违法所得的，没收违法所得。实践中，申报不实影响出口退税案件数量庞大，同时由于需要重新申报出口，而该类案件取证周期较长，处罚也较重，对涉案企业影响深远。

（一）申报不实影响出口退税案件的法律适用

适用《海关行政处罚实施条例》第 15 条对当事人处罚，需要满足以下相关条件：（1）有证据证实当事人存在申报不实的违法行为。若海关基于合理性审查要求企业对其真实的申报价格进行调整，则不应认定企业有申报不实的违法行为。（2）有证据证实违法行为造成了影响出口退税管理的后果，包括使不可退税货物享受到退税待遇，或者使低退税率的货物享受较高的出口退税率。（3）排除了当事人骗取出口退税的刑事犯罪风险，如涉嫌骗取国家出口退税罪，应由地方经侦部门办理，追究刑事责任。

（二）申报不实影响出口退税的要素

申报不实影响出口退税的要素主要有以下几点。

（1）货物的品名规格申报不实。如 AB 货问题：申报出口货物为可退税的 A，但实际出口货物为不可退税的 B，后企业可持 A 的进项税发票向税务机关申请退税。（2）货物的税则号列申报不实。如将无退税或低退税率的货物归入有退税或退税率较高的税号。（3）货物的数量申报不实。如多报少出，用 8 万件的货物充当 10 万件的货物，获取 10 万件货物对应的退税。（4）货物的出口申报价格。一般来说，企业出口退税退的是采购生产原材料和劳务的进项税，与出口的申报价格无关，但《海关行政处罚实施条例》规定的量罚标准是申报价格，以及由此带来的对退税的影响，并不以实际是否能退税为准。

（三）处理此类案件的注意点

实务中，海关对于企业是否有实际申请出口退税不做要求，只要认定有可能影响出口退税管理秩序，就可适用该条款进行处罚。同理，对于企业是否具备退税资格也在所不问。故代理此类案件时，不宜将注意力全部放在上述两种情形。可分析企业是否具有不应当认定为税号申报不实违法行为的情形，如海关对当事人申报的税则号列曾进行过实质性归类审核，且进出口货物已通关放行；或企业进出口货物的归类属于海关商品归类疑难问题等。

三、申报不实影响监管秩序案件

因没有明确规定对"海关监管秩序"与其他平行违法行为如何区分界定，无法有效界定范围，申报不实影响海关监管秩序成为申报不实行政违法案件中极具争议的一类案件。

（一）法律规范的规定

《海关行政处罚实施条例》第15条第2项规定，进出口货物的品名、税则号列、数量、规格、价格、贸易方式、原产地、启运地、运抵地、最终目的地或者其他应当申报的项目未申报或者申报不实，影响海关监管秩序的，予以警告或者处1000元以上3万元以下罚款，有违法所得的，没收违法所得。对其把握，最重要的是如何认定"影响海关监管秩序"。我们认为，海关监管秩序是国家通过法律、法规、规章等规范对进出境设定的应然状态，这一状态需要国家法律、法规、规章等各层级的规范来支撑和维护，所有对上述法律规范的破坏无疑都影响了国家的海关监管秩序。但如果相对人违反的是个别海关超出法律赋予权限而制定的不合理规定，不应认定为影响海关监管秩序。

（二）影响海关监管秩序与相关行为认定的联系和区别

理论和实践中对《海关行政处罚实施条例》第15条规定的五种申报不实行为的关系存有争议，尤其是影响监管秩序类型和其他几类行为的关系。根据实践中的普遍认知，我们倾向于认为是指当事人运输货物进出境，未向海关申报或向海关申报不实，但该申报不实的行为，既不影响国家的许可证管理，也不影响国家税款征收，也不影响外汇管理或出口退税管理，也不影响海关统计准确性。

《海关行政处罚实施条例》第 15 条第 2 项作为兜底条款之用，规定在影响海关统计准确性之后，在影响国家许可证件管理、影响国家税款征收及影响国家外汇、出口退税管理之前，系基于处罚类型、轻重的考虑。这两类行为违法性明显轻微，处罚幅度为一定幅度内的定额罚。与影响许可证件管理、国家税款征收等行为以违法金额的比例来确定处罚金额明显不同。

（三）几类常见的申报不实影响海关监管秩序类案件

一是出口货物高报价格，但不涉及国家禁止或限制性的出口管制、税款征收、出口退税以及外汇管理等违法案件。二是当事人用以申报保税货物进入特殊监管区域，或者从海关特殊监管区域申报保税货物出境的备案制清单申报不实的案件。三是不涉及税款征收的非优惠原产地证书进口申报不实类案件。

四、递交单证不真实或未如实传输电子数据案件

（一）相关法律规定及适用

《海关法》第 14 条规定，"进出境运输工具到达或者驶离设立海关的地点时，运输工具负责人应当向海关如实申报，交验单证，并接受海关监管和检查"。《海关行政处罚实施条例》第 21 条第 4 项规定，进出境运输工具到达或者驶离设立海关的地点，未按照规定向海关申报、交验有关单证或者交验的单证不真实的，予以警告，可以处 10 万元以下罚款，有违法所得的，没收违法所得。第 22 条第 4 项规定，未按照规定期限向海关传输舱单等电子数据、传输的电子数据不准确或者未按照规定期限保存相关电子数据，影响海关监管的，予以警告，可以处 5 万元以下罚款，有违法所得的，没收违法所得。

运输工具自进入我国关境开始至离境前，均受我国法律管辖。为确保运输工具及其所载货物、物品合法进出境，海关需要通过审核单证、现场查验来实现，故海关法规定了进出境运输工具接受海关监管的主要义务，即当进出境运输工具到达、离开设立海关的地点时，运输工具负责人有四项基本的义务，即如实申报、提交单证、服从监管、接受检查。此外，根据实践中运输工具还负责传输电子数据等事项，《海关行政处罚实施条例》还规定了其应如实向海关传输舱单等电子数据的义务。

海关对不同种类的运输工具规定了不同的监管办法，所需交验的单证也不相同。如进境船舶到达境内第一港口向海关申报时应交验国际航行船舶进口报告书、进口载货清单、船员自用货币和船舶备用物品、货币、金银清单、船员清单等单证；国际民航飞机进境时应向海关交验入境和过境旅客以及行李舱单、机组人员及其自用物品、货币、金银清单、进口和过境的货物、邮件和其他物品舱单，以及有关货物的仓单副本等；汽车类应提供进出境汽车载货清单、司机登记簿等。

（二）此类案件的关注点

运输工具在运输货物、物品进出境时，其申报可以分为两部分，一是运输工具的申报，二是货物、物品的申报。负责申报的主体不同。前者是运输工具负责人申报，后者由货物的收发货人、物品的所有人或携带人负责。申报的次序也不同。一般是进境时由运输工具先行申报，出境时是货物、物品先申报。但在深圳口岸陆路口岸货柜车进出境中，运输工具和货物进出境时均要求在规定的时间内向通关部门同时申报，且申报手续都是由运输工具负责人向海关递交申报单证。此外，运输工具负责人通常会在我国香港地区和内地分别设立公司，两者为关联公司。司机需要同时根据香港地区和内地公司的指令进行运输、递单，若信息传递不畅，如委托人变更货物的运输顺序、数量，运输公司在捆绑内容变更后无法有效送达司机，极易发生递交单证不真实或未如实传输电子数据的情形。所以，递交单证不真实或未如实传输电子数据案件的情形在深圳口岸陆路口岸货柜车进出境中时常发生。

实践中，递交单证不真实或未如实传输电子数据的案件，虽说《海关法》和《海关行政处罚实施条例》均规定了运输工具的如实申报义务，但海关时常处罚的还是收发货人。执法部门认为，处罚收发货人后，其损失可以通过向运输公司主张民事赔偿。但由于处罚时常伴随企业信用等级的下降，其损失不能量化，无法足额向运输公司主张。且申报不实影响税款征收、申报不实影响出口退税的量罚明显重于递交单证不真实，企业难以承受。更为重要的是，此类违法行为过错的根源是运输人捆绑错误造成的，进出口收发货人的过错并不明显，按照申报不实处罚有违过罚相当原则。因此，在此类案件中，收发货人应积极举证证明收发货人不存在过错，争取最优结果。

五、海关监管货物短少案件

海关对进出口货物的监管，除通关现场的监管外，后续监管也是监管环节之一。其中，在加工贸易的后续监管，海关监管货物（此处特指保税料件）短少类案件占违规案件的一半以上，是加工贸易监管案件的焦点。

（一）法律规定及概念

《海关法》第86条第12项规定，经营海关监管货物的运输、储存、加工等业务，有关货物灭失或者有关记录不真实，不能提供正当理由的，可以处以罚款，有违法所得的，没收违法所得。《海关行政处罚实施条例》第18条第1款第3项规定，经营海关监管货物的运输、储存、加工、装配、寄售、展示等业务，有关货物灭失、数量短少或者记录不真实，不能提供正当理由的，处货物价值5%以上30%以下罚款，有违法所得的，没收违法所得。《海关法》规定的"货物灭失"是否包括《海关行政处罚实施条例》规定的货物灭失、数量短少，没有相关明确规定。为避免理解混乱，此处所述的"短少类违规行为"，包含了"货物灭失"和"数量短少"，即海关监管货物已从物理状态上消失，或海关记录上的海关监管货物数量发生短少，或两者皆有。

保税料件短少，指主管海关在加工贸易后续监管中通过下厂稽查、盘仓、中期核销、平衡核算等方式，发现加工贸易企业实际库存的保税料件小于理论库存的保税料件等不平衡的情形。

（二）法律适用和证据认定

根据《海关法》和《海关行政处罚实施条例》的规定，短少类违规案件的处罚需要满足两个条件，一是发生料件短少的事实，二是不能提供正当理由。

第一，料件短少的认定。

实践中，各海关核算保税料件数量，是根据企业"进口的保税料件"数减去"出口成品所耗用料件"数，之后与"实际库存料件"数对比，如多出则溢余，少于库存料件，则是料件短少。其中，进口保税料件包括本期口岸申报进口数、本期结转进口数、上期剩余料件结转数，认定的主要证据包括进口报关单、加工贸易登记手册、结转申请表、保税货物实际结转情况登记表、加工贸易备案情况表等。出口成品（折算保税料件）数包括口岸申报出口数、结转出口数、作废料退港处理数，认定的主要证据包括出口报关单、加工贸易登记手册、结转申请表、保税货物实际结转情况登记表、加工贸易备案情况表等。实际库存数包括企业保税料件仓库、生产线、生产车间中存放的保税料件数、成品（折算料件）数、半成品（折算料件）数，认定的主要证据是海关下厂实际盘仓清点形成的检查记录表等。

第二，正当理由的认定。

提供正当理由是当事人的权利，认定是否正当一般由海关根据法律法规认定。当事人解释短少的理由可分为法定事由和非法定事由。保税料件短少的正当理由没有明确规定，通过比照核销规定的正当理由，以下两种情况可依法认定为正当理由：一是不可抗力因素造成的短少，需提供有关部门的证明文件；二是其他经海关审核认可为正当理由的情形。而非法定事由，一般是企业根据自己的情况进行解释，海关会视情况作出是否认可的决定。一般企业的解释理由有：（1）单耗备案不合理。《中华人民共和国海关加工贸易单耗管理办法》第17条规定，"加工贸易企业可以向海关申请办理单耗变更或者撤销手续，但下列情形除外：（一）保税成品已经申报出口的；（二）保税成品已经办理深加工结转的；（三）保税成品已经申请内销的；（四）海关已经对单耗进行核定的；（五）海关已经对加工贸易企业立案调查的。"实践中，企业一般是在被调查后发现单耗备案不合理，继而提出单耗变更申请，一般不被认可。（2）实际库存清点错误或有遗漏。如企业在海关现场盘点时，已对库存记录表进行确认，事后提出清点错误或有遗漏，除非有充足的证据，否则一般不被认可。（3）货物进行了其他处置，如已办理深加工结转申请表后送货，海关一般会根据企业提供的证据进行认定。

（三）此类案件的关注点

企业应注意和重视库存清点，防止遗漏，特别是生产线上的半成品、外发加工未返回、主厂区外存放、外借、在途运输的料件或成品等。在签署确认现场笔录如库存记录等时，应明确其含义，确认数据是否真实后方可签字确认。此外，企业在提供材料时需谨慎，切忌为了快速结束稽查而匆忙盲目行事。务必确保原始记录清晰、完整，以便在存在短少、溢出等问题时，可以通过倒查、逐一比对等方法，查清原因，向海关作出合理解释。在办理短少类案件时，首先要了解企业的类型和生产情况，通过梳理企业的保税料件自进口到入仓、领料、生产成成品、出口等流程，分析料件短少的原因。其次要根据短少情形提供相应的证据，以证明主张事实。此外，在与海关沟通时，要依据相关规定据理力争。

六、减免税货物擅自处置案件等

减免税货物指海关根据国家的政策规定准予减税、免税进口，经减免税申请人申请，国家有关部门批准予以减免税进口的货物。因享受减免税的优惠，减免税货物的管理和使用需严格按照申请和批准时的特殊要求。若擅自处置，可能构成违规、违法甚至犯罪。

（一）海关对减免税货物管理的相关规定

海关对减免税货物管理的相关规定具体为：（1）进口减免税货物的海关监管年限内，未经海关许可，减免税申请人不得擅自将减免税货物转让、抵押、质押、移作他用或者进行其他处置。（2）进口免予提交许可证的，申请人在进行处置时，应按规定补办许可证。（3）海关监管年限内，申请人将货物转让给对同一货物享受同等优惠的单位，应办理结转手续；如转让给不能享受优惠的其他单位，则应办理补税和解除监管手续。（4）监管年限内，将减免税货物移作他用（包括使用地区、用途等）的或变更核准地点使用的，应经海关批准。（5）海关监管年限内，以减免税货物向金融机构办理贷款抵押的，应经海关批准，且不得向金融机构以外的公民、组织办理贷款抵押。（6）监管年限内，申请人发生分立、合并、股东变更、改制等，权利义务承受人应向海关报告主体变更及货物情况；如因破产、改制等导致申请人终止而没有承受人的，原减免税申请人或者其他依法应当承担关税及进口环节海关代征税缴纳义务的主体应当办理减免税货物的补税和解除监管手续。（7）在海关监管年限内，减免税申请人要求将进口减免税货物退运出境或者出口的，应当报主管海关核准。

（二）实践中常见的减免税货物擅自处置违法行为

根据前述管理要求，并结合实际情况，常见的减免税货物擅自处置行为有：（1）未经海关许可，擅自将减免税货物转让或出售。转让一般发生在转让方和受让方都具备减免税资格的主体之间，一般认定为违规行为，处罚相对轻微；出售行为一般买受方不具备减免税资格，出售方具备偷逃税款的主观故意，行为性质严重，有可能被认定为走私行为，甚至构成走私罪行为。(2) 未经海关许可擅自将减免税货物抵押，包括向金融机构和公民、法人和其他组织抵押。(3) 未经海关许可擅自移作他用，包括交给减免税申请人以外的单位使用，未按照原定用途、地区使用，未按照特定地区、特定企业或者特定用途使用等情形。

(三) 对减免税货物擅自处置行为的认定及量罚

《海关行政处罚实施条例》第 18 条第 1 款第 1 项规定，未经海关许可，擅自将海关监管货物开拆、提取、交付、发运、调换、改装、抵押、质押、留置、转让、更换标记、移作他用或者进行其他处置的，处货物价值 5% 以上 30% 以下罚款，有违法所得的，没收违法所得。第 2 款规定，所涉货物属于国家限制进出口需要提交许可证件，当事人在规定期限内不能提交许可证件的，另处货物价值 30% 以下罚款；漏缴税款的，可以另处漏缴税款 1 倍以下罚款。减免税货物是海关监管货物的一种，故对擅自处置减免税货物的处罚适用该条规定。其中，对适用该条规定需要关注以下问题。(1) 货物价值。货物价值是违法行为发生时货物的价值，即货物价值应折旧。(2) 涉及许可证和漏税的加罚问题。实践中加罚较少适用，尤其是漏缴税款的加罚，一般责令企业补税。(3) 量刑幅度。许多减免税货物价值极高，处货物价值 5%～30% 的罚款对企业影响很大，故海关总署将裁量予以细化，对一般情形，按照货物价值的 9%～12% 处罚；对具备从轻情节的，按照货物价值的 5%～9% 处罚；对具备减轻情节的，按照货物价值的 1%～5% 处罚；对具备从重情节的，按照货物价值的 9%～30% 处罚。

海关近年来执法的变化趋势是对于一些程序性、手续性违规的违法问题管理日趋宽松、包容性更强。具体如：(1) 未经海关同意将减免税货物移出核准地点适用，但仍为申请人自用于原用途，且积极配合海关纠正违法行为的，海关可以认定违法行为轻微，并对及时纠正，没有造成危害后果的，不予行政处罚。(2) 申请人因分立、合并、股东变更、改制等变更情形导致其法人主体变更，权利义务继受人继续拥有并使用减免税进口货物，未按规定办理海关手续，但向海关说明情况，且能够在海关立案之日起 3 个月内补办符合相关税收优惠政策规定的证明文件，证明其可以享受同等减免税优惠待遇的，海关可以认定违法行为轻微，并对及时纠正、没有造成危害后果的，不予行政处罚。（3）对擅自抵押或融资租赁，但仍为申请人自用于原用途，且积极配合海关纠正违法行为的，或擅自转让或移作他用，但在海关立案之日的3个月内补办符合相关税收优惠政策规定的证明文件，证明受让人或者移作他用减免税进口货物的实际使用人可以享受同等减免税优惠待遇的，海关一般认定构成程序违规，具备减轻处罚情节。如挪作他用的违法行为持续或累计时间不足1年，且能及时纠正的，海关一般会认定违法行为危害后果不大，具备从轻情节。（4）申请人将减免税进口货物发外由其他单位使用但专门为减免税申请人加工或生产，并用于原定用途的，海关一般认定危害后果较小，具备减轻处罚情节。

第五章
走私犯罪案件辩护实务

第一节　走私犯罪案件辩护实务概论

走私罪可以定义为单位或个人故意违反法律法规，逃避海关监管，非法运输、携带、邮寄国家禁止、限制进出口的货物，或者偷逃关税，破坏国家对外贸易和进出口物品的管理制度，情节严重的行为。

走私罪包括13个具体罪名，分别是走私武器、弹药罪；走私核材料罪；走私假币罪；走私文物罪；走私贵重金属罪；走私珍贵动物、珍贵动物制品罪；走私国家禁止进出口货物物品罪；走私淫秽物品罪；走私普通货物、物品罪；走私废物罪；走私、贩卖、运输、制造毒品罪；走私制毒物品罪；走私人类遗传资源材料罪等。对于具体罪名的相关问题我们将在本书的其他章作详细介绍，本章仅针对走私罪辩护中普遍存在的、具有共性的重点问题进行归纳和研究。

一、走私罪的单位犯罪和个人犯罪的认定问题

单位犯罪可以定义为公司、企事业机构，为本单位或者本单位全体成员谋取非法利益，由单位的决策机构决定，由直接责任人员实施的犯罪。2002年《最高人民法院、最高人民检察院、海关总署关于办理走私刑事案件适用法律若干问题的意见》第18条规定："……具备下列特征的，可以认定为单位走私犯罪：（1）以单位的名义实施走私犯罪，即由单位集体研究决定，或者由单位的负责人或者被授权的其他人员决定、同意；（2）为单位谋取不正当利益或者违法所得大部分归单位所有……"对走私罪单位犯罪的构成要件加以概括，包括两个方面，一是"名义"，二是"利益"。即走私犯罪是否由单位决定以单位名义实施，走私犯罪所得是否归单位所有。

走私犯罪案件是否构成单位犯罪很可能成为律师辩护的重点。许多走私犯罪案件，是否构成单位犯罪不但影响了被告人量刑的轻重，甚至可能涉及是否真正构成走私罪的问题。以走私普通货物、物品罪为例，该罪名对单位犯罪和个人犯罪设定了不同的起刑点和量刑标准，如果一个案件，侦查机关对于偷逃税额没有达到 20 万元并以个人犯罪立案，该案如果最终认定为单位行为，则单位和个人不构成犯罪。在很多走私罪案件的诉讼过程中，被告人会全力以赴地举证，努力向单位犯罪靠拢，以降低刑事处罚的力度。

辩护律师应该准确掌握 1999 年《最高人民法院关于审理单位犯罪案件具体应用法律有关问题的解释》第 2 条的规定，即个人为进行违法犯罪活动而设立的公司、企业、事业单位实施犯罪的，或者公司、企业、事业单位设立后，以实施犯罪为主要活动的，不以单位犯罪论处。该条明确了两种情形不属于单位犯罪：一是个人为进行违法犯罪活动而设立的公司、企业、事业单位实施犯罪的；二是公司、企业、事业单位设立后，以实施犯罪为主要活动的。

从司法判例看，很多走私犯罪案件，即便行为人确实成立了公司，并且走私犯罪活动也是以公司名义实施的，但是审判结果仍认定为个人犯罪而非单位犯罪。司法机关以第一种情形，即"个人为进行违法犯罪活动而设立的公司"为依据，其证据来源多是被告人口供及证人证言，比如"我设立这个公司就是为了搞走私"。司法机关以第二种情形作为依据，即"公司、企业、事业单位设立后，以实施犯罪为主要活动的"，其证据来源以及认定过程具有一定的复杂性。从律师辩护角度讲，单位是否以实施犯罪为主要活动，应根据单位实施走私行为的频度、次数、持续时间、单位是否同时进行合法经营等因素综合考虑认定。不但要对比走私活动与合法经营的具体情况，还需要关注走私活动收入所占比重、走私活动的影响及后果等因素。

【案例1】A 公司自 2018 年 5 月成立开始以低报价格方式进口打印机，2019 年 5 月在海关稽查过程中，A 公司负责人主动向海关承认进口打印机存在低报价格情形并提供了真实的合同发票等关键证据。案件由稽查部门移送至侦查部门立案侦查，经计核，该案偷逃税款 80 万元。之后案件移送检察机关审查起诉，检察官对案件是否属于单位犯罪存在疑问，因为 A 公司自从成立开始直至被海关稽查的一年时间内，共进口 18 票打印机，每票均存在低报价格情况，故认定 A 公司设立后，以实施犯罪为主要活动，排除单位犯罪，以个人犯罪向法院提起诉讼。

法庭审理阶段，律师认为 A 公司应当认定为单位犯罪而非个人犯罪。律师的主要辩护观点如下。

A 公司成立之后，股东有正常出资，雇用了多个雇员从事进口经营销售工作。虽然 A 公司在成立之初连续进口 18 票打印机均涉嫌低报价格，但是因为受限于资金不到位，公司首先要保证正常运作，之后逐步规范管理，最终达到完全合法合规。

从进口 18 票货物申报价格的"低报幅度"分析，其"低报幅度"逐渐减少的趋势较为明显，从最初的 50% 减少至 30%，再减少至 15% 左右，从该趋势推算，即便海关没有实施稽查，A 公司很快将会按照实际成交价格如实申报。

从 2019 年 5 月海关实施稽查至今，A 公司进口的 13 票货物均如实申报，试问哪个为走私设立的公司或者以走私为"主业"的公司会这样经营？

A 公司除经营进出口贸易之外，还承办了进口打印机展览等工作，并且此类收入在公司营业总收入中占据一定比例。

A 公司认罪态度良好并在稽查阶段主动提供关键证据，可见其成立公司的目的是合法经营而非为走私设立。

以上辩护观点得到法庭的认定，最终该案以单位犯罪定罪，并对 A 公司涉案人员判处缓刑。

在实践中，涉嫌单位犯罪的企业，从自救避险和自身发展的角度出发，可能更希望将案件认定为个人犯罪，避免企业遭受刑事处罚。

【案例 2】甲公司是国内专职经营跨境电商业务的企业，公司的通关事务由业务经理李某负责，李某为了增加公司盈利、提高跨境商品通关效率，自作主张，瞒着总裁张某及其他高管，采取委托"水客"带货走私进境的违法方式进口跨境电商商品。2017 年 6 月，甲公司任命李某为公司副总裁，继续负责跨境电商通关渠道业务。一个月后，甲公司因涉嫌走私普通货物罪被刑事立案。

案发之后，甲公司自认为冤枉，为了摆脱刑事责任，甲公司聘请律师以企业无罪角度进行辩护。律师的辩护观点主要包括以下几个方面。

（1）企业的本意是合法合规经营，公司总裁张某及其他高级管理人员在各种场合要求企业合法经营，坚决反对任何形式的违法违规经营，通过公司的多项会议纪要可以有效证明。

（2）李某在案发前一个月被任命为公司副总裁，之前其在公司的职务仅为业务经理，属于公司中层干部，他作出的采用"水客"带货进口跨境电商商品的决定不能代表公司行为。况且，为了隐瞒真相，他在向公司汇报通关渠道时从未提及真实情况。

（3）李某委托"水客"团伙走私并未以甲公司名义实施，而是以个人名义委托的，"水客"团伙到案后均不知有甲公司的存在，只知道委托走私带货的老板是李某。

（4）李某下属刘某反映，李某曾经要求刘某与通关"水客"团伙直接对接，并向刘某承诺根据通关货物量给予其一定的回扣。案发之后，刘某向企业高层举报，怀疑李某利用非法渠道通关的真正目的在于赚取"水客"团队给予的丰厚回扣。

法院认为，李某在案发前被认命为甲公司副总裁，对公司进口通关业务具有决策权力，即便其只是业务经理而非公司高级管理人员，但是他作出的决策仍然代表了甲公司意志，并且甲公司已经通过"水客"走私而受益。对于李某是否接受通关"水客"团伙回扣的事实未能查清，在判决中不予考虑。虽然法院没有采纳律师观点，但是从为企业作无罪辩护的角度分析，律师需要从"名义"和"利益"的角度分析，在还原事实的基础上，为企业无罪作出合理辩护。本案中，如果能够查实李某收受回扣的事实，法院认定个人犯罪的可能性还是较大的。

二、走私罪的主从犯认定问题

主从犯认定问题是走私罪案件辩护工作的重中之重。走私犯罪参与的主体类别较多，走私通关的涉案流程长且环节复杂，可实施有效辩护的"辩点"也比较多，律师应当以走私流程为基本脉络，针对走私案件涉及的货主、通关、揽货三个环节的主体，对各自的地位作用作出分析判断，并以此为基础作出有效辩护。

（一）通关团伙的主从犯认定问题

走私犯罪案件中最重要的部分当属通关环节，可谓"无通关不走私"，如果通关环节的犯罪事实不够清晰，往往难以认定构成走私犯罪。通关团伙依靠不同的走私方式和渠道实施通关行为，赚取好处费或代工费。常见的走私方式包括"绕关走私""运输工具夹藏""'水客'带货""低报价格""伪报品名"，加工贸易领域的"少报多进"和"多报少出"等。

从司法判例分析，通关环节是走私犯罪诸多链条当中最重要的组成部分，不但侦查机关在办案过程中会"揪住不放"，司法机关也会认为通关团伙责任重大，将其地位作用列于全案的首位，认定为主犯。律师在为通关团伙辩护的过程中，要破除思维定式，分析通关团伙实施的客观行为，仍然需要争取认定从犯。

【案例3】Y公司是一家深圳外贸代理公司，在我国香港地区设立了平台子公司，Y公司的主营业务是代理进口水果业务，D公司是内地的货主，D公司委托Y公司代为办理水果进口业务。2019年底，D公司和Y公司因涉嫌低报价格走私进口水果被刑事立案侦查。

本案中，律师认为Y公司虽然负责通关环节，但是仍然应当认定为从犯。具体观点包括以下几个方面。

（1）从通关流程及收益情况分析，货主D公司应当承担主要责任。虽然D公司将运输、通关等事宜委托给Y公司，但D公司仍处于走私犯罪环节的决定性地位，不但主导境外订货，而且决定了通关和国内销售的整个流程，拥有决定权。

（2）Y公司仅是通关环节的抬头公司，不是低报价格报关的主导者。在通关过程中，Y公司仅提供了海关通关的指导价格，只为几个货主公司如何报关起到参考作用，绝不是将指导价强加给货主，关于进口水果按照什么价格申报，决定权始终在D公司一方，Y公司没有能力也没有必要自行决定申报价格。

（3）Y公司赚取的代理费用是以行业价格为参考标准的，利润仅是按柜计价，如果是以走私为目的实施通关行为，其收费标准应明显高于正常代理费用。并且对比收益，货主D公司赚取的利润远远高于Y公司所赚取的利润。

（4）报关单等单证都是由D公司制作后发送给Y公司，然后由Y公司发送给报关行的，并不是由Y公司自行制作的。Y公司并没有制作虚假单证，在低报价格走私进口水果案件中参与不多，起次要作用。

（二）关于货主团伙主从犯认定问题

司法实践中对于货主的主从犯问题的认定有逐渐从宽的趋势。多年前的走私犯罪案例中，往往因为货主是走私犯罪的最大受益者和直接指挥者而认定为主犯。近年来，走私的方式在不断地变化，部分走私案件的货主往往被通关团伙或者揽货团伙裹挟和利诱，为了企业的生存不得不以走私为手段，降低企业经营成本，此类案件中的货主被认定为从犯。对于货主的地位和作用的认定问题，从司法判例分析，似乎认定为主犯或者从犯都有合理之处。分析以往案例，大多数货主仍然被认定为主犯。

笔者认为，对于为了贪图便宜、节约经营成本，受人利诱，在支付费用后放任他人走私进口的货主，应当认定为从犯。但是对于深度参与的货主仍然应当认定为主犯，有以下几种情形：第一，参与或者指挥实施走私通关活动，具备明显主观故意的货主。第二，参与制作虚假报关随附单据。如前述案例 3 中的货主，自行制作虚假报关单据，已经完成了主要的造假单证的工作，应当认定为主犯。第三，参与拆柜拼柜藏匿的。从走私案件的通关过程看，在境外装货藏匿的环节是诸多环节的源头，也是很重要的一个关键环节，对此货主如参与，则应当在走私犯罪中负主要责任。

（三）揽货主体主从犯认定问题

揽货人在通关中完成的具体事项是在境外接受货主货物并交付给通关团伙，顺利通关后收集走私货物交付给货主。也有的揽货人只在货主和通关团伙中向双方传递信息，不完成货物的收集与交付。有些案件中揽货团伙的主观恶性较大，多有诱发通关团伙和货主的犯意，虽然牟利不大，但是主导走私的作用较为明显，因此被认定为主犯；有些案件中揽货团伙仅仅从货主处收集需求，再找通关团伙对接，不参与具体通关环节，也不参与收货交付等环节的工作，主观恶性不大，可以认定为从犯。

三、走私罪的主观故意问题

从犯罪构成分析，走私犯罪是故意犯罪，过失不能构成走私犯罪。司法实践中关于走私罪主观故意认定的一个重要规定是《最高人民法院、最高人民检察院、海关总署关于办理走私刑事案件适用法律若干问题的意见》，其第 5 条规定："……行为人明知自己的行为违反国家法律法规，逃避海关监管，偷逃进出境货物、物品的应缴税额，或者逃避国家有关进出境的禁止性管理，并且希望或者放任危害结果发生的，应认定为具有走私的主观故意……"走私罪主观故意中的"明知"是指行为人知道或者应当知道所从事的行为是走私行为。具有下列情形之一的，可以认定为"明知"，但有证据证明确属被欺骗的除外：

（1）逃避海关监管，运输、携带、邮寄国家禁止进出境的货物、物品的；

（2）用特制的设备或者运输工具走私货物、物品的；

（3）未经海关同意，在非设关的码头、海（河）岸、陆路边境等地点，运输（驳载）、收购或者贩卖非法进出境货物、物品的；

（4）提供虚假的合同、发票、证明等商业单证委托他人办理通关手续的；

（5）以明显低于货物正常进（出）口的应缴税额委托他人代理进（出）口业务的；

（6）曾因同一种走私行为受过刑事处罚或者行政处罚的；

（7）其他有证据证明的情形。

以上条文采取了由客观行为推定主观故意的方法，司法机关判决走私罪案件中被告人是否具备主观故意经常依据上述条文。另外，判断被告人是否明知，还需要综合分析其工作经历、受教育程度、学历和所学专业以及在案件中的表现和客观行为等。侦查机关审讯和取证的重点在于搭建证据体系，同时证明被告人存在主观故意甚至主观认知的具体内容。律师则应反其道行之，律师辩护的重点在于寻找线索以破解案件中的证据体系，证明被告人不具备走私的主观故意。

【案例4】单位或个人从国内收购废旧钢材出口销售至国外，因为废旧钢材属于资源型商品，出口需要依法缴纳税款。部分企业为了牟取暴利，采取低报价格的方法，将出口货物价格大幅度低报，海关在2017年前后查发了大量此类案件。

陈女士从事外贸代理进出口业务多年，之前给人打工，后来自己成立了A公司，经营外贸代理进出口业务。2017年张某多次找到陈女士，声称自己在国内采购的大量废旧钢材，请陈女士代理出口。因为此类货物较为敏感，陈女士多次拒绝了张某的要求。最终，陈女士在认为张某出口废旧钢材价格真实的情况下同意帮助张某代理出口业务。半年后，因涉嫌低报价格走私出口废旧钢材，张某和陈女士一起被抓获。

此案中，律师的辩护重点包括以下几个方面：

（1）陈女士是在认定张某提供的出口价格真实合法的情况下完成代理工

作的。2017 年 3 月，张某找到陈女士，想要其帮忙报关出口废旧钢材。但陈女士考虑到废旧钢材出口需要交纳出口关税，对张某的邀请婉言谢绝了。2017 年 7 月，张某又几次找到陈女士，请求其帮忙报关出口废旧钢材，并称其他报关行已经实现了顺畅报关，并且是合法的，海关从来没有查验过。但陈女士不熟悉废旧钢材行业，担心张某低报价格，一直未同意。从陈女士多次拒绝的行为可以看出，她只有确保价格真实且贸易合法，才会代理。

（2）海关的查验行为促使陈女士认定张某出口废旧钢材行为合法。其间，张某申报出口废旧钢材被海关查扣，委托陈女士处理，陈女士帮忙处理后，海关对货物予以放行，促使其坚信，张某以该价格申报出口废旧钢材是真实且得到海关认可的，不可能存在低报价格。在再三确认这项业务合法合规之后，陈女士才答应为张某代理报关出口。

（3）陈女士制作报关单据的行为并非造假。在申报出口过程中，陈女士受张某的委托，为其制作合同和发票，依据的也是张某提供的装箱单和价格，自己没有伪造或虚报价格的行为，所以陈女士主观上没有低报价格的故意，依法不构成走私普通货物罪。

最终，律师的意见得到了检察机关的认可，对陈女士作出了不起诉决定。

四、走私罪的自首问题

我国《刑法》《最高人民法院关于处理自首和立功具体应用法律若干问题的解释》以及其他相关规定对自首作出明确的定义：犯罪分子在犯罪后，自动向司法机关等相关部门投案，如实供述自己的罪行，或是被采取强制措施的犯罪嫌疑人、被告人和正在服刑的罪犯，如实供述司法机关还未掌握的本人其他罪行，系自首，依法可获得从轻、减轻处罚。

（一）关于单位自首的问题

《最高人民法院、最高人民检察院、海关总署关于办理走私刑事案件适用法律若干问题的意见》针对走私案件规定了单位自首，这也是相关司法规范首次规定单位自首。该意见第 21 条规定："在办理单位走私犯罪案件中，对单位集体决定自首的，或者单位直接负责的主管人员自首的，应当认定单位自首。认定单位自首后，如实交代主要犯罪事实的单位负责的其他主管人员和其他直接责任人员，可视为自首，但对拒不交代主要犯罪事实或逃避法律追究的人员，不以自首论"。《最高人民法院、最高人民检察院关于办理职务犯罪案件认定自首、立功等量刑情节若干问题的意见》完善和细化了单位自首制度，"单位犯罪案件中，单位集体决定或者单位负责人决定而自动投案，如实交代单位犯罪事实的，或者单位直接负责的主管人员自动投案，如实交代单位犯罪事实的，应当认定为单位自首"。

律师在辩护中要重点掌握企业有无单位自首的情节，如果条件允许，应当尽量劝解单位犯罪中直接负责的主管人员主动投案自首，这也是单位全体涉案人员获得从轻、减轻处罚的"捷径"。因为单位自首在其他犯罪中并不常见，当事人往往对此一无所知，律师实施动员过程中，更要讲清楚法律规定的具体情况，尤其需要关注"排除条款"，如果被告人到案而不自首，将会丧失单位自首的绝好机会。

（二）关于是否成立自首的问题

《最高人民法院关于被告人对行为性质的辩解是否影响自首成立问题的批复》规定，被告人对行为性质的辩解不影响自首的成立。最高人民法院认为，被告人对行为性质进行辩解是其行使法定辩护权的具体体现，不得因为犯罪嫌疑人、被告人对案件的定性、量刑发表意见或者进行辩解而使之承担不利后果。

对于自动投案并如实供述，但是之后又翻供的情形，律师要重点掌握法律规定，为当事人据理力争。《最高人民法院关于处理自首和立功具体应用法律若干问题的解释》规定，"犯罪嫌疑人自动投案并如实供述自己的罪行后又翻供的，不能认定为自首；但在一审判决前又能如实供述的，应当认定为自首"。最高人民法院有明确的指导案例认定，犯罪嫌疑人自动投案当天，第一次、第二次笔录没有如实供述，但第三次如实供述也可认定为自首。对此，律师应当结合自首制度设立的目的鼓励犯罪分子积极主动投案，以获得从轻、减轻处罚的机会。

律师要善于在到案经过方面挖掘自首情节。到案经过（"抓获经过"或者"查案经过"等）是侦查机关出具的证明被告人被抓获过程的法定证据。实践中，部分到案经过的描述过于简单，对于很多有利于被告人的细节性问题没有提及，直接影响了对被告人是否属于自首的认定工作。

出现此问题的原因是多方面的，一是可能由于执法人员不能全面客观地描述被告人被抓获的整个过程；二是抓捕过程中执法人员较多，根据工作安排，拟稿人并非完成抓捕工作的主要人员，因为拟稿人没有亲力亲为，只根据抓捕人员的简单描述即出具到案经过，因此对重要情节的描写可能出现缺失；三是执法人员没有认识到相关情节的重要性或并不认同其属于自首情节。

【案例5】X 公司的办公场所为一栋 8 层楼，侦查人员实施抓捕时直接进入办公楼 3 楼的总裁办公室，试图抓获公司总裁赵某，但是发现办公室内只有总裁秘书一人，于是侦查人员要求总裁秘书给赵某打电话，通知其回到办公室接受问话。赵某此时在家中，接到通知后马上回到办公室配合调查，之后被刑事拘留。

【案例6】背景与案例 5 基本一致，唯一不同的是，赵某接到电话时虽然不在办公室，但是仍在办公楼内。

【案例7】背景与案例 5 基本一致，不同的是，侦查人员已经包围了整个办公楼，赵某不会侥幸逃脱，赵某接到电话时虽然不在办公室，但是仍在办公楼内。

上述三个案例，如果到案经过中没有描述整个过程，律师在会见当事人过程中，要细致入微地了解清楚抓捕的全过程。只要第一时间赵某没有被侦查人员抓获，赵某接到电话获悉侦查机关通知接受问话或者配合调查之后自动投案的，都属于具备自首情节。对此重要情节，律师在庭审过程中要大胆辩护，争取认定为自动投案。

第二节　涉税走私犯罪案件辩护实务

走私犯罪按其是否以偷逃税款额为定罪量刑标准，可以分为涉税走私犯罪和非涉税走私犯罪。

涉税走私是律师代理走私犯罪案件中最为常见的类型，据统计，走私普通货物、物品罪案件数量约占全部走私罪刑事案件的 75%。同时，其内容的多样性、复杂性显而易见，再加上涉案税款计核的专业性，往往令人摸不清头绪。

律师在代理涉税走私案件时，应深入分析案件特点，对当事人主观故意、单位犯罪与个人犯罪、主从犯认定、税款计核等方面给予重点关注。

一、涉税走私犯罪的基本概念、构成要件

(一) 涉税走私犯罪的基本概念

所谓涉税走私，即走私普通货物、物品罪，是指违反海关法规，逃避海关监管，非法运输、携带、邮寄国家禁止进出口的毒品、武器、弹药、核材料、伪造的货币、国家禁止出口的文物，珍贵动物及其制品、珍稀植物及其制品等国家禁止进出口的货物物品、淫秽物品、废物以外的货物、物品进出境，偷逃应缴纳进出口税额达到 10 万元（个人犯罪）或 20 万元（单位犯罪）以上，或者一年内曾因走私被给予二次行政处罚后又走私普通货物、物品的行为。所谓"应缴税额"，是指进出口货物、物品应当缴纳的进出口关税和进口环节海关代征税的税额。

(二) 涉税走私犯罪的构成要件

1. 客体要件

本罪所侵犯的客体是海关监管制度和国家税收征管制度。其对象是除武器、弹药、伪造的货币，国家禁止出口的文物、黄金、白银和其他贵重金属，国家禁止进出口的珍贵动物及其制品、珍稀植物及其制品、淫秽物品、毒品、固体废物以外的其他货物与物品。

2. 客观要件

本罪在客观上表现为违反海关法规，逃避海关监管。走私枪弹等违禁品以外的其他货物、物品进出境，情节严重的行为（具体情形将在第二部分阐述）。

3. 主体要件

涉税走私犯罪的主体是单位和个人。

4. 主观要件

本罪的主观方面只能由故意构成，过失不构成本罪，并且本罪在犯罪目的上是牟利，即具有偷逃税款的目的。

二、涉税走私犯罪的客观表现形式

根据走私途径的不同，涉税走私犯罪的客观表现形式主要分为非设关地

走私和通关走私。

所谓非设关地走私，又称绕关走私，是指从未设立海关的地点或者不经过海关检查，运输、携带依法应当缴纳税款的货物、物品进出境的行为。根据《海关法》的规定，国家在对外开放的口岸和海关监管业务集中的地点设立海关，但我国还有广阔的海域、绵长的海岸线以及国境线，海关不可能做到实时监控，所以这些区域就成为一些公司或人员绕开海关实施走私的优选路线。

所谓通关走私，即经过设立海关的地点，但采取伪报、瞒报、伪装、藏匿等欺骗手段，躲避海关的监督、检查，运输、携带、邮寄依法应当缴纳税款的货物、物品进出境，从而达到不缴或少缴税款的目的。比如，将高价值货物低报为低价值货物、向海关申报较少数量的货物但实际上进口较多数量的货物都属于这种情形。

此外，还有以下几种特殊形式的走私方式值得关注。

一是后续走私。根据《刑法》第 154 条的规定，是指未经海关许可并且未补缴应缴税额，擅自将批准进口的来料加工、来件装配、补偿贸易的原材料、零件、制成品、设备等保税货物或特定减税、免税进口的货物、物品，在境内销售牟利的，以走私罪论处。

二是间接走私。根据《刑法》第 155 条的规定，是指直接向走私人非法收购国家禁止进口物品的，或者直接向走私人非法收购走私进口的其他货物、物品，数额较大的行为；或者在内海、领海、界河、界湖运输、收购、贩卖国家禁止进出口物品的；或者运输、收购、贩卖国家限制进出口货物、物品，数额较大，没有合法证明的行为，均以走私罪论处。

三是包税走私。所谓包税走私并非准确的法律术语，"包税"是通俗的说法。包税走私通常是指以明显低于货物正常进（出）口的应缴税额委托他人代理进（出）口货物的行为。"包税"实际上包的是关税及其他进出口环节税和进出口环节的各种费用（码头、拖车、保险等）。

四是走私共犯。根据《刑法》第 156 条的规定，与走私罪犯通谋，为其提供贷款、资金、账号、发票、证明，或者为其提供运输、保管、邮寄或者其他方便的，以走私罪的共犯论处。

五是小额多次走私。根据《中华人民共和国刑法修正案（八）》第 27 条第 1 项的规定，1 年内曾因走私被给予二次行政处罚后又走私的，是小额多次走私。对小额多次走私的处 3 年以下有期徒刑或者拘役，并处偷逃应缴税额 1 倍以上 5 倍以下罚金。

三、涉税走私犯罪的定罪量刑

根据《刑法》第 153 条的规定，走私货物、物品偷逃应缴税额较大或者 1 年内曾因走私被给予二次行政处罚后又走私的，处 3 年以下有期徒刑或者拘役，并处偷逃应缴税额 1 倍以上 5 倍以下罚金；走私货物、物品偷逃应缴税额巨大或者有其他严重情节的，处 3 年以上 10 年以下有期徒刑，并处偷逃应缴税额 1 倍以上 5 倍以下罚金；走私货物、物品偷逃应缴税额特别巨大或者有其他特别严重情节的，处 10 年以上有期徒刑或者无期徒刑，并处偷逃应缴税额一倍以上五倍以下罚金或者没收财产。

另根据《最高人民法院、最高人民检察院关于办理走私刑事案件适用法律若干问题的解释》的规定，对个人走私，走私普通货物、物品，偷逃应缴税额在 10 万元以上不满 50 万元的，应当认定为《刑法》第 153 条第 1 款规定的"偷逃应缴税额较大"；偷逃应缴税额在 50 万元以上不满 250 万元的，应当认定为"偷逃应缴税额巨大"；偷逃应缴税额在 250 万元以上的，应当认定为"偷逃应缴税额特别巨大"。

同时，具有下列情形之一，偷逃应缴税额在 30 万元以上不满 50 万元的，应当认定为《刑法》第 153 条第 1 款规定的"其他严重情节"；偷逃应缴税额在 150 万元以上不满 250 万元的，应当认定为"其他特别严重情节"：一是犯罪集团的首要分子；二是使用特种车辆从事走私活动的；三是为实施走私犯罪，向国家机关工作人员行贿的；四是教唆、利用未成年人、孕妇等特殊人群走私的；五是聚众阻挠缉私的。

若是单位犯走私普通货物、物品罪，偷逃应缴税额在 20 万元以上不满 100 万元的，应当依照《刑法》第 153 条第 2 款的规定，对单位判处罚金，并对其直接负责的主管人员和其他直接责任人员，处 3 年以下有期徒刑或者拘役；偷逃应缴税额在 100 万元以上不满 500 万元的，应当认定为"情节严重"；偷逃应缴税额在 500 万元以上的，应当认定为"情节特别严重"。

而对多次走私未经处理的，按照累计走私货物、物品的偷逃应缴税额处罚。

四、涉税走私犯罪税款计核问题

(一) 涉税计核主体

《中华人民共和国海关计核涉嫌走私的货物、物品偷逃税款暂行办法》第4条规定,中华人民共和国海关是负责涉嫌走私的货物、物品偷逃税款计核工作的法定主管机关,其授权计核税款的部门(以下简称计核部门)是负责计核工作的主管部门。该规定表明,海关授权计核税款的部门是偷逃税款计核主体。

(二) 涉税计核程序

因办理走私案件需要计核偷逃税款的,海关相关部门(以下简称送核单位,一般是走私犯罪案件的侦办部门,即缉私部门)应当持《涉嫌走私的货物、物品偷逃税款送核表》(以下简称《送核表》)送交其所在海关的计核部门。《送核表》应包括以下内容:走私案件的名称,走私方式,涉嫌走私的货物、物品已缴纳税款情况,涉嫌走私的货物、物品的品名、牌号、规格、型号、原产地、数量以及进出口日期等,查获的时间、地点以及其他需要说明的情况等。同时,送核单位送交《送核表》,应当根据计核部门的要求和案件的性质随附下列单据或材料:涉嫌走私的货物、物品的报关单、合同、商业发票、提(运)单、保险单、加工贸易备案登记手册、国内增值税发票以及其他商业单证;涉嫌走私的货物、物品的说明书及其他技术资料;涉嫌走私的货物、物品的使用、损坏程度的记录以及照片;涉嫌走私的货物、物品的价格、规格、市场行情等有关的材料;有关计核所需的其他单证或者材料。因故无法提供上述材料的,送核单位应当向计核部门作出书面说明。

海关计核部门在计核过程中,需要送核单位进行以下工作的,送核单位应当予以配合:对涉嫌走私的货物、物品进行查验取样;提供与计核工作有关的账册、文件等资料;提留货样送海关化验机构或者其他法定或者国家授权的专业部门,出具品名、成分、用途、质量、等级、新旧程度、价值等项的鉴定结论报告;委托国内有资质的价格鉴证机构等单位出具对涉嫌走私的货物、物品的国内市场批发价格、出厂价格的评估资料;需要送核单位进行的其他工作。

送核单位送交的《送核表》及随附单证、材料符合计核要求的,原则上,海关计核部门应当自接受计核之日起 7 个工作日内作出计核结论，向送核单位出具《涉嫌走私的货物、物品偷逃税款海关核定证明书》（以下简称《证明书》），加盖海关税款核定专用章，并随附《涉嫌走私的货物、物品偷逃税款计核资料清单》（以下简称《计核资料清单》）。《证明书》应包括以下内容：计核事项、计核结论、计核依据和计核方法要素、计核人员签名。而《计核资料清单》应当包括涉案货物、物品的品名、原产地、规格、数量、税则号列、计税价格、税率、汇率等内容。

海关相关部门、人民检察院、人民法院对海关出具的《证明书》有异议，或者因核定偷逃税额的事实发生变化，认为需要补充核定或者重新核定的，应由原送核单位向出具《证明书》的海关计核部门重新送交《送核表》并附书面说明。海关计核部门接到要求补充核定的《送核表》后，应当进行补充核定或者重新核定。走私犯罪嫌疑人、被告人或其辩护人对海关出具的《证明书》有异议的，应当向办案机关提出重新核定的申请，经走私犯罪侦查机关、人民检察院或者人民法院审查同意后，由原送核单位按照规定的程序重新核定。需要注意的是海关进行补充核定或者重新核定的，应当另行指派计核人员进行。

（三）涉税计核方法

偷逃税款计核是以涉嫌走私的货物、物品的计税价格为基础确定的，其中，能够确定成交价格的，其计税价格应当以该货物、物品的成交价格为基础审核确定；成交价格经审核不能确定的，其计税价格应当依次以下列价格为基础确定：一是海关所掌握的相同进口货物、物品的正常成交价；二是海关所掌握的类似进口货物、物品的正常成交价格；三是海关所掌握的相同或者类似进口货物、物品在国际市场的正常成交价格；四是国内有资质的价格鉴证机构评估的涉嫌走私货物的国内市场批发价格减去进口关税和其他进口环节税以及进口后的利润和费用后的价格，其中进口后的各项费用和利润综合计算为计税价格的 20%；五是涉嫌走私的货物、物品或者相同、类似货物、物品在国内依法拍卖的价格减去拍卖费用后的价格；六是按其他合理方法确定的价格。此外，在核定涉嫌走私的货物、物品计税价格时，应当包括货物运抵境内的运费、保险费。

对于涉嫌走私的货物或者物品的归类，应当按照《中华人民共和国进出口税则》的归类原则，归入合适的税则号列，并按照《关税条例》及其他有关税率适用的规定采用正确的税率，从而确定偷逃税款。

在计核涉嫌走私的货物或者物品偷逃税款时，应当以走私行为案发时所适用的税则、税率、汇率和按照审定的计税价格计算。具体计算办法如下：（1）有证据证明走私行为发生时间的，以走私行为发生之日计算；（2）走私行为的发生呈连续状态的，以连续走私行为的最后终结之日计算；（3）证据无法证明走私行为发生之日或者连续走私行为终结之日的，以走私案件的受案之日（包括刑事和行政受案之日）计算；同一案件因办案部门转换出现不同受案日期的，以最先受案的部门受案之日为准。此外，在计核涉嫌走私的货物偷逃税款时，应扣除海关按照走私犯罪嫌疑人已申报并已缴纳的税款。

值得注意的是，根据《中华人民共和国海关计核涉嫌走私的货物、物品偷逃税款暂行办法》第 5 条规定，海关出具的计核结论，经走私犯罪侦查机关、检察院和法院审查确认，可以作为办案的依据和定罪量刑的证据。由此，导致在法律实务中，海关出具的计核结论得到了各界的质疑，认为海关自侦自鉴，既做运动员又做裁判员，计核结论的中立性难免会引起质疑。由海关相关部门计核并制作的《证明书》的客观中立性极易受到相关部门的影响而在本质上变为对当事人不利的证据。

五、实务中应关注的重点

除主观故意、是否单位犯罪、主从犯等共性问题外，作为涉税走私犯罪，要特别关注税款计核问题。

在涉税走私案件中，税款的计核非常重要，相关计税材料在案卷中占有相当大的比重，但是由于海关关于偷逃税款计核的业务具有较强的专业性和复杂性，很多代理律师在代理走私犯罪案件时往往有畏难情绪，经常选择放弃从偷逃税款计核问题着手查找有利于当事人的证据。但如果能够审查和运用好《证明书》，从中找出有利于当事人的证据，往往能达到令人意想不到的效果。实践中，应着重从以下几个方面对《证明书》进行重点关注。

重点关注一：《证明书》所适用的税率与汇率

2014 年《最高人民法院、最高人民检察院关于办理走私刑事案件适用法律若干问题的解释》第 18 条确定了行为实施时为主、案发时为辅的计算原则，即应缴税额以走私行为实施时的税则、税率、汇率和完税价格计算，走私行为实施时间不能确定的，以案发时的税则、税率、汇率和完税价格计算。

同时，由于关税税率通常可分为：最惠国税率、协定税率、特惠税率、普通税率及暂定税率等，同一类货物适用不同种类的关税税率会导致应缴税额的极大差异。因此，在审查质证过程中应注意以下两点：一是原产地不明时税率应如何确定。在走私普通货物、物品案件中，若进口货物或物品原产地不明，应当适用最惠国税率。根据 WTO 成员方之间适用的"非歧视原则"，货物的进口应当是以适用优惠税率为原则，以适用非优惠税率为例外。从概率上考虑，在没有证据证明应当适用非优惠税率的情况下，优惠税率适用的可能性更大。实践中，实际准许进口的货物只有极少数是原产于适用普通税率的国家和地区。涉罪案件中的原产地不明货物，原产地实际为非普通税率国家和地区的可能性要远高于原产地实际为普通税率国家地区的可能性，因此，若在此情况下，计核部门采用了普通税率计算税款，代理律师应提出异议。二是符合国际公约要求的，应适用协定税率。走私普通货物、物品罪的社会危害性主要体现在偷逃应缴关税的税额中。因此，从罪责刑相适应的角度考虑，当事人进出口贸易的行为若实质上符合国际公约的规定，有证据证明其可享受协定税率的，应适用协定税率。

重点关注二：《证明书》审定的完税价格

根据《中华人民共和国海关计核涉嫌走私的货物、物品偷逃税款暂行办法》第 16 条、第 17 条规定，涉嫌走私的货物能够确定成交价格的，其计税价格应当以该货物的成交价格为基础审核确定，若货物成交价格经审核仍不能确定的，则依次按相同进口货物的正常成交价格、类似进口货物的正常成交价格、相同或类似进口货物在国际市场的正常成交价格等方法确定。法律实践中，由于种种原因，涉案货物、物品的原始发票无法找到，亦无法认定涉案货物、物品的成交价格，亦无与交易有关的会计、账本等信息。而《证明书》审定的完税价格并非实际成交价格，也并非除成交价格法以外的其他审价方法所确定的价格，可能是当事人自己登记的"货物清单"中的价格，然而"货物清单"并不是认定涉案货物实际成交价格的适当依据，也不属于其他能够证明进出口货物实际成交价格的证据材料，因此，《证明书》以"货物清单"所标注的价格为完税价格计税是没有法律依据的，代理律师对此应予以关注。

重点关注三：《证明书》中的货物品名及税号

实际上，商品归类是进出口贸易中当事人与海关争议最大的领域。若商品归类错误，会导致监管条件的不同和适用税率的高低有别，对当事人有非常重要的影响。因此，代理律师应在占有充分理据的基础上就该问题提出自己的主张，据理力争，从而维护当事人的合法权利。我们曾经办过一个案子，海关将客户进口的活塞销归入税号 7318，客户则将其按内燃机的专用零件归入税号 8409。代理律师接受委托后，从查找《中华人民共和国进出口税则》及其品目注释等归类依据着手，结合《辞海》及《中国大百科全书》等权威词典的定义，提出了支持客户观点的依据并向海关提出异议。通过专业的、有大量证据支持的说理，海关最终也认同了代理律师的观点。

重点关注四：《证明书》的法定形式要件

《中华人民共和国海关计核涉嫌走私的货物、物品偷逃税款暂行办法》对《证明书》的形式要件有明确的规定，即《证明书》须加盖海关税款核定专用章，并随附《计核资料清单》。律师应关注《证明书》中的要素是否完全具备，是否附有计核资料清单。其中，"计核依据和计核方法"更是与计核的准确性、科学性、合理性息息相关，应作为重点关注对象。

第三节　走私武器弹药罪案件辩护实务

随着战争题材的电影、游戏的风靡，爱好者热衷于收集武器模型、仿真枪、弹药壳制造的工艺品，同时境内外监管政策的差异导致认知的错误，近年来，大量涉及走私武器弹药的案件被查处，特别是一些仿真枪经鉴定符合枪支标准而形成的走私武器弹药罪案件暴增，在社会上引发了强烈的反响。我们在本章中，将以仿真枪为例对走私武器弹药罪案件的辩护实务进行介绍。

对这一类案件，枪支鉴定标准问题、对象认知错误的主观故意认定问题等是辩护律师必须关注的焦点。

一、枪支的鉴定标准

枪支类案件都需要进行鉴定，鉴定结论是认定枪支的重要证据。鉴定枪支的标准影响着鉴定结论，我国枪支鉴定标准变化较快，内容变化较大，大众对枪支标准的认知滞后于枪支鉴定标准的变化，导致近些年大众对枪支案件的判决争议较大。究其实质，大众认知与司法认知在枪支认定标准上出现了较大偏差。下文将梳理近些年对枪支鉴定标准变化的相关文件。

（一）公通字〔2001〕68 号《公安机关涉案枪支弹药性能鉴定工作规定》

该规定于 2001 年 8 月 17 日起实施，第 3 条明确规定，"对于不能发射制式（含军用、民用）枪支子弹的非制式枪支，按下列标准鉴定：将枪口置于距厚度为 25.4mm 的干燥松木板 1 米处射击，当弹头穿透该松木板时，即可认为足以致人死亡；弹头或者弹片卡在松木板上的，即可认为足以致人伤害。具有以上两种情形之一的，即可认定为枪支"。该规定确立了以"打干燥松木板"的方式鉴定检测物是否具备枪支的性能。

（二）公通字〔2001〕90 号《公安部关于认定仿真枪有关问题的通知》

该通知于 2001 年 11 月 30 日起实施，规定对仿真枪的鉴定主要是基于枪型物品外观特点，内在"枪支性能"则按照公通字〔2001〕68 号"打干燥松木板"的方式检测。

（三）2007 年 10 月 29 日公安部发布的《枪支致伤力的法庭科学鉴定判据》

该规定于 2008 年 3 月 1 日起实施。该判据规定通过测试弹丸的"枪口比动能"方式，当枪口比动能大于或等于 1.8 焦耳/平方厘米时，就被认定为是具有致伤力的非制式枪支。

（四）公通字〔2008〕8 号《公安部关于印发〈仿真枪认定标准〉的通知》

该通知规定，仿真枪的认定按照《枪支致伤力的法庭科学鉴定判据》（枪口比动能方法），参照《公安机关涉案枪支弹药性能鉴定工作规定》（"打干燥松木板"方法），从其所发射弹丸的能量进行鉴定是否属于枪支。当被检测的枪型物品的枪口比动能大于 0.16 焦耳/平方厘米，小于 1.8 焦耳/平方厘米时，就可能被认定为仿真枪。公通字〔2001〕90 号通知同时废止。

（五）2010 年 12 月 7 日，公安部颁布的公通字〔2010〕67 号《公安机关涉案枪支弹药性能鉴定工作规定》

该规定与公通字〔2001〕68 号文的名称一致，皆为《公安机关涉案枪支弹药性能鉴定工作规定》，该规定第 3 点第 3 项列明："对不能发射制式弹药的非制式枪支，按照《枪支致伤力的法庭科学鉴定判据》（GA/T 718-2007）的规定，当所发射的弹丸的枪口比动能大于等于 1.8 焦耳/平方厘米时，一律认定为枪支。"该规定虽然并未提及"打干燥松木板"的公通字〔2001〕68 号文是否废止，但不再像公通字〔2008〕8 号文，让"枪口比动能"和"打干燥松木板"两种方式并存，而只确定了"枪口比动能"一种检测方法。

（六）2019 年 12 月 9 日，公安部印发的修订后的公通字〔2019〕30 号《公安机关涉案枪支弹药鉴定工作规定》

该规定与公通字〔2010〕67 号文相比，有以下变化。一是明确枪支弹药概念。二是枪支弹药鉴定分为两种：制式和非制式；制式枪支弹药采用实物、资料对比鉴定方式，资料相符即可认定。非制式枪支分为两种：以火药为动力和以压缩气体为动力；1.8 焦耳/平方厘米只适用于以压缩气体为动力的枪支鉴定，对于以火药为动力的枪支只要可以发射枪弹或完成击发动作即可认定为枪支。三是增加抽样检验程序。

根据该规定，我国现行枪支鉴定的标准如下。

1. 制式枪支、弹药及其散件的鉴定标准

与制式枪支、弹药及其散件的实物或者资料相符，或者具备制式枪支、弹药及其散件特征的，应认定为枪支、弹药及其散件。

制式枪支、弹药，无论能否击发，均应认定为枪支、弹药。

2. 非制式枪支、弹药及其散件的鉴定标准

（1）以火药为动力的非制式枪支、弹药的鉴定标准。

对以火药为动力的非制式枪支，能发射制式或者非制式弹药的，应认定为枪支。对火铳类枪支，其枪管、传火孔贯通，且能实现发射功能的，应认定为枪支。

对以火药为动力的非制式枪支，因缺少个别零件或者锈蚀不能完成击发

动作，经加装相关零件或者除锈后具备发射功能的，应认定为枪支。

对以火药为动力的非制式弹药，具备弹药组成结构，且各部分具备相应功能或者能够发射的，应认定为弹药。

（2）以压缩气体等为动力的非制式枪支、弹药的鉴定标准。

对以压缩气体等为动力的非制式枪支，所发射弹丸的枪口比动能大于等于1.8焦耳/平方厘米的，应认定为枪支。因缺少个别零件或者锈蚀不能完成击发动作，经加装相关零件或者除锈后具备发射功能，且枪口比动能大于等于1.8焦耳/平方厘米的，应认定为枪支。

对非制式气枪弹，与境内外生产的制式气枪弹外形、规格相符或者相近的，应认定为气枪弹。

（3）非制式枪支、弹药散件的鉴定标准。

对非制式枪支散件，与制式或者非制式枪支散件的实物、资料相符或者相近，或者具备枪支散件相同功能的，应认定为枪支散件。

对非制式弹药散件，与制式弹药散件的实物、资料相符或者相近的，应认定为弹药散件。

从以上枪支鉴定标准的变化可知，我国对枪支鉴定标准从之前的"打干燥松木板"方式向"枪口比动能"方式转变，打干燥松木板达到弹头或者弹片卡在松木板上，通常枪支的比动能需要达到15焦耳/平方厘米，也就是之前枪支的鉴定标准是大于15焦耳/平方厘米才认定为枪支。现在的枪支认定标准是1.8焦耳/平方厘米，1.8焦耳/平方厘米的数值是来源于是否可以对人眼造成轻伤这一标准，经过对猪眼测试，比动能达到1.8焦耳/平方厘米便可以对猪眼造成轻伤及以上的伤害。这一理论在当时具有很大的争议性，与之相对应的还有另外一种理论，以是否可以穿透人的皮肤为标准，可以穿透人的皮肤的是枪支，反之，不属于枪支。经过测试，达到15焦耳/平方厘米的比动能便可以穿透人的皮肤。

我们支持后一理论，我国近几年枪支类案件引发社会强烈的舆论反响就是因为枪支鉴定标准太过严格，刑法对枪支类案件的量刑过重，很多"玩具枪"被认定为枪支，很多人因此而被判处10年以上的有期徒刑。此外，相比很多国家和地区，我国枪支鉴定标准太低，美国是21焦耳/平方厘米，俄罗斯是19焦耳/平方厘米。如果按照现有的枪支管理体制，对枪支的打击范围过重，难以做到罪刑相适应。

二、最高人民法院和最高人民检察院批复的具体适用

关于枪支类案件的巨大争议引起了最高人民法院、最高人民检察院的注意，2018年3月8日，《最高人民法院、最高人民检察院关于涉以压缩气体为动力的枪支、气枪铅弹刑事案件定罪量刑问题的批复》公布，该批复对以压缩气体为动力的枪支和气枪铅弹类案件在量刑时需要考量的因素做了原则性指导。该批复明确了以下内容。

第一，对于非法制造、买卖、运输、邮寄、储存、持有、私藏、走私以压缩气体为动力且枪口比动能较低的枪支的行为，在决定是否追究刑事责任以及如何裁量刑罚时，不仅应当考虑涉案枪支的数量，而且应当充分考虑涉案枪支的外观、材质、发射物、购买场所和渠道、价格、用途、致伤力大小、是否易于通过改制提升致伤力，以及行为人的主观认知、动机目的、一贯表现、违法所得、是否规避调查等情节，综合评估社会危害性，坚持主客观相统一，确保罪责刑相适应。

第二，对于非法制造、买卖、运输、邮寄、储存、持有、私藏、走私气枪铅弹的行为，在决定是否追究刑事责任以及如何裁量刑罚时，应当综合考虑气枪铅弹的数量、用途以及行为人的动机目的、一贯表现、违法所得、是否规避调查等情节，综合评估社会危害性，确保罪责刑相适应。

该批复仅是一个原则性的指导意见，没有明确的量刑建议。鉴于前述情形，浙江省高级人民法院和浙江省人民检察院以会议纪要的形式，将前述批复进行细化，根据枪支的不同比动能区分处理方式，明确了具体的量刑幅度。纪要如下：

第一，涉案气枪枪口比动能在16焦耳/平方厘米以上的，应严格适用《最高人民法院关于审理非法制造、买卖、运输枪支、弹药、爆炸物等刑事案件具体应用法律若干问题的解释》《最高人民法院、最高人民检察院关于办理走私刑事案件适用法律若干问题的解释》等司法解释规定。

第二，涉案气枪枪口比动能在1.8焦耳/平方厘米以上、不足16焦耳/平方厘米的，不唯枪支数量论，一般情况下不认定为情节严重。其中：

（1）涉案气枪枪口比动能在1.8焦耳/平方厘米以上、不足5.4焦耳/平方厘米的，公安机关可以予以行政处罚，检察机关一般可以依法不起诉，已经起诉的，人民法院可以认定为情节轻微，免予刑事处罚；

（2）涉案气枪枪口比动能在 5.4 焦耳/平方厘米以上、不足 10.8 焦耳/平方厘米的，应较大幅度地从宽处罚，符合条件的，检察机关可以依法不起诉，人民法院可以判处缓刑或者免予刑事处罚；

（3）涉案气枪枪口比动能在 10.8 焦耳/平方厘米以上、不足 16 焦耳/平方厘米的，符合条件的，可以判处缓刑。

第三，涉案气枪枪口比动能在 1.8 焦耳/平方厘米以上、不足 16 焦耳/平方厘米的，但具有以下情形之一的，不适用前述相关规定：

（1）涉案气枪枪口比动能虽然较低，但经鉴定易于改制提升致伤力的；

（2）以实施其他犯罪为目的的；

（3）行为人具有涉枪前科的；

（4）行为人实施非法制造、买卖、运输、邮寄、储存、持有、私藏、走私气枪，并有逃避、对抗调查行为的。

该会议纪要实际上是回归到原有的"打干燥松木板"的鉴定标准，变相废除了 1.8 焦耳/平方厘米的鉴定标准，超过 16 焦耳/平方厘米按照刑法处理，低于 16 焦耳/平方厘米原则上不起诉或者判处缓刑，而且不再考虑枪支的数量。这种处理方式，通过会议纪要让辖区内法院知道如何具体处理涉枪类案件，避免了同案不同判、罪责刑不相适应的尴尬局面，值得推广。

三、走私枪支对象认知错误和对象放任的区分

走私犯罪案件根据走私的对象的不同，分别设置了不同刑罚，由于实施走私的犯罪分子通常不会查看具体的走私物品，所以在实施走私行为时可能不知具体是什么物品，所以较其他类型案件，走私犯罪中认可概括故意。

走私行为的实施者如果明知自己的行为是走私，只是对走私对象不明知，最终以查获的走私对象认定主观故意，从而认定具体的走私罪名。我们将前述情形称为对象放任，最终以实际查获的物品认定走私对象。

与对象放任相类似的概念是对象认知错误，这两个概念在实践中常常容易混淆。对象放任的前提是对象的不明知，对象认知错误的前提是对象明知，只是一种误认。对象认知错误属于事实错误的一种。事实错误是指行为人的认识与实际情况不一致。对象认知错误，可以分为具体的对象认知错误与抽象的对象认知错误。具体的对象认知错误，是指行为人把甲对象误认为乙对象实施走私，而甲对象与乙对象处于同一犯罪构成内，行为人的认知内容与

客观事实仍属于同一犯罪构成的情况。抽象的对象认知错误，是指行为人所认知的事实与现实所发生的事实分别属于不同的犯罪构成要件，从而跨越了一罪。

下面，重点讨论的是抽象的对象认知错误问题，例如，张三是一名"水客"，货主给张三四百元，让其将一个包裹从我国香港地区携带入境，并没有告知张三里面是什么物品，张三由于和这个货主合作多次，知道货主走私的都是高档生活用品，以为本次也是高档生活用品。张三过关被查验，查出包裹里携带的是枪支散件，拼装起来可以拼成 6 支枪，缉私人员以走私武器弹药罪将张三移送检察院。这个案例中，张三不应构成走私武器弹药罪，因为张三属于抽象的对象认知错误的情形，主观上认为走私对象是高档生活用品，客观上实施的是走私枪支的行为。此时应按照主客观相一致的原则，按照走私普通货物罪处理，可以按照枪支的价值量刑处罚。

实践中，走私对象认知错误并没有按照主客观相一致原则处理，而是生硬地将其按照概括故意来认定，按照实际查获的物品处理。《最高人民法院、最高人民检察院、海关总署关于办理走私刑事案件适用法律若干问题的意见》第 6 条规定，"……确有证据证明行为人因受蒙骗而对走私对象发生认识错误的，可以从轻处罚"。深层次理解该规定，是指走私对象认识错误应当根据实际的走私对象定罪处罚，只是在量刑时，被告人的认知错误源于"受蒙骗"才可以从轻处罚。

四、走私枪支案件主从犯划分问题

共同犯罪中主从犯的划分尤为重要，如果被认定为从犯便有可能从轻或减轻处罚，因此辩护人在查阅案件材料、制定辩护策略时，应重点考量当事人是否可能构成从犯。

"水客"携带枪支入境，赚取"带工费"。走私枪支案件最典型的模式是"水客"根据货主的委托将枪支携带入境，入境后根据货主的要求交付给货主，从而赚取"带工费"，针对这类案件，如果"水客"在整个犯罪过程中起到的作用较小，通常被认定为从犯。这类案件通常是货主在境外指挥，"水客"是在通关环节被查获，缉私人员很难抓获货主。如果"水客"提供相关初步证据证实自己是受他人委托而携带枪支入境，通常法院会考量"水客"在整个犯罪过程中的作用，认定为从犯。

把持通关环节，招揽客户，形成一对多模式。随着走私团伙专业化的加强，部分团伙形成垄断地位，把持某一口岸某种物品的通关环节，依仗自己的特殊地位对外招揽客户，从而赚取"通关费"。从关系结构上看，这种通关团伙通常会有大量的客户，从而形成一对多的模式，一个通关团伙，多个客户。在这种模式下，通常通关团伙会被认定为主犯，货主有可能被认定为从犯。

走私团伙组织和模式时常在变化，主从犯的划分应根据被告人在共同犯罪中所起到的作用进行认定。通常应考量两个维度，一是被告人在犯罪团伙中是否构成从犯，二是被告人所属的犯罪团伙在整个犯罪环节中是否构成从犯。如果被告人的作用在自己所在团伙中无法认定为从犯，那么辩护的重点应是被告人所在的团伙在整个犯罪环节中是否构成从犯，如果可以认定其团伙构成从犯，那么被告人自然便属于从犯。司法实践中，走私犯罪案件中被告人全部都是从犯的案子也是存在的。

第四节　走私珍贵动物、珍贵动物制品罪案件辩护实务

走私珍贵动物、珍贵动物制品罪案件属于非涉税走私案件，是走私犯罪中较为常见的案件类型之一。珍贵动物、珍贵动物制品种类繁多，如象牙、红珊瑚、犀牛角等，同时，还会涉及珍贵动物保护等级的鉴定、价值的认定等环节，整个过程较为复杂，律师办理走私珍贵动物、珍贵动物制品案件，需要对涉案当事人的主观认知、客观行为、价值认定、定罪量刑等方面予以重点关注。

一、走私珍贵动物、珍贵动物制品罪的法律依据及有关量刑标准

有关走私珍贵动物、珍贵动物制品罪规定在《刑法》第 151 条，该条规定，走私国家禁止出口的文物、黄金、白银和其他贵重金属或者国家禁止进出口的珍贵动物及其制品的，处 5 年以上 10 年以下有期徒刑，并处罚金；情节特别严重的，处 10 年以上有期徒刑或者无期徒刑，并处没收财产；情节较轻的，处 5 年以下有期徒刑，并处罚金。

从法条可以看出，走私珍贵动物、珍贵动物制品罪相对于较为常见的走

私普通货物、物品罪量刑更为严厉。

二、走私珍贵动物、珍贵动物制品罪量刑标准的适用

《最高人民法院、最高人民检察院关于办理走私刑事案件适用法律若干问题的解释》第9条的有关规定：

走私国家一、二级保护动物未达到本解释附表中（一）规定的数量标准，或者走私珍贵动物制品数额不满20万元的，可以认定为《刑法》第151条第2款规定的"情节较轻"，适用5年以下的量刑标准。

具有下列情形之一的，依照《刑法》第151条第2款的规定处5年以上10年以下有期徒刑，并处罚金：（1）走私国家一、二级保护动物达到本解释附表中（一）规定的数量标准的；（2）走私珍贵动物制品数额在20万元以上不满100万元的；（3）走私国家一、二级保护动物未达到本解释附表中（一）规定的数量标准，但具有造成该珍贵动物死亡或者无法追回等情节的。

具有下列情形之一的，应当认定为《刑法》第151条第2款规定的"情节特别严重"，适用10年以上有期徒刑或者无期徒刑，并处没收财产：（1）走私国家一、二级保护动物达到本解释附表中（二）规定的数量标准的；（2）走私珍贵动物制品数额在一百万元以上的；（3）走私国家一、二级保护动物达到本解释附表中（一）规定的数量标准，且属于犯罪集团的首要分子，使用特种车辆从事走私活动，或者造成该珍贵动物死亡、无法追回等情形的。

三、有关"珍贵动物""珍贵动物制品"的理解和适用

根据《最高人民法院、最高人民检察院关于办理走私刑事案件适用法律若干问题的解释》第10条的有关规定，《刑法》第151条第2款规定的"珍贵动物"，包括列入《国家重点保护野生动物名录》中的国家一、二级保护野生动物和列入《濒危野生动植物种国际贸易公约》附录Ⅰ、附录Ⅱ中的野生动物以及驯养繁殖的上述物种。对于走私未列入上述名录和附录的野生动物，不以走私珍贵动物、珍贵动物制品罪追究刑事责任。曾有当事人走私珍贵动物制品象牙入境，同时还走私了未列入上述名录及附录的动物制品冰冻果子狸入境。法院认定，其所携带的象牙制品价值达到"情节特别严重"，按走私珍贵动物制品罪追究其刑事责任。同时该当事人所携带的冰冻果子狸虽不属于珍贵动物，但也达到刑事立案标准，按走私普通货物罪定罪处罚。最终，

法院对当事人的走私行为以走私珍贵动物制品罪和走私普通货物罪数罪并罚追究其刑事责任。

四、走私已灭绝的古代野生动物制品不构成走私珍贵动物制品罪

1975 年生效的《濒危野生动植物种国际贸易公约》的目的是保护濒危野生动植物不因国际贸易而遭受过度开发利用。正所谓"没有买卖，就没有杀害"，其保护的对象是目前自然环境中存在的濒危野生动植物。已经灭绝的古代生物不会因现代人的生活而受到影响，因此，《濒危野生动植物种国际贸易公约》未将已经灭绝的古代生物列为保护对象。曾有当事人携带现代象牙及猛犸象牙入境未向海关申报，被海关查获。法院认为，现代象（牙）被列入《濒危野生动植物种国际贸易公约》附录，是绝对禁止交易的，但猛犸象与现代象不同，其是已经灭绝的古代生物，不属于《濒危野生动植物种国际贸易公约》的保护对象，最终，法院仅对现代象牙部分对当事人以走私珍贵动物制品罪追究刑事责任，对其携带猛犸象牙部分未予认定为犯罪。但要特别注意的是，若猛犸象牙被鉴定为文物的，则可能涉及走私文物罪等其他罪名。

五、走私驯养繁殖技术成熟、国家允许商业性经营利用的野生动物及其制品是否构成走私珍贵动物、珍贵动物制品罪的问题

根据《最高人民法院、最高人民检察院关于办理走私刑事案件适用法律若干问题的解释》第 10 条的有关规定可知，走私驯养繁殖的被列入《国家重点保护野生动物名录》《濒危野生动植物种国际贸易公约》附录保护的动物，与走私野生动物同等对待，应按照走私珍贵动物、珍贵动物制品罪追究刑事责任。

有观点认为，对于驯养繁殖技术成熟的野生动物物种，只要能够确定走私的野生动物确是来源于人工驯养繁殖，且用于商业性经营利用，如用来食用、制作服装等，走私这类驯养繁殖的野生动物，应当按照走私普通货物罪定罪。司法实践中，有一些案例支持了这一观点。但大多数的意见认为这种观点是违反法律和司法解释的，而且实践中大多数案件处理还是严格遵照司法解释的规定，对驯养繁殖的野生动物与野生动物同等对待。对此，我们认为，应当从珍贵动物的种类、来源、驯养技术的成熟程度、用途等多方面综

合考虑，对驯养技术不成熟，仍需依赖野外资源才能达到繁殖目的的珍贵动物，不能进行利用性驯养繁殖和经营的，若走私这类动物，应严格按照有关法律、司法解释的规定执行，即按照走私珍贵动物、珍贵动物制品罪追究刑事责任。

六、有关珍贵动物、珍贵动物制品价值的认定

有关珍贵动物、珍贵动物制品罪的立案及量刑标准关键是数量或价值，有关数量较易确定，即确认其是否达到《最高人民法院、最高人民检察院关于办理走私刑事案件适用法律若干问题的解释》附表中规定的数量标准即可。而有关珍贵动物、珍贵动物制品价值的认定则较为复杂，总体上说，有关珍贵动物及其制品的价值由行政主管部门确定，而认定标准主要有以下内容。

根据《野生动物及其制品价值评估方法》的规定，野生动物整体的价值，按照《陆生野生动物基准价值标准目录》所列该种野生动物的基准价值乘以相应的倍数核算。具体方法是：（1）国家一级保护野生动物的价值，按照所列野生动物基准价值的10倍核算；国家二级保护野生动物的价值，按照所列野生动物基准价值的5倍核算；（2）地方重点保护的野生动物和有重要生态、科学、社会价值的野生动物的价值，按照所列野生动物基准价值核算。两栖类野生动物的卵、蛋的价值，按照该种野生动物整体价值的千分之一核算；爬行类野生动物的卵、蛋的价值，按照该种野生动物整体价值的十分之一核算；鸟类野生动物的卵、蛋的价值，按照该种野生动物整体价值的二分之一核算。野生动物制品的价值，由核算其价值的执法机关或者评估机构根据实际情况予以核算，但不能超过该种野生动物的整体价值。但是，省级以上人民政府林业主管部门对野生动物标本和其他特殊野生动物制品的价值核算另有规定的除外。野生动物及其制品有实际交易价格的，且实际交易价格高于按照本方法评估的价值的，按照实际交易价格执行。人工繁育的野生动物及其制品的价值，按照同种野生动物及其制品价值的百分之五十执行。人工繁育的列入《人工繁育国家重点保护陆生野生动物名录》的野生动物及其制品的价值，按照同种野生动物及其制品价值的百分之二十五执行。

关于国家一级保护水生野生动物的价值标准，按照该种动物资源保护费的8倍执行。国家二级保护水生野生动物的价值标准，按照该种动物资源保护费的6倍执行。地方重点保护水生野生动物的价值标准，按照该种动物资

源保护费的 4 倍执行。水生野生动物产品的价值标准如下：（1）水生野生动物标本的价值标准按照该种动物价值标准的 100%执行。（2）水生野生动物的特殊利用部分和主要部分，其价值标准按照该种动物价值标准的 80%执行。（3）前述两种以外的其他水生野生动物产品的价值标准，有交易价格的，按照该产品的交易价格执行；没有交易价格的，按照该种动物价值标准的 5%～20%核定执行。《濒危野生动植物种国际贸易公约》附录所列水生野生动物及其产品的价值标准，国内已有规定的按国内规定执行；国内没有规定的，参照国内同等保护级别的同属或同科保护动物的价值标准从高执行。

有关象牙价值的认定来自国家林业和草原局的相关文件规定。2001 年 6 月 13 日《国家林业局关于发布破坏野生动物资源刑事案中涉及走私的象牙及其制品价值标准的通知》规定，"现将破坏野生动物资源刑事案件中涉及走私的象牙及其制品的价值标准规定如下：一根未加工象牙的价值为 25 万元；由整根雕刻而成的一件象牙制品，应视为一根象牙，其价值为 25 万元；由一根象牙切割成数段象牙块或者雕刻成数件象牙制品的，这些象牙块或者象牙制品总合，也应视为一根象牙，其价值为 25 万元；对于无法确定是否属一根象牙切割或者雕刻成的象牙块或象牙制品，应根据其重量来核定，单价为 41 667 元/千克。按上述价值标准核定的象牙及其制品价格低于实际销售价的按实际销售价格执行"。

有关犀牛角价值的认定标准，根据 2002 年 5 月 18 日《国家林业局关于发布破坏野生动物资源刑事案件中涉及犀牛角价值标准的通知》规定，将破坏野生动物资源刑事案件中涉及犀牛角的价值标准确定为：每千克犀牛角的价值为 25 万元，实际交易价高于上述价值的按实际交易价执行。

七、有关走私珍贵动物、珍贵动物制品罪主观故意状况的认定

在办理走私珍贵动物、珍贵动物制品罪案件实务中，当事人关于主观状况的陈述主要有以下几类。

一是当事人不知道其所携带的动物、动物制品是国家禁止进出口的珍贵动物、珍贵动物制品，也不知道该动物或动物制品被列入《国家重点保护野生动物名录》或附录，其虽有携带该珍贵动物或动物制品进出境的行为，但主观上不具有走私的故意。对此，应着重从当事人进出境次数、频率，是否有携带同类物品被办案机关查扣的记录，若是公派出国，相关单位是否曾组

织过有关我国对于携带物品回国等相关内容的培训等多方面综合考虑。

二是当事人接受他人的委托，携带物品入境，但并不知道物品内容，直到被办案部门查发才发现其所携带物品属于珍贵动物或动物制品，不具有走私的主观故意。实践中曾有一案例，当事人石某为了赚取代工费，接受李某委托携带电子产品入境未向海关申报，后被查获。经计核，其所携带电子产品偷逃税额超过 10 万元，构成走私普通货物罪，但同时在其携带的电子产品中还发现 2 公斤的象牙制品。但李某在将物品交付石某时仅告知委托其携带电子产品而未告知有象牙制品，而石某也未打开包装核实，对此，石某主张其不存在走私象牙制品的主观故意，不构成走私珍贵动物制品罪。

对此，《最高人民法院、最高人民检察院关于办理走私刑事案件适用法律若干问题的解释》第 22 条规定，在走私的货物、物品中藏匿《刑法》第 151条、第 152 条、第 347 条、第 350 条规定的货物、物品，构成犯罪的，以实际走私的货物、物品定罪处罚；构成数罪的，实行数罪并罚。该司法解释对《最高人民法院、最高人民检察院、海关总署关于办理走私刑事案件适用法律若干问题的意见》第 6 条的规定作了一定的修改。该意见第 6 条规定，行为人主观上具有走私犯罪故意，但对其走私的具体对象不明确的，不影响走私犯罪构成，应当根据实际的走私对象定罪处罚。但确有证据证明行为人因受蒙骗而对走私对象发生认识错误的，可以从轻处罚。对此，我们认为，当事人构成走私犯罪，以实际走私货物、物品定罪没有问题，但若确有证据能够证明行为人因受蒙骗而对走私对象发生错误认识的，如上文中讲到的石某只了解其所走私入境的是电子产品，而不知其中另有象牙，若有确凿证据能够证明其属于认识错误的，可以从轻处罚。

八、实务中应关注的重点

首先，关注当事人主观方面。走私案件在主观方面只能出于故意，过失不能构成走私刑事犯罪。行为人不知道为珍贵动物或动物制品，或者虽知道为珍贵动物或动物制品但却不知道为国家禁止进出口，即使有走私的客观行为，亦不能构成本罪。

其次，关注当事人客观行为。如，当事人携带象牙入境时是把象牙提在手上，象牙外部仅用塑料泡沫做了简单包装用以保护象牙本身，并未有任何将象牙伪装、藏匿等行为，亦能反推当事人不存在企图逃避海关监管的主观故意；此外，我们还可以关注当事人在进出口通关时是否曾向海关申报，因为无论相关货物（物品）价值多少，只要向海关申报，均可排除主观故意，必要时可以向法院申请调取当事人的通关记录。

再次，关注涉案物品的价值，因为这与量刑标准直接相关。若涉案物品价值为 10 万元以下，就要关注其是否以牟利为目的。因为《最高人民法院、最高人民检察院关于办理走私刑事案件适用法律若干问题的解释》第 9 条规定，不以牟利为目的，为留作纪念而走私珍贵动物制品进境，数额不满 10 万元的，可以免予刑事处罚；情节显著轻微的，不作为犯罪处理。

复次，关注鉴定机构的资质。在广东地区具有鉴定资格的是华南野生动物物种鉴定中心（又称广东省生物资源应用研究所）。我们在办理走私珍贵动物、珍贵动物制品案件时，应重点审核出具报告的鉴定机构是否具有相关资质，若不具备相关资质的可申请重新鉴定。

最后，其他需要关注的细节。比如，要关注象牙制品的首次获得时间，及涉案象牙脱离大象母体的时间。《濒危野生动植物种国际贸易公约》于 1973 年 3 月 3 日签订于美国华盛顿，并于 1975 年 7 月 1 日生效。1989 年 10 月在瑞士洛桑召开了《濒危野生动植物种国际贸易公约》第七届成员大会，全面禁止非洲象牙及其制品的国际贸易。作为《濒危野生动植物种国际贸易公约》成员，中国从 1989 年开始禁止象牙交易。可见，如属于《濒危野生动植物种国际贸易公约》生效前获得的非洲象牙制品，根据上述规定，涉案象牙并非绝对禁止进出境的物品。

第五节　走私国家禁止进出口货物物品罪案件辩护实务

走私国家禁止进出口的货物物品罪，是指除刑法列明物品外，走私国家禁止进出口的其他货物物品的行为。该罪是相对较重的罪名，依据现行《刑法》第 151 条第 3 款的规定，根据情节的严重程度，以 5 年刑期作为量刑分界线。虽然该罪的罪状表述简单，但涉案物品极其复杂，包括了各种各样的物品，涉及各个领域的监管法规。在辩护实务中，该罪不仅考验参与律师的法律专业性，更考验参与律师掌握商品知识并与法律规定有机结合的综合能力。

就辩护而言，主观故意、地位作用、鉴定意见、数量确定、价格核定、一罪数罪等定罪量刑的重要考量因素，与走私普通货物物品罪、走私废物罪等其他走私类罪极为相似，在辩护实务中可以相互借鉴。本章将基于该罪所涉货物物品种类繁多的基本特点，结合部分具体物品进行介绍，希望对大家有所启发和参考。

一、对走私国家禁止进出口货物物品罪的整体认识

从实务的角度，在禁限类物品走私行为中，走私国家禁止进出口货物物品罪是一个兜底性罪名，囊括了国家禁止进出口的所有货物、物品。[1]该罪名的实务法律特征在于：其一，政策性极强。随着国家进出口政策的调整，特定物品往往会出现"罪到非罪"或者"非罪到罪"的变化，在不同时期是否涉嫌本罪名会有截然不同的法律定性。其二，方向性极强。有的属于禁止进口，有的属于禁止出口，有的进口与出口均属禁止。

武器、弹药、核材料、假币、文物、贵重金属、珍贵动物及其制品等刑法列明的国家禁止进出口的，不纳入此罪名，分别适用对应罪名。除此之外，国家禁止进出口的其他货物物品，均纳入本罪名。根据现行规定，具体有以下几类。

（一）珍稀植物及其制品

包括列入《国家重点保护野生植物名录》《国家重点保护野生药材物种名录》《国家珍贵树种名录》中的国家一、二级保护野生植物，国家重点保护的野生药材、珍贵树木，《濒危野生动植物种国际贸易公约》附录Ⅰ、附录Ⅱ中的野生植物。

（二）古生物化石

包括重点保护和一般保护的古生物化石。其中，重点保护的古生物化石包括：

---

〔1〕 根据《最高人民法院、最高人民检察院关于办理走私刑事案件适用法律若干问题的解释》第21条的规定，未经许可进出口国家限制进出口的货物、物品，可能构成走私国家禁止进出口货物物品罪，也可能构成其他走私犯罪。为表述方便，下文将简述为国家禁止进出口的货物物品，不做严谨区分。

（1）已经命名的古生物化石种属的模式标本；

（2）保存完整或者较完整的古脊椎动物实体化石；

（3）大型的或者集中分布的高等植物化石、无脊椎动物化石和古脊椎动物的足迹等遗迹化石；

（4）国务院国土资源主管部门确定的其他需要重点保护的古生物化石。

但是，对古猿、古人类化石以及与人类活动有关的第四纪古脊椎动物化石的保护，依照国家文物保护的有关规定执行。也就是说，走私具有科学价值的古脊椎动物化石、古人类化石构成犯罪的，以走私文物罪定罪处罚。

由于走私文物罪的最高刑期为无期徒刑，因此，对于走私古生物化石的行为，何时该认定为走私国家禁止进出口货物物品罪，何时构成走私文物罪，在律师办案实务中应注意区分。

（三）有毒物质

主要是可能引起重大的环境污染或者安全事故，危害人体健康和环境安全的有毒化学品及含有此类化学品的物质，此类物品毒性巨大，走私进口游离监管的社会危害性极大，需要刑法规制。

（四）来自境外疫区的动植物及其产品

此类物品可能会引起传染病或重大动植物疫情，严重威胁我国人民群众的生命安全和身体健康，还可能冲击我国畜牧业等相关行业健康发展。最常见的就是来自疫区的冻品。在实务中要注意，不能想当然地认为一切来自疫区的动植物及其制品均属于国家禁止入境的货物、物品，关键是要看这种动植物及其制品是否为国家相关法律、法规明令禁止入境的。其特征有两个：一是确定的疫区；二是确定疫区的特定物品。也就是说，即使是来自疫区，但不是特定物品的，也不能归入禁止类范畴。这一点涉及罪与非罪，律师应予重点关注。

（五）木炭、硅砂等妨害资源、环境保护的货物

此类货物可能会对我国资源和环境造成破坏，而国家出于保护国内资源和自然环境的需要而禁止进出口的货物、物品。例如木炭、稀土（指非法开采）即属于此类别。

（六）旧机动车、切割车、旧机电产品

此类废旧货物、物品没有经过安全监测，或不符合我国产业更新或者升级换代的需要，而且具有重大的安全生产隐患。在实务中要注意，并非所有的旧机电产品均禁止进口，只有列入禁止进口货物目录的，才归属此类。

（七）兴奋剂目录所列物质

根据《最高人民法院关于审理走私、非法经营、非法使用兴奋剂刑事案件适用法律若干问题的解释》的规定，特定人员基于特定目的走私兴奋剂，且该物质属于国家禁止进出口货物物品的，涉嫌本罪。该司法解释针对兴奋剂这一特殊物质，改变了《最高人民法院、最高人民检察院关于办理走私刑事案件适用法律若干问题的解释》的定罪量刑标准，实务中应予重点关注。

（八）其他禁止进出口的货物物品

在走私国家禁止进出口货物物品罪辩护实务中，辩护律师可以按照以下步骤对案件进行整体判断。

其一，判断涉案货物物品是否属于禁止进出口范畴。主要的法规依据是国家颁布的各类禁止目录，如《加工贸易禁止类商品目录》《中华人民共和国禁止进出境物品表》《禁止进口货物目录（第六批）》《禁止出口货物目录（第五批）》等。

其二，根据司法解释，如《最高人民法院、最高人民检察院关于办理走私刑事案件适用法律若干问题的解释》的规定，判断是否达到起刑点。

其三，对于司法解释中列明的禁止进出口货物物品，如果行为时的国家政策发生改变，不再属于禁止类货物物品的，应当以新的政策规定为准，提出相应的辩护意见。

二、矿产品出口管制与走私国家禁止进出口货物物品罪

在国际贸易中，矿产品分为铁矿石、有色金属矿石、稀有金属矿石和非金属矿石四大类。由于矿石属于资源性产品，其生产制造对环境破坏极大，因此，国家对不同矿产品出口设定了不同的管制要求。

（一）国家对矿产品出口的管制要求

（1）禁止出口。根据《禁止出口货物目录（第四批）》，海关商品编码为 2505100000 的硅砂及石英砂、2505900090 的其他天然砂，为我国禁止出口的货物。另外，根据商务部 2007 年第 26 号公告《天然砂出口许可证申领标准及相关事项》及商务部、海关总署 2008 年第 17 号公告《对台湾地区天然砂出口许可证申领程序及相关事项》，目前天然砂可向我国香港地区、澳门地区及台湾地区出口，但需申领相应的出口许可证，且出口商需签署不得转口承诺书。

（2）限制出口及征收出口关税。根据《2019 年出口许可证管理货物目录》，天然砂（向我国港澳台地区出口）、矾土、磷矿石、镁砂、滑石块（粉）、萤石（氟石）、稀土、锡及锡制品、钨及钨制品、钼及钼制品、锑及锑制品、焦炭、石蜡、部分金属及制品、铟及铟制品则被列入限制出口的管制范围。同时，根据《中华人民共和国进出口税则》对上述部分限制出口的矿产品，征收出口关税。

根据《最高人民法院、最高人民检察院关于办理走私刑事案件适用法律若干问题的解释》，未经许可进出口国家限制进出口的货物、物品，构成犯罪的，应当以走私国家禁止进出口货物物品罪定罪处罚。因此，如未取得相关出口许可的情况下，走私前述国家限制出口的矿产品，构成犯罪的，应以走私国家禁止进出口货物物品罪定罪处罚。

（3）允许出口但应缴纳相应关税。一般包括铁矿石、铝矿石等常见矿产品。

（二）矿产品走私中涉案货物属性判定争议

在矿产品走私案中，涉案货物是否属于国家禁止或限制（未取得许可证时）出口的货物，是案件能否得以成立的核心争议，也是律师辩护的关注重点之一。例如对钨、锡金属，并不是所有的钨、锡类制品均被列入禁止或限制出口目录，随着加工工艺和产品规格的不同，国家的管制要求也截然不同。尤其是在生产企业自行出口且涉案的情况中，企业往往认为自己的产品并不属于禁止或限制类货物。虽然此种观点一般很难被采纳，但由于这是基础性问题，因此，辩护实务中，律师可以结合涉案货物的具体指标，综合全案的其他证据，提出相应的意见。

（1）考量涉案货物的生产加工流程及其技术指标。主要是根据国家禁止或限制出口目录对具体商品的性状描述，判断涉案货物是否与目录所述一致。

（2）考量涉案货物在申报出口后是否有提取加工后再次交易。一般而言，由于此类货物多是资源类产品，而境外需求方为了规避法律与商业风险，往往会要求供应商必须在境外交付，且必须交付明确产品，而不是替代品。与此同时，国内供应商为了规避监管且同时满足商业要求，会在境外设立实体，接收并实施再次加工，之后再将"新产品"销售给真正的买家。因此，案件中的实际贸易链条对于行为人是否构成犯罪，具有重要的实务意义。

（3）考量行为人是否能取得许可证件。在个别案件中，行为人确实存在对产品的误解，认为其产品属于非禁限类，从而没有将产品归入国家管制目录商品并事先申领许可证件，进而导致涉嫌犯罪。例如，行为人生产A、B等两个类似产品，A需要出口许可证件，B是A的衍生品且无需出口许可证件，在案发后执法机关认为A、B两个产品均应归入同一海关税号，均应申领许可证件。在此情形中，如果行为人可以或已经取得相应管制目录商品的许可证，则其是否具有走私动机，进而是否具有走私的主观故意，均是辩护的关注要点。

（三）矿产品走私中不同行为人的主观故意认定争议

实务中，如果实际出口人，即货主的主观故意已有证据证明，则辩护主要从走私数量、税款认定、自首等方面着手，作罪轻辩护。但是，对于商业链条中的供货商、物流运输公司等参与者的主观故意认定，则往往存在一定争议。

1. 供货商的主观故意

在整个走私犯罪链条中，供货商处于最上游，实际出口人的走私行为必须以获得货物为前提。因此，供货商的主观故意牵涉自身的违法责任，主要争议点在于供货商是否事前知悉货物的真实流向。

其一，直接供货且事前明知供货流向。在大多数案例中，实际出口人购买前，一般会先要求供货商提供样品以鉴别产品质量。如果在双方来往邮件或微信聊天记录中，出口人明确告知供货商，货物要运到国外且供货商本身并无出口许可证及相应配额，但供货商仍提供货源的，则会被认定"明知"实际出口人的走私行为，供货商此时也具有走私的主观故意。

其二，通过国内采购人间接供货且并无证据显示其事先知情。在一些案件中，国外客户一般会通过委托国内公司进行采购的方式获得货源。此时如果国内供货商在供货时明确告知采购人，其自身没有此类矿产品的出口许可，货物仅限国内销售，同时供货商对采购人与国外客户的关系、对货物最终流向国外等关键因素并不知情的，则供货商将可能被免于追究刑事责任。

2. 物流运输公司的主观故意

在通关链条中，物流运输公司是重要的一环，其既承揽运输货物，又可能以自己名义代替实际出口人向海关申报。在案件查发时，物流运输公司是主要的嫌疑对象。但是，由于物流运输公司只是实施运输，只是获取运输、报关等费用，并不真正控制货物，其对货物的实际情况是否知情，也就是其是否具有主观故意，在实务认定中颇有争议，是辩护的着力点之一。

其一，直接揽运，明知货物实际情况仍予运输的。如果在揽运前，物流运输公司与实际出口人之间，就该批货物的出口进行过探讨与计划，且物流运输公司还特别采取了掩饰、夹藏等手段以实现顺利出口的，则其主观故意较为明显。

其二，对涉案货物认知模糊，但持放任态度仍予运输的。实践中，实际出口人会将硅铁、稀土等禁限类货物，伪装成碎石等自由进出口货物，并委托物流公司运输，同时提出一些特殊要求，如专门包装、摆放隐秘等。此时，物流运输公司基于行业经验，对货物性质有所怀疑，但觉得无所谓，也就是对走私是否发生持放任态度，在此情况下，物流运输公司往往被认定具有主观故意。

其三，转包运输但价格仍在合理范围内的。在物流运输实务中，物流运输公司往往存在层层转包的行为。此时作为转介绍中的其中一环，物流运输公司的主观故意值得探讨。如果物流运输公司作为转介绍人，其与实际出口人的来往邮件、微信聊天记录等表明其在接到委托后，仅是被告知待运输的货物为普通货物，并不存在涉证或禁止出口情形的，此时物流运输公司直接将该笔委托转介绍出去，从中赚取一定差价，实际受托价格也未超过市场合理定价的，则应认定其不具有走私的主观故意。

三、旧医疗设备与走私国家禁止进出口货物物品罪

走私旧医疗设备案件在社会上引起广泛关注，始于 2016 年底海关总署缉私局联合有关部门开展的专项行动。据公开报道，该行动中，海关缉私部门

共刑事立案 21 起，查证涉案走私旧医疗设备 500 余台，案值 4.4 亿元。涉案人员通过更换设备铭牌、制作虚假单证等方式，将国家禁止进境的旧医疗设备伪报为新医疗设备走私进境。

（一）医疗设备、医疗器械与机电产品的概念区别

医疗设备不是严格的法律概念，而是对医疗器械中机电产品的一个通俗简称。

1. 医疗器械

根据《医疗器械监督管理条例》，医疗器械是指直接或者间接用于人体的仪器、设备、器具、体外诊断试剂及校准物、材料以及其他类似或者相关的物品，包括所需要的计算机软件，其效用主要通过物理等方式获得，不是通过药理学、免疫学或者代谢的方式获得，或者虽然有这些方式参与但是只起辅助作用。

2. 机电产品

根据《机电产品进口管理办法》，机电产品是指机械设备、电气设备、交通运输工具、电子产品、电器产品、仪器仪表、金属制品等及其零部件、元器件。现行制度将机电产品（包括旧机电产品）分为禁止进口、限制进口、自由进口三大类。

3. 医疗设备

海关监管中，医疗器械主要集中在 9018 和 9022 两个税号，主要包括：医疗或外科用仪器及器械，牙科仪器及器械，闪烁扫描设备，其他电气医疗设备，X 射线或 α 射线、β 射线、γ 射线的应用设备等。这些产品进口，受到如下制约：其一，新医疗设备进口，需要经过备案或者注册，入境前须经检验，检验不合格的，不得进口；其二，旧的医疗设备，根据 2001 年《禁止进口货物目录（第二批）》、2018 年《禁止进口的旧机电产品目录》，旧医疗设备（包括税号 9018 的全部产品以及 9022 项下 8 个税号的产品）被列为禁止进口的机电产品。

在走私进口旧医疗设备案件中，由于走私进口时间与案件被查获时间相隔较长，因此在辩护实务中，争议点主要集中在新旧情况确定、不同行为人主观故意等方面。

（二）关于涉案医疗设备的新旧情况

涉案的进口医疗设备是否为旧设备，是案件的核心法律事实。在案件中，主要是由检验机构（如中国检验认证集团）对设备进行拆解、测试，出具《鉴定意见书》，认定相关设备是否属于旧设备或翻新设备。

由于涉案医疗设备在国内是作为新设备进行销售，而且案发时间距离进口通关也有一定间隔，辩护观点经常主张：《鉴定意见书》只代表案发后设备被检验当时的状态，由于设备在进口后已经投入使用，无法确定折旧损耗、翻新是在进口之前发生，进而主张不能认定进口的是旧医疗设备，应当认定为新设备。就单一证据来看，上述观点有一定道理。但在实务中，仍应关注以下几点，综合多方面证据作出判断。

其一，生产厂商价格与涉案价格是否存在较大差异。医疗设备绝大多数是由知名制造商生产。因此，在一些案件中，生产厂家会出具证言，证实涉案型号的医疗设备若从正规渠道采购，其进口价格和国内销售价格远高于涉案人员的采购与销售价格，有些价差高达30%以上。

其二，涉案设备的铭牌和产品序列号是否被篡改。出于产品质量追踪控制的需要，医疗设备在机身上均配有单一序列号，相当于该设备的"身份证"。通过序列号，可知道厂家、生产时间、销售地区等信息。按照市场经验，新产品即便经过转手销售，是没有必要篡改序列号进行销售的。而在走私案件中，走私人往往会更改序列号，以避免被追踪。

其三，商业往来资料等书证。境外供应商在销售设备时，有货物为"翻新"或类似表述。例如，供应商在往来邮件中明确告诉嫌疑人，其所销售的医疗器械是"翻新的""看上去是新的"，有的甚至在合同中注明了"Refurished"（翻新）的字样。

（三）关于不同行为人的主观故意认定

在确定涉案设备是否为旧设备的过程中，货物实际进口人，也就是货主是否具有主观故意已经非常明显。即使提出无罪辩护意见，如果客观证据已形成链条，此类意见一般不被采纳。但是，其他相关主体，如进口代理商、设备使用人的主观故意及法律责任，仍有辩护空间。

1. 进口代理商的主观故意

在实务中，涉案设备的实际进口人往往不是海关备案企业，需要委托进口代理商为其办理通关。此情形下，代理商是否明知进口人进口旧医疗设备仍协助进口，关系到其是否具有主观故意。因此，在辩护中要关注以下两点。

其一，进口代理商及其员工是否参与报关价格的确定过程。如果代理商知道货物的真实采购价格，认为价格较低，可能无法通过审核或引起海关怀疑，提示货主提高申报价格，甚至是积极协助确定虚假报关价格，制作虚假单证，以求顺利通关。那么，代理商基本上会被认定具有走私的共同故意，应承担相应的法律责任。

其二，进口代理商及其员工参与设备标识制作的具体过程。涉案货物运抵代理商的境外仓库后，通关实务上会由代理商工作人员按照货主要求，制作相关的标签或铭牌，用于货物通关检验。此时，如果代理商的工作人员是为了正常的商检需要，制作产品的中文标识，标识内容如实反映了设备的信息，或者虽有错误，但明显系被客户蒙蔽所为，则没有参与犯罪的主观故意。但是，如果代理商故意制作虚假信息的标签，更改序列号码，则会被认定具有走私的主观故意。

2. 设备使用方的主观故意

在旧医疗设备走私案件中，作为设备使用方，如果明知设备是走私货物仍然购买的，按走私罪论处。在辩护实务中，对设备使用方的主观故意，可从以下几个角度分析考量。

其一，设备使用方对采购价格的认知。设备使用方作为医疗行业的从业者，应当清楚旧医疗设备禁止进口，也应当了解设备的正常采购渠道与采购价格成本。对于明显低于正常采购价格的设备，应当采取高度谨慎的态度。如果设备存在不合理的低价，销售方又无合理解释，使用方仍予以购买，可能会被认定为存有放任心态的间接故意。

其二，设备使用方在采购过程中有无利益输送。常见的商业利益输送一般发生于采购价格高于正常价格水平，如果在较低采购价格条件下仍然发生利益输送，则走私的主观故意相对明显。

其三，设备使用方在发现设备问题后有无提出异议。作为正常的医疗机构，在设备交付并投入使用后，一旦发现卖方存在以次充好、以旧充新的欺诈行为，都会积极采取要求赔偿、提起诉讼等方式维权。如果涉案设备的使用方没有任何维权举动，其是否具有主观故意会被高度怀疑。

（四）进口检验机构的通关检验与行为人的主观故意

基于我国医疗设备的管理体制，在此类案件的辩护中，还有一种争议性观点可供参考适用。

我国进出口管理体制对于进口医疗器械采取事前检验的方式。《医疗器械监督管理条例》第58条第1款规定，"出入境检验检疫机构依法对进口的医疗器械实施检验；检验不合格的，不得进口"。也就是说，每一台进口的医疗设备，在进口通关环节都经过了检验检疫机构的检验，且检验合格，否则无法正常通关。

但是在一些案件中，检验机构的《鉴定意见书》却将该实际进口的医疗设备鉴定为旧设备。所以问题在于：其一，既然每一次通关申报时都进行了检验，为什么在通关时没有发现这些设备存在"报新进旧"的情形；其二，出入境检验检疫机构是法定机构，在通关时已经认定设备是"新设备"，在案件中检验机构又认定为"旧设备"，两个意见不一致，以哪一个意见为准。

在上述不同意见出现矛盾的情况下，可否判断行为人没有主观故意。特别是国家出入境检验检疫部门与海关已经合并的背景下，此点意见在辩护实务中值得考量。

综合上述两类具体货物的辩护实务，总体而言，对走私国家禁止进出口货物物品罪的辩护，其特殊的着力点在于以下两个方面。

其一，对涉案货物的性质判定，即涉案货物是否应当归属于禁限类货物目录之中。

其二，对行为人主观故意的认定，即行为人对涉案货物的实际状态，是否有清晰的认知。

这两点，一个关系到案件是否得以成立，一个关系到行为人是否构成犯罪。从辩护的角度，任何一个辩护点被采纳，都是律师专业工作的最大胜利，都是对参与律师专业能力的最大肯定。

第六节　走私废物罪案件辩护实务

走私废物罪，是指逃避海关监管，将境外固体废物、液态废物、气态废物运输进境，情节严重的行为。该罪的罪状描述简单，但其实务适用涉及主观认知、属性鉴定、行政管理以及其他犯罪等交叉问题，在实践中常有争议。本章拟从律师辩护的角度，对走私废物罪的罪与非罪、一罪与数罪、此罪与彼罪等实务问题进行探讨。

一、罪与非罪

《刑法》第 152 条第 2 款规定，"逃避海关监管将境外固体废物、液态废物和气态废物运输进境，情节严重的，处五年以下有期徒刑，并处或者单处罚金；情节特别严重的，处五年以上有期徒刑，并处罚金"。因此，一个行为是否构成走私废物罪，应当同时符合以下条件。

其一，逃避海关监管，即存在体现走私主观故意的行为。

其二，行为对象是"废物"，亦即涉案货物应当被认定为"废物"。

其三，行为方向是"运输进境"，包含两层意思：第一为将废物"运输出境"不构成本罪，即行为具有单向性；第二为已将废物"运输进境"，即"进境"是行为完成的重要特征。

其四，必须是情节严重，即涉案货物应达到起刑点。

在实际案例中，具体情况是否应当归属于法条规制范围，时有争议，也是律师辩护的着力点所在。

（一）关于逃避海关监管

逃避海关监管，其典型的表现形式为：其一，从未设立海关的地点实施非法运输废物进境行为；其二，以隐瞒、虚报等手段欺瞒海关，实施非法运输废物进境行为。该两种典型形式，通过地点、手段的特殊性，十分确定地表现出行为人在主观上具有"逃避海关监管"的故意。但是，实务中有些情形往往并非如此确定。例如：

其一，当装载有禁止类废物（包括禁止类废物、限制类废物无许可证件情形，为表述方便统称为禁止类废物）的集装箱（或船舶）抵达码头后，货物所有人尚未向海关申报，若此时海关依据情报线索径行扣押并查验货物，是否可以认定货物所有人具有逃避海关监管、走私废物的主观故意。

其二，再进一步，当上述禁止类废物处于海上运输过程中，已经进入我国领海，若此时海关依据举报线索径行扣押并查验货物，是否可以认定货物所有人（或运输人）具有逃避海关监管、走私废物的主观故意。

前述两种情形，在未取得犯罪嫌疑人有罪供述的情况下，是否可以直接认定行为人具有逃避海关监管的主观故意，这是辩护实务必须考量的重要问题。从律师辩护的角度，犯罪嫌疑人的口供是证明其主观故意的重要证据，但如果仅有口供，证据链条肯定是不完整或不稳固的。

对于上述情形，实务中有两种截然不同的处理观点：

第一种观点认为，禁止类废物运输进境或者运抵海关监管区后，在向海关申报之前被海关查获，由于尚未申报，因此于法律状态上来看，货物尚未进口，行为人是否具体实施违法行为在事实上尚不确定，危害后果和社会危害性尚未发生。因此，不能仅凭入境行为，即认定行为人具有逃避海关监管的主观故意，此时追究行为人的责任缺乏法律依据。例如，《海关总署关于印发海关行政处罚若干执法问题意见的通知》第 7 点，针对禁止进出口货物，运输进境或者运抵海关监管区后，向海关申报之前，被海关查获的案件如何处理的问题，明确规定："由于货物尚未实际进出口，其违法行为处于预备阶段，是否具体实施尚不确定，危害后果和社会危害性尚未发生，海关对其行政处罚缺乏法律依据。但是，如果当事人行为构成违反其他相关法律、行政法规的规定，海关可以依法予以处理，或者移送相关主管部门予以处理。"既然行政处罚案件都无法构成，作为典型的行政犯，走私犯罪也当然无从构成。据此种观点，在行为人正式向海关申报前，不能判断行为人是否有逃避海关监管的主观故意，即"判断行为人是否逃避了海关监管，其重要根据是行为人是否就进境物品如实向海关进行申报"。

第二种观点认为，只要禁止类货物已经被运输进境，就应当视为逃避海关监管。作为行为人，其对货物的属性应当是有认知的，在此认知情况下仍然将此类货物运输入境，其逃避海关监管的故意是非常明显的。

从辩护的角度，按法条的表述，"逃避海关监管"是构成走私废物罪的核心特征，不能将"运输行为"等同于"逃避海关监管"。因此，在实务中对上述特殊情形的辩护，律师应当综合全案的相关证据，仔细梳理是否有完整链条证明行为人存在主观故意。具体来说，就是通过当事人的从业情况、相关人员陈述或供述、行为发生前后相关人员之间的信息往来、之前的类似行为等，综合判断行为人是否存在逃避海关监管的主观故意。当然，在仅有供述且无其他证据支持的情况下，或者没有相关供述的情况下，辩护人可以根据"有利于犯罪嫌疑人"的原则，提出相应的辩护意见。

（二）关于废物认定

走私废物罪中的废物主要分为：国家禁止进口的废物、国家限制进口的可用作原料的废物两大类。其中，国家禁止进口的废物又细分为危险性废物和非危险性废物。实践中关于废物认定的辩护，主要集中在两个方面：鉴定机构与鉴定标准。

1. 鉴定机构

2017 年《环境保护部、海关总署、质检总局关于推荐固体废物属性鉴别机构的通知》，列明了中国环境科学研究院固体废物污染控制技术研究所、中国海关下属各化验中心（特定）等 20 家单位是法定的属性鉴别机构。此 20 家机构出具的鉴定意见，若无极为特殊的情况，其合法性毋庸置疑，实务中必然会被司法机关采纳。在实践中，律师辩护需要注意以下几点。

其一，涉案货物是否已经进行了鉴定，并且被鉴定为废物。在部分案件中，只有对废物属性存在争议，难以准确认定其性质的，才需要专业机构实施鉴定，对可以明显判断属于废物的，直接认定其废物属性。因此，对辩护而言，律师一定要审核是否有合法的鉴定意见。特别是对一些时间久远的案件，涉案废物在审判之前或退运出境，或予以销毁，此时权威机构的鉴定意见无疑对案件的处理结果有着重要的影响。

其二，鉴定意见是否由前述法定机构作出。在实务中，常常有执法机构根据商检部门出具的"商品检验单"认定涉案货物为废物，并据此侦办案件。从律师的角度，鉴定意见既是重要证据，更是案件得以成立的基础，理应由法定权威机构作出，否则犯罪是否成立是存在争议的。

其三，鉴定意见是否前后一致。例如，法定机构的鉴定意见可能与其他非法定机构的鉴定意见截然不同；或者是不同法定机构对同一货物的鉴定意见各不相同。就辩护而言，此情形属于事实不清，可以提出重新鉴定的意见。

2. 鉴定标准

对于"什么是废物"，实践争议主要在于：如何认定涉案货物就是废物管理目录里的废物。在实践中，律师要敢于针对鉴定意见提出质疑。具体有以下问题。

其一，取样问题。样品能不能全面、完整地反映涉案货物的整体情况，对于属性鉴定至关重要，可以说基本决定了最终的鉴定意见。但是，在大多数鉴定意见中，均称"本鉴定意见仅对样品负责"，而对于样品如何取得，多是记载"由委托机关提供"；而且，在绝大多数案件中，我们也基本未见执法机关详细描述取样过程。因此，从科学性、权威性的角度，辩护人可以就取样过程提出意见，尤其是在一些存在重大属性争议的案件中，此类意见可能会起到良好的辩护效果。

其二，标准问题。对限制进口废物，国家颁布了一系列的环境控制标准。这些标准是鉴定机构在实操中的主要依据。另外，对于大量的再生原料，其与废物之间的区别，也要依据国家或行业颁布的对应的再生原料的标准进行鉴定。当标准变化或标准缺位时，对废物的属性鉴定也就容易出现争议。

例如，标准变化。2017年年中，国家实施新的再生橡胶鉴定标准。根据新标准，之前可以合法进口的"再生橡胶"，成了禁止进口的"固体废物"。众所周知，作为企业订购货物，尤其是此类橡胶类的大宗货物，订货周期较长，并非即订即发。因此，在标准发生根本变化时，可能订货时可以进口的货物，到口岸时，或者在运输途中（此时囿于航线原因无法直接退回）就已经成为禁止进口的货物，甚至不排除有的企业在货物未经验货时，还根本不知道所定货物依据新的鉴定标准已经成为禁止进口的货物。对这种特殊情况，辩护律师可以基于刑事司法的谦抑性原则，结合企业的经营情况，提出相应的辩护意见。

其三，杂质问题。[1]根据各类"进口可用作原料的固体废物环境保护控制标准"，在合法进口的固体废物中，是允许存在一定比例的"夹杂物"的。所谓"夹杂物"，实际上就是在进口的限制类废物当中，允许存在一定比例的"禁止类废物"。也就是说，在申报进口的限制类废物中，即使有禁止类废物（甚至危险废物），只要在比例之内，仍然是可以进口的。但是，这在实务中容易产生争议。

例如，在申报进口的限制类固体废物中，夹杂物含量超标，若超标数量已达到起刑点，此时，行为人是否构成走私废物罪。再延伸出去，当行为人（如实际货主）是购买他人许可证以进口废物的情况下，行为人走私禁止类废

---

〔1〕 根据2020年11月24日生态环境部、商务部、发展改革委、海关总署发布的联合公告，自2021年1月1日起，禁止以任何方式进口固体废物，生态环境部停止受理和审批限制进口类可用作原料的固体废物进口许可证的申请。因此，该问题在实务中将不复存在。

物的数量应当如何确定，需不需要刨除允许夹杂的比例部分，等等。

执法机构的处理原则是，在正常通关监管环节，若夹杂物超标，一般直接退运，不会承担刑事责任；但对于因其他原因进入刑事程序的，则是直接计算全部数量，不会刨除允许夹杂的比例部分。因此，如果涉案废物的数量处于起刑点前后，那么是否"刨除"此部分"法律可能允许的数量"，对罪与非罪有直接影响，这也是辩护的着力点之一。

（三）关于行为方向

走私废物罪，其行为方向具有"单向性"。也就是说，如果行为人将我国的固体废物运输出境，即使情节严重，也不能构成本罪；只有将废物非法运输进入我国境内的，才构成本罪。此单向性特征，在适用上一般并无异议。但是，对于"两头在外"的疑似走私行为，是否可以认定存在走私废物的犯罪行为，在实践中争议颇大。

例如，行为人从韩国装载禁止类固体废物，船舶显示的目的地为越南，在途经我国海域（位于航道上）时被查获，此时可否认定其存在将固体废物运输入境的行为？

第一种观点认为，此种情形下，可以认定存在将固体废物运输入境的行为。因为根据走私废物的活动规律，违法行为人正是利用国际航道航行自由的便利，伺机将废物绕关偷运入境，或者抵达陆地邻国后，再伺机以伪报、瞒报等手段走私入境。因此，既然已被先行截获，应当予以查处。

第二种观点认为，对于"两头在外"的情形，不能以之后可能发生的行为，来推断当前行为的违法性质，二者之间并无法律上的必然联系。因此，不宜在运输环节直接查缉此类案件。

因此，对于被查获的"两头在外"的走私废物案件，律师应当注意审阅涉案的书证、物证，例如航行计划、通讯往来等材料，是否能证明该船舶的实际目的地为境内某处。注意，这里强调的是书证、物证，而并不仅仅是涉案人员（船员）的陈述。在没有充分证据的情况下，可以提出相应的辩护意见。

（四）关于废物数量的确定

《最高人民法院、最高人民检察院关于办理走私刑事案件适用法律若干问题的解释》对走私废物罪的起刑点、量刑幅度作出了明确规定。因此，数量问题的争议，在律师辩护实务中主要表现为证据事实问题。

其一，现货计量。此问题主要是当在限制类废物中夹杂有禁止类废物的，如何准确认定禁止类废物的数量。在此情形下，禁止类废物的数量，不是直接分离后称量得出，而是根据禁止类废物所占比例计算得出。因此，取样是否能够准确反映涉案禁止类货物的所占比例，这是辩护的着力点之一，具体可参考前述取样问题的论述。

其二，单据计算。对于行为人未被追究的走私行为，实践中主要是根据过磅单、对账单等书证，由司法会计部门进行对碰计算。在辩护时，要重点关注司法会计所依据的书证，其来源是否合法、记载是否清晰、解读是否需要结合供述、是否是单一书证、是否能互相印证、是否有重复计算等问题，在全面分析证据的基础上，就数量问题向司法机关提出法律意见。

二、此罪与彼罪

走私废物罪，依据现有法条规定，与走私普通货物物品罪、擅自进口固体废物罪、非法处置进口的固体废物罪等容易交叉。

（一）走私废物罪与走私普通货物物品罪

《最高人民法院、最高人民检察院关于办理走私刑事案件适用法律若干问题的解释》第21条规定："未经许可进出口国家限制进出口的货物、物品，构成犯罪的，应当依照刑法第一百五十一条、第一百五十二条的规定，以走私国家禁止进出口的货物、物品罪等罪名定罪处罚；偷逃应缴税额，同时又构成走私普通货物、物品罪的，依照处罚较重的规定定罪处罚。取得许可，但超过许可数量进出口国家限制进出口的货物、物品，构成犯罪的，依照刑法第一百五十三条的规定，以走私普通货物、物品罪定罪处罚。租用、借用或者使用购买的他人许可证，进出口国家限制进出口的货物、物品的，适用本条第一款的规定定罪处罚。"

根据上述条款，走私废物罪与走私普通货物物品罪的区分是较为清晰明确的。对二者的交叉，主要是对该条第2款的理解适用。

对"取得许可，但超过许可数量进出口国家限制进出口的货物、物品（此处特指限制类废物）"的行为，司法解释明确"以走私普通货物、物品罪定罪处罚"。[1]在辩护中，需注意以下两点。

其一，由于海关监管的存在，行为人为了达到超过许可数量进口的目的，一般会采取"少报多进"的方式实施走私，此时必然涉及偷逃税款。在此情况下，如果偷逃税款的数额达到起刑点，则涉嫌构成走私普通货物物品罪。

其二，如果行为人没有少报数量，而是如实向海关申报实际进口数量，但海关当时没有发现进口数量已经超出许可证件数量，而是事后发现的，此时由于没有偷逃税款，行为人不构成走私普通货物物品罪，甚至不构成犯罪，而应由海关予以行政处罚。在实务中，由于许可证件电子联网监管的存在，此种情形发生的可能性极低，但在特殊情况下会发生此种情形，值得辩护人关注。

（二）走私废物罪与擅自进口固体废物罪

《刑法》第 339 条第 2 款规定了"擅自进口固体废物罪"，该条规定与走私废物罪之间，会形成想象竞合。这是因为，擅自进口固体废物用作原料的行为，通常是在未经有关部门许可并取得许可证件的情况下实施的。因此，如果行为人不逃避海关监管，是很难将固体废物顺利进口入境的，也就是说，擅自进口固体废物的行为通常是以走私方式进行的，这就会在两罪之间形成想象竞合。在处理上，应当依从一重处罚的原则追究行为人的责任。

在量刑幅度上，由于走私废物罪没有"十年以下有期徒刑"这一限制，其量刑重于擅自进口固体废物罪，因此后者在实际上已经被废止。另外，由于依据法条规定，擅自进口固体废物罪的犯罪对象只包括国家限制进口的固体废物，而不包括禁止类废物，因此，对二者之间的法律适用，辩护中应注意以下几点。

其一，行为人擅自进口限制类固体废物，如果未造成重大环境污染事故，但数量达到 20 吨，则构成走私废物罪；

其二，行为人擅自进口限制类固体废物，造成重大环境污染事故，但数量未达到 20 吨的，构成擅自进口固体废物罪；

其三，行为人擅自进口限制类固体废物，造成重大环境污染事故，数量

---

[1] 根据前述 2020 年 11 月 24 日生态环境部、商务部、发展改革委、海关总署发布的联合公告，该问题已不复存在。另外，在该联合公告实施后，下文所涉与限制类固体废物相关的讨论，均只针对公告生效前的行为。

达到 20 吨以上，则既构成擅自进口固体废物罪，也构成走私废物罪，按想象竞合择一重罪处理；

其四，行为人擅自进口限制类固体废物，造成重大环境污染事故，数量未达到 20 吨，构成擅自进口固体废物罪；与此同时，如果在进口的限制类废物当中又夹杂有禁止类固体废物的，则同时构成走私废物罪，应当实行数罪并罚。

因此，在辩护中应当根据上述不同法定情形，结合案件实际，分析行为人所触犯的具体罪名，争取最好的辩护效果。

（三）走私废物罪与非法处置进口的固体废物罪

《刑法》第 339 条第 1 款规定了"非法处置进口的固体废物罪"。在实务中，如果行为人走私固体废物并在我国境内实施倾倒等非法处置的，对此应当如何认定，究竟是一罪还是数罪，实践中存在不同的观点，对行为人的量刑有重大影响。

第一种观点认为，行为人既构成走私废物罪，又构成非法处置进口的固体废物罪，应当实行数罪并罚。因为行为人是基于两个故意，实施的是两个独立的犯罪行为。

第二种观点认为，应当根据犯罪对象、犯罪目的的不同，予以区别处理。首先，如果犯罪对象是国家禁止进口的固体废物，此时只构成走私废物罪，因为行为人将禁止类废物走私入境，即已构成走私废物罪，对废物的处置只是走私废物罪的量刑情节。其次，如果行为人走私的目的是把我国当作"垃圾处理场"，则走私行为与非法处置行为之间存在牵连关系，应当以牵连犯、从一重论处。最后，如果行为人合法进口限制类固体废物后，又进行非法处置的，则仅构成非法处置进口的固体废物罪。

从辩护的角度，第二种观点强调了细节上的区分，对于准确追究行为人的法律责任更为有利。但是，此种观点通过探究"行为目的"等细节实现对行为的不同处置，在实务中被接受的难度很大，非常考验辩护律师对证据材料的梳理整合能力。

（四）走私废物罪与非法使用他人证件行为

在限制类废物进口实务中，存在行为人使用他人许可证件、以他人名义进口自身所需限制类废物的情况，且在一段时期内成为行业普遍做法。对此司法机关认为，使用他人许可证件进口限制类废物，其实质就是"没有许可证情况下的走私"。因此，《最高人民法院、最高人民检察院关于办理走私刑事案件适用法律若干问题的解释》第21条第3款规定，"租用、借用或者使用购买的他人许可证，进出口国家限制进口的货物、物品的，适用本条第一款的规定定罪处罚"，即按照走私废物罪定罪处罚。

依据目前的执法实务，使用他人许可证进口限制类废物，主要分为两种情形区别处理。第一种情形是：行为人本身没有限制类废物的生产处理能力或者经营资质，仍然使用他人经营废物资质和许可证件；第二种情形是：行为人本身具有限制类废物的生产处理能力或者经营资质，但出于种种原因，使用他人经营废物资质和许可证件。

1. 行为人不具备相应资质

在行为人不具备相应资质的情况下，行为人会通过购买、借用等多种方式，直接或通过中介从有经营资质的企业（以下简称出借方）处获取许可证件，用于自身所采购废物的进口。具体方式包括：

其一，行为人和出借方直接商议，由行为人利用出借方的名义进口，出借方向行为人提供许可证和其他有关报关单证，并收取一定费用；

其二，出借方无偿转借给行为人使用，目的是在自己无须使用到的情况下，不影响第二年新许可证的申请额度；

其三，中介方长期控制多名出借方的许可证件，在协助出借方正常办理进口业务的同时，在出借方的明示或默许下将许可证件转借给他人使用。

依据当前执法实务的通常观点，无论何种方式，都违背了许可证的专属性和不可转让性，导致行为人在没有获得许可的情况下，得以进口限制类废物，其本质就是合法形式掩盖下的非法走私，应当以走私废物罪定罪量刑。而对于出借方、中介方，其在明知行为人没有相应资质的情况下，仍然参与其中，与行为人一起完成违法犯罪行为，亦构成走私废物罪（共犯）。

在上述情形下，从辩护的角度，主要是结合案件具体情况，根据行为人、出借人、中介方等主体在实际共同犯罪中的地位作用，提出主犯或从犯的意见，以期争取较低的法定量刑。

2. 行为人具备相应资质

在实践中，有些行为人已经通过了国家的环境测评，具有对某些限制类废物的生产处理能力，或因没有许可证，或许可证尚在申请中，或虽有许可证但额度不足等客观原因，使用他人许可证件进口限制类废物。对此情形，司法机关的观点是：鉴于行为人是出于经营需要而使用他人许可证件，其主观恶性较小、社会危害性不大，如数额不大，对行为人可不按犯罪处理。对此，辩护中应注意以下两点。

其一，司法机关的观点是："数额不大，对行为人可不按犯罪处理。"那么，对于使用他人许可证件，进口数量巨大的，是否可以不按犯罪处理？目前对此问题是没有权威解答的。例如，行为人虽然已经通过审批，但经审批的处理能力较低，而对比其使用他人许可证件的进口数量，二者相差巨大，应当如何处理。我们认为，如果所进口的货物均系行为人自己处理，哪怕处理的时间很长，仍然可以认定为无罪；但如果行为人进口后进行倒卖，则有可能构成走私废物罪。

其二，对于出借人，如果其以出租、出售许可证额度进行牟利，若数额巨大，即使借用人（行为人）不构成犯罪，出借人仍有可能构成非法经营罪。

三、一罪与数罪的区别

行为人在当次走私中，走私的对象既有废物又有普通货物，且废物及普通货物均已达起刑点时，应当如何定罪处罚，司法实践中一直存在争议。

（一）通常观点及其理由

依据通常观点，在上述情形下，应当根据实际走私对象定罪处罚，构成数罪的，实行数罪并罚。该观点得到了两个司法解释的支持，是实务中的主流做法。

司法解释一，《最高人民法院、最高人民检察院、海关总署关于办理走私刑事案件适用法律若干问题的意见》第6条规定："关于行为人对其走私的具体对象不明确的案件的处理问题　走私犯罪嫌疑人主观上具有走私犯罪故意，但对其走私的具体对象不明确的，不影响走私犯罪构成，应当根据实际的走私对象定罪处罚。但是，确有证据证明行为人因受蒙骗而对走私对象发生认识错误的，可以从轻处罚。"

司法解释二，《最高人民法院、最高人民检察院关于办理走私刑事案件适用法律若干问题的解释》第22条规定："在走私的货物、物品中藏匿刑法第一百五十一条、第一百五十二条、第三百四十七条、第三百五十条规定的货物、物品，构成犯罪的，以实际走私的货物、物品定罪处罚；构成数罪的，实行数罪并罚。"

司法解释之所以如此规定，主要原因在于：

其一，作为犯罪构成的主观故意，有些犯罪应当以具体故意为要件，有些犯罪则只要有概括故意就可以成立。对于走私犯罪而言，只要行为人具备走私的概括故意，并实际实施了走私行为，就成立走私罪。其具体的罪名应当以其实际走私的对象而定，不能因为走私人对走私对象不知情而予以否认，而不按照其实际走私的对象定罪处罚。

其二，前述第二个司法解释的条文规定是"藏匿"，也就是该藏匿行为本身就客观表明了行为人的主观故意。这也符合走私活动的一般规律，即用普通的货物物品来掩盖违禁品。

其三，从执法实务考虑，如果认可对实际走私对象不知情的辩解，就会成为规避制裁的法律漏洞，使行为人以较轻的责任逃脱更严厉的刑事责任。

从另一个角度理解，刑法是按照走私犯罪对象不同来区分走私个罪的，因此不能从生活常识来理解行为的意义，而应从法律意义上来认识行为的含义。在一次走私行为包含不同走私对象的案件中，行为人对不同的走私对象均具有主观故意，这就是数个刑法意义上的行为，侵犯了数个法益，满足了数个犯罪构成，应当数罪并罚。

（二）对通常观点的再分析

上述司法解释在实际执行中，一直难以摆脱"客观归罪"的批评。实践中也存在一些案例，从证据角度看行为人确有可能对实际走私对象并不知情，但囿于司法解释的存在，只能按照较重的罪予以定罪处罚。

从字面上看，《最高人民法院、最高人民检察院关于办理走私刑事案件适用法律若干问题的解释》第 22 条似乎明确了这样一个原则："在具体案件中，如果出现走私犯罪嫌疑人的主观认识与具体走私对象不同的情形，就一律以实际走私的货物、物品定罪处罚；构成数罪的，实行数罪并罚。"

但是，即使是司法解释，也要遵循刑法所确定的定罪原理和基本原则。对司法解释的上述字面理解，实际上违背了主客观相统一的基本原则，也不符合《刑法》第 14 条关于故意犯罪的规定。因此，若案件涉及前述司法解释

第22条的理解与适用时，在辩护中需要注意以下几点。

一是，该司法解释第22条是对存在走私概括故意情形下，应当如何适用法律的规定；而不是对出现两种走私对象时，就推定存在概括故意。因此，在理解的逻辑顺序上，是先存在概括故意，之后才有第22条的适用。上述对司法解释第22条的一般认识，实际上是将第22条解读为"推定存在概括故意"，这是对司法解释理解的偏差。

二是，基于上述理解，该司法解释第22条仅仅适用于存在走私概括故意的犯罪情形。对是否存在概括故意，应当从主观故意的认知与意志两个角度进行理解，即第一，在认知上，行为人只是对整体走私对象有概括性认知，对具体走私对象没有明确的意识；第二，在意志上，行为人对实际走私对象不反对，有没有都无所谓，是什么也无所谓。也就是说，如果行为人对走私犯罪对象的认识非常明确，并在此基础上对其他走私对象予以排斥，那么就不应认定存在"走私概括故意"，进而也就没有该司法解释第22条的适用。

三是，走私犯罪是故意犯罪，不能简单地将其外延范围缩小为"概括故意犯罪"。当在走私进口的限制类废物中夹杂有普通货物（反之亦然）时，一方面，如果行为人知道其所要走私的货物、物品的具体性质；另一方面，行为人并未直接在所要走私的货物中藏匿其他不同性质的货物，对藏匿并不知情，此种情况属于"抽象的事实认识错误"，应当根据行为人主观认识的犯罪对象的性质定罪处罚。如果机械适用该司法解释第22条的规定，就违背了主客观相统一的定罪原则，属于客观归罪。

综上所述，如果行为人在一次走私行为中，走私对象既有废物又有普通货物，且废物、普通货物均已达起刑点时，在辩护实务上，应当着重分析行为人的主观故意，如果行为人对实际走私的普通货物（或固体废物）并不知情，则应提出"最多仅犯一罪"的辩护意见，这对最终的定罪量刑有着极其重要的实务意义。

走私废物罪的辩护实务，具体到个案时，细节庞杂，情况千差万别。我们无法涉及所有细节，但希望能够通过对证据事实、法律条款的探讨，为有效辩护提供参考。

第七节　走私毒品罪案件辩护实务

提起"毒品"，大家都认为离我们的生活非常遥远，这是因为大家对毒品的认知还不够清楚。比如大家认为"海洛因"这种具有极大危害性的才是毒品，但对"止咳水"大家仅仅认为是一种药品，未意识到其亦属于毒品范畴。

近年来，走私毒品犯罪案件量急剧增加，其中大量的是走私"止咳水"案件。由于"止咳水"中含有可待因成分，可以让人形成瘾癖。为了打击"止咳水"链条，2015年4月3日国家食品药品监督管理总局、公安部、国家卫生和计划生育委员会联合公告将含可待因复方口服液体制剂（包括口服溶液剂、糖浆剂）列入第二类精神药品管理。从此，走私"止咳水"被认定为走私毒品罪。

本章将对律师在走私毒品犯罪案件辩护中的常见问题进行梳理。由于毒品对象众多，我们选取近年来具有重大争议的"止咳水"为例，其他类型毒品我们不再展开讨论。

一、毒品的范围

《刑法》第357条规定，本法所称的毒品，是指鸦片、海洛因、甲基苯丙胺（冰毒）、吗啡、大麻、可卡因以及国家规定管制的其他能够使人形成瘾癖的麻醉药品和精神药品。该规定是采用不完全列举的方式，这是因为我国对麻醉药品和精神药品处于一个动态调整的过程，通常会通过行政命令的方式将某种成分列为国家管制类麻醉药品和精神药品。

根据2013年《国家食品药品监督管理总局、公安部、国家卫生和计划生育委员会关于公布麻醉药品和精神药品品种目录的通知》，截至2013年该通知下发之日，我国列入麻醉药品品种目录的有121种，列入精神药品品种目录第一类的有68种，第二类的有81种。此外，由于新型或复合型毒品层出不穷，无法完全列举具体毒品名称。

二、新型毒品判定问题

代理走私"止咳水"案件，应首先确定"止咳水"是否属于毒品，具体而言，"止咳水"中的成分是否属于毒品。

2015年之前国家并未打击"止咳水"，很多口岸地区的青少年会到我国香港地区购买并饮用，这逐渐成了社会问题。2015年国家三部门联合发文将含可待因复方口服液体制剂（包括口服溶液剂、糖浆剂）列入第二类精神药品管理，"止咳水"含有可待因成分，属于前述的含可待因复方口服液体制剂，所以认定"止咳水"为毒品（精神药品）。

根据《最高人民法院关于审理毒品犯罪案件适用法律若干问题的解释》规定，可待因属于《刑法》第347条第2款第1项、第348条规定的"其他毒品"，走私可待因1千克到5千克属于该罪的"数量较大"情节，处以7至15年有期徒刑；走私可待因5千克以上属于"数量大"情节，刑罚为15年有期徒刑、无期徒刑、死刑，并处没收财产。

同时，由于可待因制剂属于处方药品，2015年4月29日《国家食品药品监管总局　国家卫生计生委关于加强含可待因复方口服液体制剂管理的通知》要求，自2015年5月1日起，医疗机构应当按照《麻醉药品和精神药品管理条例》等相关规定，加强对含可待因复方口服液体制剂的管理，使用精神药品专用处方开具含可待因复方口服液体制剂，单方处方量不得超过7日常用量。

三、毒品鉴定问题

鉴定问题是毒品案件的首要问题，影响着案件的定性和量刑。

我们仍以"止咳水"为例。我国当前的司法实践对"止咳水"鉴定仅做成分鉴定，不做含量鉴定，也就是只要鉴定出"止咳水"含有可待因成分就可以，不要求鉴定出具体的含量。这种司法处理方式有悖于刑罚相当原则，比如同是一瓶含有可待因成分的"止咳水"，一瓶含量为1%，另一瓶含量为90%，如果适用相同的刑罚，显然不合理。司法实践中，有"投机者"将"止咳水"在境外提纯并换装，在境内降解浓度并分装出售，这样可以有效地规避现有的司法打击力度。

此外，现有的成分鉴定也是不全面的，"止咳水"属于复方制剂，里面的成分较多，通常含有磷酸可待因、盐酸麻黄碱，或者属于麻黄碱的盐类，"止咳水"从另一种角度来看属于"麻黄碱类复方制剂"。根据2012年6月18日《最高人民法院、最高人民检察院、公安部关于办理走私、非法买卖麻黄碱类复方制剂等刑事案件适用法律若干问题的意见》的规定，以加工、提炼制毒物品为目的，购买麻黄碱类复方制剂，或者运输、携带、寄递麻黄碱类复方制剂进出境的，依照《刑法》第 350 条第 1 款、第 3 款规定，分别以非法买卖制毒物品罪、走私制毒物品罪定罪处罚。所以针对大批量走私"止咳水"入境应重点考虑当事人的犯罪目的，从而确定适用的罪名。

律师在辩护过程中，如果发现当事人确属以加工、提炼制毒物品为目的，应当将辩护方向进行调整，综合考量，适用走私制毒物品罪的刑罚会轻于走私毒品罪。律师在辩护过程中应坚持要求鉴定机构全面鉴定涉案物品的成分，并且测算出各种成分的含量。

四、走私毒品犯罪量刑问题

"止咳水"是新型、轻微毒品，其量刑问题一直争议不断。

由于"止咳水"含可待因成分较低，实践中并没有按照 2015 年 5 月 18 日最高人民法院印发的《全国法院毒品犯罪审判工作座谈会纪要》的要求予以计量可待因的数量。根据该会议纪要，办理毒品犯罪案件，无论毒品浓度高低，一般均应将查证属实的毒品数量认定为毒品犯罪的数量，并据此确定适用的法定量刑幅度。如果根据该会议纪要的精神，应按照"止咳水"的重量来认定涉案的可待因的重量，从而确定法定量刑幅度。而现有市面上的"止咳水"多是 120 毫升/瓶，按照会议纪要标准，5 瓶"止咳水"就超过 1 千克，需要判处 7 年以上的刑罚，显然量刑畸重。

实践中，对走私几瓶"止咳水"通常判处几个月的拘役刑，对于数量较多的，司法人员会按照"止咳水"标注的含量进行折合，从而算出可待因的重量，然后按照可待因的重量或者根据《非法药物折算表》将可待因折成海洛因的数量，进行定罪处罚。

上述实操方法，合理但不合法。现有规定要求的不是按照纯度进行折算，而是按照重量确定量罚幅度。在没有上位法的支撑下，针对"止咳水"案件创造出的"瓶数法量刑""折算法量刑"等方法的合法性值得质疑。基于此，律师在辩护过程中应对公诉机关出具的量刑建议提出法律意见，追寻量刑建议的合法性基础。

五、毒品犯罪主观认定问题

走私毒品罪属于特殊的走私犯罪，只是因为走私的对象不同，具体的主观认定原则基本相同，但更加严格。

根据《最高人民法院、最高人民检察院、海关总署关于办理走私刑事案件适用法律若干问题的意见》第6条规定，"受蒙骗"（即"不明知"）在走私其他对象的犯罪中，并不是出罪的条件，而是量刑时考虑的因素，实践中也是这样操作的。

我们认为，对于走私毒品犯罪不能适用该条，而是应当根据2008年12月1日最高人民法院印发的《全国部分法院审理毒品犯罪案件工作座谈会纪要》规定，"具有下列情形之一，被告人不能做出合理解释的，可以认定其'明知'是毒品，但有证据证明确属被蒙骗的除外"。如果属于"被蒙骗"的情形，当事人主观上不构成"明知"，从而当事人不构成走私毒品罪。前述规则适用于走私"止咳水"案件，如果有证据证明，当事人被蒙骗或者根本不知道携带的是"止咳水"或不知道"止咳水"属于毒品，当事人不构成走私毒品罪，可以转为海关行政案件，通过行政处罚规制更为合理。

六、毒品对象不能犯问题

传统的对象不能犯，比如走私的是一包白糖，不是毒品。但在精神药品和麻醉药品这种特殊环境下属于毒品范畴的问题，当其回归到原本的药品属性时，它就属于毒品的不能犯问题。

比如，"止咳水"有双重属性，"止咳水"根据其字面含义可知，其原本属性是治疗咳嗽，止咳化痰，此时"止咳水"的性质属于药品。后由于人们对可待因的依赖，通过饮用"止咳水"享受可待因的"快感"，此时，"止咳水"的性质转化为毒品。辩护人在处理案件时应严格区分当事人进出境携带的"止咳水"的性质，如果当事人身患疾病且有医生的处方，我们认为，此时当事人携带的是药品，而不是毒品，客观对象不再是毒品，不应构成走私毒品罪。

七、走私毒品犯罪主从犯问题

走私毒品犯罪通常是共同犯罪，通关环节通常是"水客"或者"托人带货"，实践中往往率先查发的是"带货人"，而对真正的"货主"并未查实、到案。据此，我们认为"带货人"在整个犯罪环节中为了赚取微薄的"带工费"或者"受人之托"而携带"止咳水"进出境，在共同犯罪中起到次要辅助作用，应被认定为从犯，"货主"应被认定为主犯。实践中，不能因为"主犯"没有归案，即认定"带货者"为主犯。

实践中，还有一种与上述差异很大的做法，公诉机关为了给当事人从轻处罚，会出现全案没有主犯的情形，全案被告人都按照从犯处罚。律师在辩护过程中应充分论证被告人的作用大小，从而区分主从犯。

第六章
进出口通关中其他常见犯罪案件辩护实务

第一节　骗取国家出口退税罪案件辩护实务

在外贸出口领域，与走私罪案件同样高发的就是骗取国家出口退税罪案件。

活跃在口岸海关的外贸代理公司，大量的买单出口，单配货、货配单，正是骗取国家出口退税的外在形式。当然，要想成功骗取国家出口退税，仅有买单还是不够的，还有诸如骗取外汇核销、骗取国内税票等诸多环节，认定起来也相当复杂。

律师办理骗取国家出口退税罪案件，需要对本罪的构成要件，特别是客观表现形式，定罪量刑，此罪与彼罪等问题予以关注。

一、骗取国家出口退税罪的基本概念

出口退税是指在国际贸易业务中，对我国报关出口的货物退还在国内各生产环节和流转环节按税法规定缴纳的增值税和消费税，即出口环节免税且退还以前纳税环节的已纳税款。出口退税制度是一个国家税收制度的重要组成部分，也是一种国际惯例。

根据《刑法》第204条的规定，骗取国家出口退税罪，是指以假报出口或者其他欺骗手段，骗取国家出口退税款，达到数额较大及以上标准的行为。其与走私犯罪同样属于破坏社会主义市场经济秩序罪（《刑法》分则第三章），但不同的是走私罪规定在破坏社会主义市场经济秩序罪下的第二节（第151条至第157条），而骗取国家出口退税罪规定在破坏社会主义市场经济秩序罪下的第六节危害税收征管罪。

二、骗取国家出口退税罪的演变

我国出口退税制度建立于 20 世纪 80 年代，受制于当时税收体制的情况，1979 年《刑法》并不存在有关骗取国家出口退税罪的规定。在出口退税制度建立后，对骗取国家出口退税的行为，主流观点是将其视为偷税行为的一种表现形式，如 1989 年《国家税务局、对外经济贸易部、海关总署出口产品退税审批管理办法》规定，出口企业有意采取欺骗、隐瞒等手段而造成多退税款的，视同偷税行为，按《中华人民共和国税收征收管理暂行条例》的有关规定处理。

但随着情况的变化，以偷税罪来追究涉案当事人的责任已不能很好地适应时代的发展，同时考虑到以偷税罪追究骗取出口退税行为人的责任实际上是混淆了两种行为的本质。对此，1992 年 9 月 4 日发布的《中华人民共和国全国人民代表大会常务委员会关于惩治偷税、抗税犯罪的补充规定》（已废止）规定："企业事业单位采取对所生产或者经营的商品假报出口等欺骗手段，骗取国家出口退税款，数额在 1 万元以上的，处骗取税款 5 倍以下的罚金，并对负有直接责任的主管人员和其他直接责任人员，处 3 年以下有期徒刑或者拘役。前款规定以外的单位或者个人骗取国家出口退税款的，按照诈骗罪追究刑事责任，并处骗取税款 5 倍以下的罚金；单位犯本款罪的，除处以罚金外，对负有直接责任的主管人员和其他直接责任人员，按照诈骗罪追究刑事责任。"

但是，上述规定依然存在不足，一是同样是构成骗取国家出口退税行为，但对不同主体按不同罪名追究刑事责任（企业事业单位按骗取国家出口退税罪追责，企业事业单位以外的单位或个人按诈骗罪追责），导致罪与罪之间的不协调；二是同样是构成骗取出口退税行为，因主体不同导致刑罚不同（按照骗取国家出口退税罪追责，依照当时法律，法定最高刑为 3 年有期徒刑；按照诈骗罪追责，法定最高刑为无期徒刑），刑罚相差极为悬殊导致新的不公平，违背了刑法理论上的罪责刑相适应原则。[1]

1997 年《刑法》对此作出了修改。1997 年《刑法》第 204 条规定，"以假报出口或者其他欺骗手段，骗取国家出口退税款，数额较大的，处五年以

---

〔1〕　参见高铭暄：《新型经济犯罪研究》，中国方正出版社 2000 年版，第 265 页。

下有期徒刑或者拘役，并处骗取税款一倍以上五倍以下罚金；数额巨大或者有其他严重情节的，处五年以上十年以下有期徒刑，并处骗取税款一倍以上五倍以下罚金；数额特别巨大或者有其他特别严重情节的，处十年以上有期徒刑或者无期徒刑，并处骗取税款一倍以上五倍以下罚金或者没收财产。纳税人缴纳税款后，采取前款规定的欺骗方法，骗取所缴纳的税款的，依照本法第二百零一条的规定定罪处罚；骗取税款超过所缴纳的税款部分，依照前款的规定处罚"。1997 年《刑法》所作出的修改主要体现在：一是实际上没有缴纳税款，但以假报出口或者其他欺骗手段，骗取国家出口退税款，数额较大的行为，按照骗取国家出口退税罪追究涉案当事人的刑事责任；缴纳税款后，又假报出口或者其他欺骗手段，骗取国家出口退税款的行为，按照逃税罪追究涉案当事人的刑事责任。同时，若缴纳税款后，当事人所骗取出口退税款超过其所缴纳税款的部分按照骗取国家出口退税罪追究当事人的刑事责任。此外，1997 年《刑法》还大幅提高了骗取国家出口退税罪的法定最高刑。

三、骗取国家出口退税罪的构成要件

(一) 骗取国家出口退税罪的客体

骗取国家出口退税罪侵犯的客体，是国家出口退税管理制度和国家财产权。国家实行出口退税制度，对于鼓励出口，扩大和占领国际市场，参与国际竞争，发展外向型经济，都具有重要意义。然而，少数企事业单位却趁机采取假报出口等手段，骗取国家出口退税款。它不仅严重地破坏了国家关于出口退税的管理制度，扰乱了国家出口退税政策的顺利执行，而且还给国家财政造成了严重损失。

(二) 骗取国家出口退税罪的客观要件

骗取国家出口退税罪在客观方面表现为采取假报出口等欺骗手段，骗取国家出口退税款，数额较大的行为。

所谓"假报出口"，是指以虚构已税货物出口事实为目的，具有下列情形之一的行为：（1）伪造或者签订虚假的买卖合同；（2）以伪造、变造或者其他非法手段取得出口货物报关单、出口收汇核销单、出口货物专用缴款书等有关出口退税单据、凭证；（3）虚开、伪造、非法购买增值税专用发票或者

其他可以用于出口退税的发票；（4）其他虚构已税货物出口事实的行为。

而"其他欺骗手段"，则包括以下情形：（1）骗取出口货物退税资格的；（2）将未纳税或者免税货物作为已税货物出口的；（3）虽有货物出口，但虚构该出口货物的品名、数量、单价等要素，骗取未实际纳税部分出口退税款的；（4）以其他手段骗取出口退税款的。

根据司法实践，实施骗取国家出口退税常见的欺骗手段主要有以下几种。

（1）串通有出口经营权企业，非法获取出口单证、代理出口业务。在这一环节中，骗取出口退税当事人通常主动找到有关外贸企业，以给"回扣"等各种条件为诱饵、提出代为组织国内"货源"、代理寻找外商客户和代理出口报关等业务。在外贸企业作出承诺后，骗取出口退税当事人以外商名义发来订单，有的骗取出口退税当事人甚至随身携带伪造的境外公司印章，直接以外商代理人身份与外贸企业签订出口协议书。与此同时，骗取出口退税当事人又以代为组织国内"货源"名义，串通国内不法生产、销售企业与外贸公司签订内贸合同；有的骗取出口退税当事人甚至直接与外贸公同签订内贸合同，同时向外贸企业提供虚开代开的增值税专用发票，并取得外贸企业提供的出口报关单等单证，代理外贸企业进行所谓"出口报关"业务。

（2）串通国内不法生产、销售企业，非法获取虚开、代开的增值税专用发票。在这一环节中，骗取出口退税当事人通常流窜于全国各省市，用贿赂企业工作人员和"优惠"的开票价格（一般按开票金额的比例计算）等手段，取得这些不法企业开出的没有实际商品购销活动的虚假增值税专用发票。开票的货名通常是一些没有外贸出口限制的皮革制品、服装、电器元件以及其他日用小商品等，开票的单价通常远远高于实际商品价格的十几倍甚至几十倍。有的骗取出口退税当事人直接或间接地与国内不法生产、销售企业建立联系，从企业获取空白增值税专用发票自行填开，或收购不法企业虚开、代开的增值税专用发票。

（3）串通境内外不法商人与外贸企业非法调汇，从中获取非法利益。由银行出具的出口收汇单，是标志外贸企业完成商品出口的重要凭证，因而是骗取出口退税当事人在实施一系列骗取出口退税犯罪行为中必须完成的一个步骤，也是骗取出口退税当事人实际获取非法利益的关键环节。在这一环节中，骗取出口退税当事人通常与境内外不法商人相勾结，以向国内投资需要人民币等为由，借用境内外企业的外汇与外贸企业进行非法调汇。有时骗取出口退税当事人则通过各种手段，将境内套取的外汇非法汇至境外银行，然后以外商名义与国内外贸企业进行非法调汇交易。这种非法调汇的价格通常比正常调汇价格高出许多，骗取出口退税当事人便从该非法调汇的差价中获得巨额利益。国内外贸企业虽然相应地在非法调汇中造成了损失，但为弥补这一损失并从中获取一定"盈利"，他们只得冒险使用骗取出口退税当事人提供的虚假退税凭证骗取国家出口退税款。骗取出口退税当事人与外贸企业的这种非法交易一旦成功，双方均可从中获得可观利益，最终只有国家的出口退税款蒙受巨大损失。

（4）采取行贿或欺骗手段，非法获取盖有海关验讫章的出口货物报关单。在这一环节中，骗取出口退税当事人通常采用的手段大体有四种，一是在《出口货物报关单（出口退税联）》上加盖私刻伪造的海关验讫章，虚构货物已报关出口的事实。二是以少报多、以假充真，或在根本没有货物出口的情况下，想方设法在《出口货物报关单（出口退税联）》上加盖海关验讫章，虚构货物已报关出口的事实。三是利用海关检查不严的漏洞，以假充真或空车过境，骗取海关在《出口货物报关单（出口退税联）》上加盖海关验讫章，隐瞒无货出口的事实真相。四是购买少量货物或租用他人货物通关报验，然后以少报多，骗取海关在《出口货物报关单（出口退税联）》上加盖海关验讫章。特别是骗取出口退税当事人租用他人的货物，出境后通常又以走私手段或以较低价值报关入境，一批货物往复多次使用、搞货物"旅行"。这种虚构货物出口事实的作案手法，具有很强的隐蔽性和欺骗性，是当前骗取出口退税当事人较常用的手段。

（三）骗取国家出口退税罪的主体要件

骗取国家出口退税罪主体为一般主体，凡达到刑事责任年龄且具备刑事责任能力的自然人均能构成骗取国家出口退税罪主体，同时，单位亦能成为该罪的主体。其中单位主要是具有出口经营权的单位。因为出口退税实质上是国家为了鼓励产品出口而给予的财政性资助，不具有出口经营权的单位不可能享受这种优惠。根据现行税法的规定，我国享有出口退税权的单位有三种：（1）享有独立对外出口经营权的中央和地方的外贸企业、工业贸易公司以及部分工业生产企业；（2）特定出口退税企业，如外轮供应公司、对外承包工程公司等；（3）委托出口企业。前两种单位可直接申报出口退税，自然可以成为骗取国家出口退税罪主体。第三种情况中，委托方虽不具有直接出口经营权，但其仍有权享有出口退税利益，所以也可以成为骗取国家出口退税罪主体。至于代理方本身具有直接出口经营权，当然可以成为骗取国家出口退税罪主体。

（四）骗取国家出口退税罪的主观要件

骗取国家出口退税罪在主观方面为直接故意，并且具有骗取出口退税的目的。由于出口企业工作人员的失误，或者产品出口以后由于质量等原因又被退回，造成税务机关多退税款的，因没有骗税的犯罪故意，因此不能以骗取国家出口退税罪追究其刑事责任，而只能由税务机关责令出口企业限期退回多退的税款，属于出口企业失误的，还可按日加收滞纳金。出口企业骗取出口退税的动机，一般是为了完成国家规定的继续享有进出口经营权所必须达到的创汇任务，并从中赚取一定比例的代理出口手续费。但是动机并不影响骗取国家出口退税罪的成立。

四、骗取国家出口退税罪的量刑

《刑法》第 204 条规定："以假报出口或者其他欺骗手段，骗取国家出口退税款，数额较大的，处五年以下有期徒刑或者拘役，并处骗取税款一倍以上五倍以下罚金；数额巨大或者有其他严重情节的，处五年以上十年以下有期徒刑，并处骗取税款一倍以上五倍以下罚金；数额特别巨大或者有其他特别严重情节的，处十年以上有期徒刑或者无期徒刑，并处骗取税款一倍以上五倍以下罚金或者没收财产。纳税人缴纳税款后，采取前款规定的欺骗方法，骗取所缴纳的税款的，依照本法第二百零一条的规定定罪处罚；骗取税款超过所缴纳的税款部分，依照前款的规定处罚。"

根据《最高人民法院关于审理骗取出口退税刑事案件具体应用法律若干问题的解释》（以下简称《骗取出口退税司法解释》）的规定，骗取国家出口退税款 5 万元以上的，为《刑法》第 204 条规定的"数额较大"，处 5 年以下有期徒刑或者拘役，并处骗取税款 1 倍以上 5 倍以下罚金；骗取国家出口退税款 50 万元以上的，为《刑法》第 204 条规定的"数额巨大"，处 5 年以上 10 年以下有期徒刑，并处骗取税款 1 倍以上 5 倍以下罚金；骗取国家出口退税款 250 万元以上的，为《刑法》第 204 条规定的"数额特别巨大"，处

10 年以上有期徒刑或者无期徒刑，并处骗取税款 1 倍以上 5 倍以下罚金或者没收财产。此外，以下情形属于《刑法》第 204 条规定的"其他严重情节"，处 5 年以上 10 年以下有期徒刑，并处骗取税款 1 倍以上 5 倍以下罚金：一是造成国家税款损失 30 万元以上并且在第一审判决宣告前无法追回的；二是因骗取国家出口退税行为受过行政处罚，两年内又骗取国家出口退税款数额在 30 万元以上的；三是情节严重的其他情形。以下情形属于《刑法》第 204 条规定的"其他特别严重情节"，处 10 年以上有期徒刑或者无期徒刑，并处骗取税款 1 倍以上 5 倍以下罚金或者没收财产：一是造成国家税款损失 150 万元以上并且在第一审判决宣告前无法追回的；二是因骗取国家出口退税行为受过行政处罚，两年内又骗取国家出口退税款数额在 150 万元以上的；三是情节特别严重的其他情形。

五、此罪与彼罪

（一）骗取国家出口退税罪与诈骗罪的区别

诈骗罪，是指以非法占有为目的，虚构事实，隐瞒真相，骗取公私财物，数额较大的行为，其与骗取国家出口退税罪的区别在于以下几个方面：一是侵犯的客体和犯罪对象不同，骗取国家出口退税罪侵犯的客体是国家的出口退税管理制度，其犯罪对象是出口退税款；诈骗罪侵犯的客体是公私财物的所有权，其犯罪对象是公私财物。二是客观表现形式不同，骗取国家出口退税罪的当事人是采取假报出口等欺骗手段，非法占有国家出口退税款；诈骗罪的当事人是采取虚构事实或隐瞒真相的办法，直接将公私财物据为己有。三是犯罪主体不同，骗取国家出口退税罪是一般主体，自然人和单位都可构成该罪的当事人；而诈骗罪的主体则只能是自然人。

事实上，骗取国家出口退税罪也是采用虚构事实、隐瞒真相的手段，骗取国家退税款的行为，也属于一种欺诈行为，骗取国家出口退税罪与诈骗罪之间存在法条竞合的关系，因此按照特别法优于普通法的原则，按照骗取国家出口退税罪的有关规定追究当事人的刑事责任。

（二）骗取国家出口退税罪与逃税罪的区别

逃税罪，是指采取欺骗、隐瞒的手段进行虚假申报或不申报，逃避缴纳税款情节严重的行为。其与骗取国家出口退税罪的区别在于：一是犯罪客体不同，骗取国家出口退税罪所侵犯的客体是国家出口退税管理制度，而逃税罪侵犯的客体可以是违反税收征管制度各个方面的内容，范围更广。二是犯罪对象不同，骗取国家出口退税罪的犯罪对象是出口退税款，而逃税罪的犯罪对象是应缴税款。三是客观行为手段不同，骗取国家出口退税罪的当事人采取的是假报出口或其他欺骗手段，而逃税罪的当事人是采取欺骗、隐瞒手段进行虚假的纳税申报或不申报。四是犯罪主观方面的目的不同，骗取国家出口退税罪的目的是非法占有国家出口退税款，而逃税罪的目的，是不缴或少缴税款。

从上述内容来看，两罪之间的区别还是很大的，但是《刑法》第204条的规定却让同一行为分不同的情况分别按骗取国家出口退税罪或逃税罪追究当事人的刑事责任。根据《刑法》第204条第2款规定，"纳税人缴纳税款后，采取前款规定的欺骗方法，骗取所缴纳的税款的，依照本法第二百零一条的规定定罪处罚；骗取税款超过所缴纳的税款部分，依照前款的规定处罚"。也就是说，当事人缴纳税款后，采取假报出口或其他欺骗手段骗取所缴纳税款的，按逃税罪处理；骗取税款超过所缴纳的税款部分，按骗取国家出口退税罪追责。

对此，司法实践中存在较大争议。有观点认为，若当事人骗取国家出口退税数额超过其所缴税额且较大的，其行为同时触犯了两个罪，应按照骗取国家出口退税罪与逃税罪实行数罪并罚。还有观点认为，若当事人多次实施骗取出口退税行为，累计数额超过已缴纳税款的数额且达到骗取国家出口退税罪立案标准的，应按照骗取国家出口退税罪与逃税罪实行数罪并罚；若当事人只实施了一次骗取出口退税行为，且其数额超过已缴纳税款数额的，应按想象竞合犯从一重罪追责。我们赞同后一个观点。

（三）骗取国家出口退税罪与违法提供出口退税证罪的区别

违法提供出口退税证罪，是指其他国家机关工作人员违反国家规定，在提供出口货物报关单、出口收汇核销单等出口退税凭证的工作中，徇私舞弊，致使国家利益遭受重大损失的行为。其与骗取国家出口退税罪的区别在于：骗取国家出口退税罪是当事人实施的破坏社会主义市场经济秩序的犯罪，违法提供出口退税证罪是徇私舞弊为他人违法提供出口退税证，给国家利益造成重大损失的行为。

在司法实践中，对有关国家机关工作人员违法提供出口退税证，协助其他人员实施骗取出口退税的行为该如何定性？我们认为，可以分为以下几种情况。一是若该国家机关工作人员与骗取出口退税当事人之间有共谋的，对该国家机关工作人员以骗取国家出口退税罪的共犯定罪处罚；若骗取出口退税行为未达到立案标准，而违法提供出口退税证达到立案标准的，应按照违法提供出口退税证罪追究该国家机关工作人员的刑事责任。二是若该国家机关工作人员与骗取国家出口退税罪的骗取出口退税当事人之间没有共谋，但明知该当事人为骗取出口退税的目的而仍然为其违法提供出口退税证的，且骗取出口退税和违法提供出口退税证均达到立案标准的，对该国家机关工作人员应按照想象竞合犯的处罚原则，从一重罪追究其刑事责任。

（四）骗取国家出口退税罪与走私普通货物罪的区别

走私普通货物罪，是指走私除有关规定明确列明的货物之外的普通货物，偷逃税款较大的行为。其与骗取国家出口退税罪无论是犯罪对象还是侵犯的客体均存在较大的区别。若当事人既实施了骗取出口退税的行为又实施了走私普通货物的行为，且两个行为之间没有关联性，对此，应分别按照骗取国家出口退税罪与走私普通货物罪实施数罪并罚以追究当事人的刑事责任，且应由海关缉私部门和地方公安经侦部门分别侦办。在司法实践中，有的当事人为了持续实施骗取退税行为而把出口的货物（一般是货物模型或空的纸箱等低价值货物伪报成高价值货物出口）再走私入境，对此是按照骗取国家出口退税罪与走私普通货物罪实施数罪并罚，还是按照牵连犯从一重罪处罚？我们认为，由于当事人实施走私行为的目的是持续实施骗取出口退税，具有明显的牵连犯的特点，应按照牵连犯从一重罪处罚。实践中，由海关缉私部门侦办的骗取国家出口退税罪大多数属于这种情况。

六、法律实务中应关注的重点

（一）主观层面是否存在骗取国家出口退税的主观故意

如上所述，从犯罪构成要件上看，构成骗取国家出口退税罪，行为人主观上必须具有故意，即以"骗取出口退税款"为目的，客观上实施了"以假报出口或者其他欺骗手段"，造成国家税款损失达到一定的标准，才能够以骗取国家出口退税罪追究当事人的刑事责任。因此，在法律实务中可以从主观层面着手，论述当事人不具备构成骗取国家出口退税罪的故意，或者公诉机关无充分证据证明当事人主观上存在故意犯罪。

(二) 构成一罪还是应数罪并罚

当事人在实施骗取出口退税的同时，往往还会涉及虚开增值税专用发票、走私等行为。比如，当事人为了虚构贸易而获得进项发票，就往往会找到上游公司虚开增值税专用发票，或者在俗称的"一日游"模式中，当事人将出口退税的货物通过走私的方式再次入境，以便下一次申报出口，上述虚开增值税专用发票以及走私等行为的最终目的都是骗取出口退税款，当事人的相关行为之间存在关联。根据牵连犯的相关理论，相关行为的目的之间存在吸收关系或两个行为具有同一目的的，属于牵连犯。根据《骗取出口退税司法解释》的相关规定，实施骗取国家出口退税犯罪，同时构成虚开增值税专用发票罪等其他犯罪的，依照刑法处罚较重的规定定罪处罚，而不是数罪并罚。

(三) 是否存在未实际取得出口退税款的情况

根据《骗取出口退税司法解释》的相关规定，实施骗取国家出口退税行为，没有实际取得出口退税款的，可以比照既遂犯从轻或者减轻处罚。因此，在法律实务中应重点留意相关当事人是否申请退税以及是否实际取得出口退税款，对未申请退税以及未实际获得出口退税款部分，可主张构成未遂，对相关当事人可以从轻或减轻处罚。

(四) 高报出口价格并不必然构成骗取出口退税

在大众印象中，高报出口价格是常见的骗取出口退税手段之一，所以一旦出现高报出口价格的情况，人们很容易将其与骗取出口退税联系在一起。但在法律实务中，高报出口价格与骗取出口退税之间并不能直接画等号，仅仅只有高报价格的情形并不能直接说明当事人客观上实施了骗取出口退税的行为，也不能表明当事人主观上有骗取出口退税的故意，同时也不必然会造成国家税款的损失。因为，根据《出口货物退 (免) 税管理办法 (试行)》《财政部、国家税务总局关于出口货物劳务增值税和消费税政策的通知》等相关规定中有关出口退税的计算公式、计算方法，高报出口价格只能增加免抵退税额，而免抵退税额是否可以转化为实际退税款，还受已缴纳的增值税额的限制，即以已缴纳的增值税额（进项税额）为上限，不能超过已缴纳的增值税额。因此，超出已缴纳的增值税额（进项税额）部分的高报出口价格并不必然导致获得更多的退税额。另外，在司法实践中还有一种情况，出口货物因报关报检时间差、市场价格波动、货物短装及货物到买方后不完全达标降价销售等客观原因，导致申报价格与实际出口价格的不一致。其中，部分原因会导致出口价格的高报，但当事人并不存在以高报价格的方式骗取出口退税款的主观故意，因此亦不应认定为构成骗取国家出口退税罪。

第二节　逃避商检罪案件辩护实务

逃避商检罪，是指违反进出口商品检验法的规定，逃避商品检验，将必须经商检机构检验的进口商品未报经检验而擅自销售、使用，或者将必须经商检机构检验的出口商品未报经检验合格而擅自出口，情节严重的行为。在实务中涉及刑事案件管辖问题、主观认知、属性鉴定等问题，常有争议。

一、关于逃避商检罪的管辖问题

2020 年 9 月，公安部发布 2020 版刑事案件管辖分工规定，对各有关业务部门刑事案件管辖分工进行了调整。关于行业公安机关管辖方面，海关总署缉私局增加了管辖逃避商检案、妨害国境卫生检疫案、妨害动植物检疫案。至此，海关总署缉私局管辖的刑事案件由原来的 12 种走私犯罪类案件，增加至 15 种刑事案件。在此次公安部对刑事案件管辖分工调整之前，此类逃避商检罪案件由地方公安机关侦办。在以往的司法实践中，逃避商检罪并非常见罪名，以涉嫌逃避商检罪被追究刑事责任的案件数量很少，公开案例也不多见。

2020 年，由于受到新冠肺炎疫情的影响，国家加强相关医疗物资出口的管控力度，医疗物资纳入出口法检名录，同时海关也加大了现场查验力度，查获了一批通过伪报品名方式出口医疗物资案件，从犯罪构成看，此类案件可能构成非法经营罪、生产销售伪劣产品罪等罪名，同时构成逃避商检罪。

对此类案件，海关现场查验部门经过查验，完成抽样送检工作。如果经过鉴定，送检商品属于法定检验商品，海关查验部门将案件移交海关处置部门作出行政处罚；如果案件标的较大，相关情形符合刑事立案标准，海关处置部门将依法移交海关缉私部门行政立案并开展询问、取证等调查工作，此类案件的主要证据均在海关缉私部门开展行政调查的过程当中完成。从这个角度讲，逃避商检罪案件的管辖权划归海关缉私局是有利于案件办理的。

二、关于逃避商检罪的法律规定分析

本罪规定在《刑法》第230条，违反进出口商品检验法的规定，逃避商品检验，将必须经商检机构检验的进口商品未报经检验而擅自销售、使用，或者将必须经商检机构检验的出口商品未报经检验合格而擅自出口，情节严重的，处3年以下有期徒刑或者拘役，并处或者单处罚金。

本罪的主体系特殊主体，即有义务报商检机构检验进出口商品的个人和单位，对于没有报检义务的当事人则不构成本罪。

本罪主观方面必须是故意，过失不构成本罪。主观方面的认知非常重要，也必然是律师辩护的重中之重。

客观方面，"情节严重"的才构成本罪，那么何为"情节严重"？根据《最高人民检察院、公安部关于公安机关管辖的刑事案件立案追诉标准的规定（二）》第83条规定，"涉嫌下列情形之一的，应予立案追诉：（一）给国家、单位或者个人造成直接经济损失数额在五十万元以上的；（二）逃避商检的进出口货物货值金额在三百万元以上的；（三）导致病疫流行、灾害事故的；（四）多次逃避商检的；（五）引起国际经济贸易纠纷，严重影响国家对外贸易关系，或者严重损害国家声誉的；（六）其他情节严重的情形"。可见，罪与非罪的辩护重点是将案件事实和危害后果排除在上述情形之外。

三、案例分析及辩护要点

【案例】A公司是一家海关AEO高级认证的进料加工企业，从2016年开始，A公司以保税进口的方式进口某香料制剂作为生产原料，加工生产成成品之后全部出口。一直以来，A公司严格按照合同文件中约定的进口原料的商品名称及规格型号如实申报，始终未被海关查验过。

2019年8月，A公司听说国内生产类似产品的B公司进口类似的原料经海关查验及抽样送检，被认定属于需要法定商检的危险化学品。获知消息后，A公司自行对本公司进口的原料抽样送检，鉴定机构出具了《危险特性分类

鉴别报告》，认定该原料属于《危险化学品目录》中列明的危险化学品，需要法定商检。A公司继续按照以往的报关要素申报。

2020年4月，在新冠肺炎疫情期间，A公司进口的货物被海关查验并鉴定为危险化学品。进一步调查，海关发现A公司自2016年进口此种品名的原料，一直未按危险化学品申报，且A公司已于2019年8月自行抽样送检，获知进口商品是需要商检的危险化学品。从2019年8月至此次被海关查验，A公司进口该品名原料货值超过6000万元，远远超过法律规定的逃避商检罪300万货值的起刑点。

之后海关将案件移交地方公安，以逃避商检罪予以刑事立案侦查。

显而易见，公安机关之所以刑事立案，是认定自2019年8月自行送检鉴定并获知鉴定结论之日起，A公司明显具备逃避法定商检的主观故意。后案件移送至公诉部门审查起诉。

在此阶段律师基于案件证据情况提出了不予起诉的法律意见，得到公诉机关的认可，最终认为A公司不具备逃避商检的主观故意，并作出不起诉决定。辩护要点在于以下几个方面。

首先，A公司虽然自行送检得出的结论是危险化学品，但是A公司只是生产加工型企业，并不掌握海关通关类专业知识，对所谓的危险化学品的监管条件并不了解，况且关于法检商品的清单并未对危险化学品等商品作出明显标示。商品归类及监管条件等问题均属于知识性很强的业务，即便在海关工作多年但没有从事此类业务的人员也会对此不甚了解，因此不应当苛求企业具备"专家级"水平。A公司已经在报关环节完成了全部报关要素的申报，并且在正常进口多年以来海关并未就此提出异议。

其次，A公司是AEO高级认证企业，在认证过程中，海关对所有申请认证企业作全方位的验证，包括审核贸易流程、核对报关单数据等。可以说，AEO认证的过程也是海关对企业合规性检查的"一次大考"，在认证过程中，海关对A公司进口原料的合法性问题没有提出任何异议，说明A公司的申报行为不存在违法问题。A公司当然有理由相信以往进口原料的合法性。

最后，A公司属于加工贸易类企业，根据和境外客户签署的加工贸易合同进口原料并出口成品。分析政府部门对危险化学品的监管要求，其中一个目的是避免危险化学品因监管不力而流入市场，进而造成危害社会的结果。但是对于加工贸易企业来讲，其进口原料加工之后全部出口，无论是原料还是成品均不会流入国内市场，因此造成危害结果的可能性很低。

第三节　妨害国境卫生检疫罪案件辩护实务

妨害国境卫生检疫罪是一个历史悠久但适用极少的罪名，其最早规定于1957 年 12 月 23 日发布实施的《中华人民共和国国境卫生检疫条例》中。该条例第 7 条规定了违反国境卫生检疫的刑事责任，"如果因违反本条例和本条例实施规则而引起检疫传染病的传播，或者有引起检疫传染病传播的严重危险，人民法院可以根据情节轻重依法判处二年以下有期徒刑或者拘役，并处或者单处一千元以上五千元以下罚金"。1979 年《刑法》第一次规定了妨害国境卫生检疫罪，该法第 178 条规定，"违反国境卫生检疫规定，引起检疫传染病的传播，或者有引起检疫传染病传播严重危险的，处三年以下有期徒刑或者拘役，可以并处或者单处罚金"。

现行《刑法》第 332 条针对妨害国境卫生检疫罪增加了单位犯罪条款，罚金也变更为必罚项，但依然可以单处罚金，即"违反国境卫生检疫规定，引起检疫传染病传播或者有传播严重危险的，处三年以下有期徒刑或者拘役，并处或者单处罚金。单位犯前款罪的，对单位判处罚金，并对其直接负责的主管人员和其他直接责任人员，依照前款的规定处罚"。

一、罪与非罪

（一）妨害国境卫生检疫罪的构成要件

根据《刑法》第 332 条的规定，本罪的四要件分析如下。

（1）主体。一般主体，年满 16 周岁且具有刑事责任能力的自然人（包括国内外公民）均可成为本罪的主体。此外，单位亦可构成本罪主体。

（2）客体。本罪侵犯的客体为国家对国境卫生检疫的正常管理活动。如相关责任主体在境内违反规定引起传染病传播，其影响的不是国境卫生检疫的正常管理活动，不能构成本罪。

（3）主观要件。行为人的主观故意是明知应当接受卫生检疫检查而故意逃避或拒绝，引起传播传染病的危险。如行为人因耳聋没有听到现场喊话要求检查而未接受检疫检查，引起传播严重危害的，不应构成本罪。同时行为人对引起检疫传染病或者有传播严重危险的危害结果的发生是过失。如果存在引起疾病传播的故意，则不构成本罪，应该构成以危险方法危害公共安全罪。

（4）客观要件。行为人实施了违反国境卫生检疫规定，引起检疫传染病的传播，或者有传播严重危险的行为。

（二）行政处罚与刑事责任的界限

根据 2018 年修正的《国境卫生检疫法》第 20 条和 2019 年修订的《中华人民共和国国境卫生检疫法实施细则》第 109 条规定，应受行政处罚的行为如下。

（1）应当受入境检疫的船舶，不悬挂检疫信号的；

（2）入境、出境的交通工具，在入境检疫之前或者在出境检疫之后，擅自上下人员，装卸行李、货物、邮包等物品的；

（3）拒绝接受检疫或者抵制卫生监督，拒不接受卫生处理的；

（4）伪造或者涂改检疫单、证，不如实申报疫情的；

（5）瞒报携带禁止进口的微生物、人体组织、生物制品、血液及其制品或者其他可能引起传染病传播的动物和物品的；

（6）未经检疫的入境、出境交通工具，擅自离开检疫地点，逃避查验的；

（7）隐瞒疫情或者伪造情节的；

（8）未经卫生检疫机关实施卫生处理，擅自排放压舱水，移下垃圾、污物等控制的物品的；

（9）未经卫生检疫机关实施卫生处理，擅自移运尸体、骸骨的；

（10）废旧物品、废旧交通工具，未向卫生检疫机关申报，未经卫生检疫机关实施卫生处理和签发卫生检疫证书而擅自入境、出境或者使用、拆卸的；

（11）未经卫生检疫机关检查，从交通工具上移下传染病病人造成传染病传播危险的。

2018 年修正的《国境卫生检疫法》第 22 条规定了刑事责任，"违反本法规定，引起检疫传染病传播或者有引起检疫传染病传播严重危险的，依照刑法有关规定追究刑事责任"。此处的"引起检疫传染病传播"较好理解，但何为"有引起检疫传染病传播严重危险"则易引起争议。

《最高人民检察院、公安部关于公安机关管辖的刑事案件立案追诉标准的规定（一）》亦未对本罪立案追诉的标准进行细化。

最高人民法院、最高人民检察院、公安部、司法部、海关总署联合印发的《关于进一步加强国境卫生检疫工作　依法惩治妨害国境卫生检疫违法犯罪的意见》第2条规定了六种行为，属于妨害国境卫生检疫行为，如引起检疫传染病传播或者有传播严重危险的，以妨害国境卫生检疫罪定罪处罚。

（1）检疫传染病染疫人或者染疫嫌疑人拒绝执行海关依照国境卫生检疫法等法律法规提出的健康申报、体温监测、医学巡查、流行病学调查、医学排查、采样等卫生检疫措施，或者隔离、留验、就地诊验、转诊等卫生处理措施的；

（2）检疫传染病染疫人或者染疫嫌疑人采取不如实填报健康申明卡等方式隐瞒疫情，或者伪造、涂改检疫单、证等方式伪造情节的；

（3）知道或者应当知道实施审批管理的微生物、人体组织、生物制品、血液及其制品等特殊物品可能造成检疫传染病传播，未经审批仍逃避检疫，携运、寄递出入境的；

（4）出入境交通工具上发现有检疫传染病染疫人或者染疫嫌疑人，交通工具负责人拒绝接受卫生检疫或者拒不接受卫生处理的；

（5）来自检疫传染病流行国家、地区的出入境交通工具上出现非意外伤害死亡且死因不明的人员，交通工具负责人故意隐瞒情况的；

（6）其他拒绝执行海关依照国境卫生检疫法等法律法规提出的检疫措施的。

该意见第3条还强调"做好行政执法和刑事司法的衔接，对符合国境卫生检疫监管领域刑事案件立案追诉标准的案件，要依照有关规定，及时办理移送公安机关的相关手续，不得以行政处罚代替刑事处罚"。但仍未明确"有传播严重危险"的认定。

因此，违反国境卫生检疫法所需承担的行政责任与刑事责任并没有明确的分界线，由执法机关和司法机关根据具体情形掌握。

（三）律师辩护的注意点

1. 正确理解"传染病"

《国境卫生检疫法》第3条规定，传染病，是指检疫传染病和监测传染病。检疫传染病，是指鼠疫、霍乱、黄热病以及国务院确定和公布的其他传染病。监测传染病,由国务院卫生行政部门确定和公布。目前尚未检索到国家卫生健康委员会和海关总署编制的国境卫生检疫监测传染病目录,已知的检疫传染病除了鼠疫、霍乱、黄热病,还包括国家卫生健康委员会于 2020 年 1 月 20 日发布的 2020 年第 1 号公告的新型冠状病毒感染的肺炎,该公告规定:"经国务院批准,将新型冠状病毒感染的肺炎纳入《中华人民共和国国境卫生检疫法》规定的检疫传染病管理。"监测传染病未能检索到相关明确规定。如行为人引起传播的系检疫和监测传染病之外的其他疾病,则不能构成妨害国境卫生检疫罪。故在本罪的辩护中,首先应确定所传播或引起传播危险的疾病是否在上述疾病之列。

2. 是否属"引起检疫传染病传播严重危险"

因国境卫生检疫法律法规和司法解释均没有对"引起检疫传染病传播严重危险"的具体内涵作出明确规定,亦无相关判例,辩护律师在辩护工作中应抓住有利方面,根据罪刑法定和有利于被告人的原则,争取最优结果。

类似罪名"妨害传染病防治罪"的相关判例中下列行为被认定为有传播严重危险:(1)"隐瞒武汉旅行史,多次乘坐公共交通工具,出入公共场所,致 55 名密切接触者(其中包括上海市第六人民医院金山分院医护人员 11 名)被隔离"。(2)"被告人李某乙明知从疫区回家后,应当采取有效防控措施,仍然串门聚餐,在当地防控干部落实告知、劝阻等措施后,仍然邀请亲属聚餐。被告人李某某、李某乙在被确诊为新冠肺炎后,未及时如实提供与其有过密切接触的人员,阻碍疾病预防控制部门进行流行病学调查,造成预防控制措施滞后,致使其他密切接触者未得到及时有效隔离,有引起新冠肺炎传播的严重危险。"[(2020)陕 0929 刑初 19 号](3)"被告人季某某、章某某隐瞒聚会的事实,致使聚会的情况未被及时发现,导致季某某、章某某的密切接触者及密切接触者的密切接触者 500 余人(其中医务人员 30 余人)未被及时隔离医学观察,两被告人的行为严重影响了疫情的防治工作,造成社会恐慌。"[(2020)浙 1121 刑初 44 号]可见,行为人隐瞒病情或疫区旅行史导致被隔离人数的多少是认定"引起传播严重危险"的重要因素。

3. 认罪认罚

最高人民法院等五部门联合印发的《关于进一步加强国境卫生检疫工作依法惩治妨害国境卫生检疫违法犯罪的意见》第 3 条第 5 项规定,要注重把握宽严相济政策：对于行政违法行为，要根据违法行为的危害程度和行为人的悔过态度，综合确定处罚种类和幅度。对于涉嫌犯罪的，要重点打击情节恶劣、后果严重的犯罪行为；对于情节轻微且真诚悔改的，依法予以从宽处理。辩护律师应给嫌疑人、被告人分析认罪认罚的好处，引导他们认罪认罚，积极悔过，争取最好的辩护效果。

二、此罪与彼罪

（一）妨害国境卫生检疫罪与妨害传染病防治罪

2020 年初，多地的执法机关对一些逃避国境检疫的行为错误地适用妨害传染病防治罪追究行为人的刑事责任，因此有必要对二者进行区别分析。妨害传染病防治罪是指违反传染病防治法的规定，引起甲类传染病传播或者有传播严重危险的行为。妨害国境卫生检疫罪与妨害传染病防治罪的区别在于：一是主体不同，妨害国境卫生检疫罪的主体是进出境的单位、个人。而妨害传染病防治罪的主体是卫生行政等政府部门、疾病预防控制机构等对传染病患、疑似病患负有管控义务及对污水、污物、粪便有处理义务的相关单位、个人以及其他拒绝执行卫生防疫机构依照传染病防治法提出的预防、控制措施的单位、个人。二是客体不同，妨害国境卫生检疫罪侵犯的客体是国家对国境卫生检疫的正常管理活动，集中于国境边界的领域。妨害传染病防治罪侵犯的客体是国家关于传染病防治的管理制度，主要为公共卫生安全，集中于境内领域。三是主观故意不同，妨害国境卫生检疫罪主观上是明知应当接受卫生检疫检查而故意逃避或拒绝。妨害传染病防治罪实施违反传染病防治法规定的行为可以是故意，也可以是过失；但对引起甲类传染病传播或者有传播严重危险的结果主观为过失（如故意，则构成以危险方法危害公共安全罪）。四是客观行为不同，妨害国境卫生检疫罪的客观行为是实施了违反国境卫生检疫规定，引起检疫传染病的传播，或者有传播严重危险的行为。如《关于进一步加强国境卫生检疫工作　依法惩治妨害国境卫生检疫违法犯罪的意见》第 2 条所列举行为。而妨害传染病防治罪则是违反传染病防治法的规定，拒绝执行卫生防疫机构依照传染病防治法提出的预防、控制措施，造成甲类传染病传播或者有传播严重危险的行为。五是对传染病的分类不同，妨害国境卫生检疫罪所涉的传染病有两类，一类为检疫传染病，一类为监测传染病。妨害传染病防治罪所涉的传染病为甲类传染病。根据《中华人民共和国传染病防治法》规定甲类传染病有鼠疫和霍乱两种。但根据该法第4条规定，对乙类传染病中传染性非典型肺炎、炭疽中的肺炭疽和人感染高致病性禽流感，采取本法所称甲类传染病的预防、控制措施。其他乙类传染病和突发原因不明的传染病需要采取本法所称甲类传染病的预防、控制措施的，由国务院卫生行政部门及时报经国务院批准后予以公布、实施。新冠肺炎即属此种情形。

(二) 妨害国境卫生检疫罪与以危险方法危害公共安全罪

以危险方法危害公共安全罪是指投放传染病病原体等物质或者以其他危险方法危害公共安全，尚未造成严重后果（危险犯）或致人重伤、死亡或使公私财产遭受重大损失的行为（实害犯）。妨害国境卫生检疫罪与以危险方法危害公共安全罪的区别有以下方面。一是主体不同，单位不可构成以危险方法危害公共安全罪的主体。二是客体不同，以危险方法危害公共安全罪侵犯的客体是国家对社会公共安全的管理秩序。三是主观故意不同，以危险方法危害公共安全罪的主观系明知所实施的行为会造成危害公共安全的后果，并且希望或者放任这种危害后果发生。四是客观行为不同，以危险方法危害公共安全罪的行为是故意使用与放火、决水、爆炸、投放危险物质等危险性相当的其他危险方法侵害不特定多数人的生命健康权或者重大公私财产权，危害公共安全的行为。根据《关于依法惩治妨害新型冠状病毒感染肺炎疫情防控违法犯罪的意见》的规定，故意传播新冠肺炎有以下情形的，以以危险方法危害公共安全罪定罪处罚：

（1）已经确诊的新型冠状病毒感染肺炎病人、病原携带者，拒绝隔离治疗或者隔离期未满擅自脱离隔离治疗，并进入公共场所或者公共交通工具的；

（2）新型冠状病毒感染肺炎疑似病人拒绝隔离治疗或者隔离期未满擅自脱离隔离治疗，并进入公共场所或者公共交通工具，造成新型冠状病毒传播的。

第七章
与进出口通关相关的民商事案件代理实务

国际贸易蓬勃发展的必然结果就是相关贸易纠纷的增加。这类案件由于具备国际贸易因素，与进出口通关相关，有着鲜明的特点。本书将以进出口通关领域几类常见的、典型的案件为例，梳理案件办理思路，提示办案要点。

一、国际货物买卖合同纠纷案件

国际货物买卖合同是境内主体和境外主体签订的货物买卖协议，该协议最大的特点是具有涉外性，办理此类案件时应全方面考量涉外因素对案件程序和实体的影响，从而确定适合的诉讼策略。办理该类案件应当注重的关键点如下。

(一) 法律适用问题

由于诉讼主体的涉外性，适用哪国法律是首先要考虑的问题。很多人理所当然地认为应适用中国法律，这是一种误解。根据《中华人民共和国涉外民事关系法律适用法》第 3 条规定，当事人依照法律规定可以明示选择涉外民事关系适用的法律。因此，首先需要审查案涉合同对适用的法律有无约定，如果合同约定适用域外法律，下一步就是域外法律查明的问题。根据《中华人民共和国涉外民事关系法律适用法》第 10 条规定，当事人选择适用外国法律的，应当提供该国法律。不能查明外国法律或者该国法律没有规定的，适用中华人民共和国法律。实践中，存在当事人没有提交外国法律或者提交的形式不合法的情形。一般来说，提交外国法律应经过相关部门认证或公证。如果双方对法律均未约定，也不必然适用中华人民共和国法律。根据《中华人民共和国民事诉讼法》第 260 条规定，中华人民共和国缔结或者参加的国际条约同本法有不同规定的，适用该国际条约的规定，但中华人民共和国声明保留的条款除外。凡是中华人民共和国缔结或者参加并已对中华人民共和国生效的国际条约，与中华人民共和国法律就同一事项有不同规定时，优先适用国际条约的规定。如果案件双方当事人均是国际条约的加入国，应优先适用国际条约，在国际买卖合同这一法律关系下，最常引用的国际条约是《联合国国际货物销售合同公约》。

（二）间接代理问题

我国外贸制度经历了从审批制向登记制的转变。审批制下，只有有进出口经营权的企业才可以对外进行国际贸易，没有进出口经营权的企业需要委托外贸代理公司对外签订合同，进行交易。2001年我国加入世界贸易组织时承诺，逐步放宽企业对外贸易权的获得及范围，在3年内使所有在中国的企业均有权在中国的全部关税领土内从事所有货物的贸易。鉴于此，2004年我国修订《对外贸易法》，将外贸审批制改为外贸备案制，放开外贸经营权。我国传统的外贸代理模式随着外贸权的放开已经发生了重大变化，但仍然有很多企业采用外贸代理的方式进行国际贸易。在外贸代理模式中，分为直接代理与间接代理两种模式。直接代理中，因为代理方、委托方、贸易相对方均是显名的，真实的买卖双方主体很容易证实是委托方和贸易相对方，在此不展开讨论。焦点和重点是间接代理，间接代理是委托方委托代理人，以代理人的名义对外签订合同，外贸合同的签订主体是代理人和境外交易方，在进出口海关申报时，报关单显示的买方（进口收货人）也是代理方。由于委托方没有和境外交易方签订合同，如果后续出现纠纷，在代理人不配合的情况下难以向境外贸易相对方进行索赔。实践中，由于代理公司无法联系或者代理公司不配合，同时代理公司与外方签订的又是仲裁条款，导致委托方（真正的收货人）对外索赔困难。

（三）产品质量问题

国际货物买卖关系中，争议最多的就是货款纠纷和质量纠纷。质量纠纷案件，首先需要注意合同中有无对质量标准进行约定，实践中很多合同的质量条款特别粗糙，有些仅仅规定了大类，对大类下面的具体细项并无约定。如仅规定产地是马来西亚的猫山王品种的榴莲，没有规定具体是马来西亚哪个产区的榴莲。这种情况实践中很多见。很多国际贸易发生在国际展会时，一方在参加世界水果展会时品尝了另一方摆放的榴莲，于是决定购买一批。这个时候，需要深度挖掘具体是马来西亚哪个产区的证据材料，可以从当时的交易背景出发，寻找当时促成双方交易的展会资料，如参展资料有明确马来西亚哪一产区的，那么就可以辅助当事人对质量条款具体内容予以佐证。涉及质量纠纷的还有样品封存问题，在定制类国际贸易中通常会有样品封存程序，建议将样品封存在第三方处，后续双方出现纠纷时，便于比对。质量问题在司法实务中通常需要鉴定，如果合同中就鉴定机构、鉴定费用承担问题提前进行约定，会加快后续处理纠纷的进度。

二、外贸代理（委托代理）纠纷案件

外贸代理制度在我国存在时间较长，不同的委托代理模式纷繁复杂。实践中，外贸代理已经演变成包括融资、退税、报关、货运等一系列服务的综合性业务。处理该类案件时应厘清双方的合作模式和交易架构，确定双方真实的法律关系。现将实践中常见的问题梳理如下。

（一）假自营，真代理

自营单位是海关在进出口监管时常用的术语，指自己对外展开营业，这种情况下是不需要外贸代理企业进行代理的。实践中，出于信息保密、退税周期、专业能力等原因，很多企业不希望以自己的名义对外出口，而是委托给贸易公司出口，由贸易公司以其名义对外出口。因为进项税抵扣等原因，出口企业通常会和贸易公司签订一个内贸协议，该协议显示实际出口企业将该批货物出售给贸易公司，由贸易公司再卖给境外企业。这就是典型的假自营、真代理。这种模式下，实际出口委托人和代理人外贸公司之间签署的合同与实际的法律关系存在出入，一旦发生争议，双方必将从有利于自己的角度各执一词。认定为不同的法律关系对双方的权利义务有巨大的差异。基于买卖关系，委托人可以要求代理人向其支付货款。但基于外贸代理关系，如果境外买方没有支付给代理方货款，代理方有权拒绝向委托人支付货款。

办理这类案件时，首先应还原双方之间的真实法律关系。可以通过谁确定的境外交易方、谁确定的交易价款、双方之间如何收代理费等内容来确定两者之间的真实法律关系。

（二）供应链融资纠纷

常见的情形是，境内购买方需要从境外购买一批设备，由于自己资金不足，便向供应链公司申请融资，供应链公司既作为代理方又作为融资出借方，代境内购买方进口该批设备，设备进境后也是通过内贸形式将设备卖给境内

的购买方。这种情形，最典型的纠纷是产品质量纠纷，如果境外供应商提供的产品质量不合格，境内购买方便会拒绝接收或者要求供应链公司予以赔偿。这对于供应链公司来说显然不合理，因为供应链公司与境内购买方是代理关系，代理人无须对产品质量承担责任。但实践中，双方签订的合同又表现为境内买卖关系，依照合同约定卖方需要对产品质量负责。办理这类案件，需要收集相关证据，深入了解双方之间的交易模式，去伪存真，通过组织证据材料还原双方的真实法律关系。

（三）越权代理纠纷

外贸代理的本质仍然属于代理，代理人应在被代理人的授权范围内从事代理业务。实践中由于在假自营真代理模式下，代理人具有很大的决定权，通常会出现越权代理的情形。举一个实践中的案例，甲公司是我国一家做智能机器人的领军企业，乙公司是丹麦生产高端工业胶水的企业，丙是一家外贸公司，甲公司委托丙公司向乙公司采购胶水，乙公司经过与甲公司沟通知道丙公司代表甲公司进行的采购，于是丙公司可以低于市场价40%的价格拿到乙公司的胶水。各方之间的交易流程是，甲公司向丙公司下单，丙公司再以自己的名义向乙公司下单。丙公司得知该类胶水在国内市场的供应很紧张，可以获得巨大利润，在没有拿到甲公司订单的情况下，以自己的名义向乙公司下单大量购买该类胶水然后再转手在国内出售，乙公司以为丙公司代表甲公司进行的采购，于是低价向丙公司出售。某日，乙公司与甲公司会谈，双方发现数据不对，才得知此事，遂将丙公司起诉。本案中，甲公司与丙公司属于间接代理关系，也是隐名代理关系，丙公司的代理权限是根据甲公司的订单向乙公司购买胶水，后期丙公司突破代理权限，在未得到甲公司订单的情形下，以自己的名义向乙公司下单。针对本案，首先是还原甲公司、乙公司、丙公司三方之间的法律关系，之后再确定丙公司越权的事实，为此需要花费大量时间查阅三方之间的沟通邮件、文件以推翻表面上的买卖关系，还原真实的代理关系。

三、货运代理合同纠纷

货运代理业务是货运代理公司接受委托人的委托，为进出口货物收货人、发货人和其他委托方或独立经营人提供国际货运代理服务，最常见的是提供货物的运输、报关业务。货运代理公司接受委托后再转委托给运输公司、船公司进行货物运输业务，或转委托给报关公司进行报关、清关业务。由于货运代理业务涉及主体较多，纠纷常发。

(一) 转委托业务导致的纠纷

货运代理公司通常是一个资源整合的角色，自己没有运输车队、船只、飞机等，会将货物转委托给车行、船公司等进行运输。在运输过程中，由于运输公司的过错导致委托人货物的损失，货运代理公司是否需要承担相关的赔偿责任，存在争议。例如，运输公司将货物运输到码头，买方（收货人）在没取得正式提单情况下，要求运输公司放货，如果运输公司无单放货，那么货主会根据与货运代理公司签订的合同追究其责任。又如，货运代理公司将报关业务转委托给报关公司，报关公司由于疏忽导致申报差错，货物被海关查扣，从而导致委托人的货物被退运或被处罚，货运代理公司需要对此承担相关损失。

(二) 因监管部门执法产生的损失分担问题

这个问题在进出口业务中非常典型，比如因为海关执法，将运输车辆查扣在货场，由此产生的车辆运输费用由谁承担。如果查验结果没有问题，委托人认为不是自己的原因导致运输费增加，自己不应承担；运输公司认为由于配合海关查车产生的运输费需要委托人承担。货运代理公司如果在合同中没有约定清楚，很有可能最后买单的是货运代理公司。举一个实践中的案例，甲公司是货运代理公司，乙公司委托甲公司进口一批货物，货物通关时被海关查验，运输车辆被扣留 10 天，货物被认定为废物，然后直接退运，车辆返还给运输公司。委托人将这 10 天的运输费用付给了货运代理公司。后由于案件未结，海关让委托人协助处理，委托人不配合。海关在涉案运输车辆通关时将车辆扣留，直到案件处理结束，共有 100 天。当然这是很极端的情况，在当前的执法实践中几乎不会出现。对于这 100 天被扣留的损失，委托人拒绝承担，认为这是海关因其他事项的扣留，与其无关。运输公司要求货运代理公司偿付，认为是由于行政处理导致的车辆被扣留。对于这个问题，货运代理公司处于尴尬境地，最终货运代理公司将委托人起诉到法院。处理该类案件时，要了解执法机关扣留车辆的原因，设法取证；然后确定双方之间运输费用的计算方法，计算损失。

（三）无法确认委托人

货运代理公司通常使用 QQ、微信这种方式与客户（委托人）对接，这些客户是幕后真实的货主，但其不会出现在报关单上，也不会与货运代理公司签订委托合同。如果这个时候，委托人拒付服务费，货运代理公司仅依靠报关单进行诉讼，败诉风险很高。实践中，有货运代理公司直接把报关单上的收发货人、消费使用单位两个主体诉至法院，但又无法提供这两个公司的订单和沟通记录。我们的建议是，处理这类案件时，还是要回归真实的法律关系，从与委托人之间的聊天记录、转账记录、以往的订单等内容确定真实的委托人，然后再提起诉讼。

附录

进出口通关法律实务常用法律规范文件

本书中涉及以下常用法律规范。

（一）法律

《中华人民共和国进出境动植物检疫法》（2009 年修正）

《中华人民共和国涉外民事关系法律适用法》（2011 年）

《中华人民共和国行政强制法》（2012 年）

《中华人民共和国对外贸易法》（2016 年修正）

《中华人民共和国行政处罚法》（2021 年修订）

《中华人民共和国行政诉讼法》（2017 年修正）

《中华人民共和国行政复议法》（2017 年修正）

《中华人民共和国海关法》（2021 年修正）

《中华人民共和国刑法》（2020 年修正）

《中华人民共和国进出口商品检验法》（2021 年修正）

《中华人民共和国国境卫生检疫法》（2018 年修正）

《中华人民共和国行政许可法》（2019 年修正）

《中华人民共和国固体废物污染环境防治法》（2020 年修订）

《中华人民共和国出口管制法》（2020 年）

（二）行政法规

《中华人民共和国进出境动植物检疫法实施条例》（1997 年）

《中华人民共和国货物进出口管理条例》（2002 年）

《中华人民共和国海关行政处罚实施条例》（2004 年）

《中华人民共和国反补贴条例》（2004 年修订）

《中华人民共和国保障措施条例》（2004 年修订）

《中华人民共和国海关统计条例》（2006 年）

《中华人民共和国外汇管理条例》（2008 年修订）

《中华人民共和国海关对出口加工区监管的暂行办法》（2011 年修订）

《保税区海关监管办法》（2011 年修订）

《中华人民共和国海关稽查条例》（2016 年修订）

《中华人民共和国进出口关税条例》（2017 年修订）

《中华人民共和国知识产权海关保护条例》（2018 年修订）

《中华人民共和国海关事务担保条例》（2018 年修订）

《中华人民共和国进出口货物原产地条例》（2019 年修订）

《中华人民共和国进出口商品检验法实施条例》（2019 年修订）

《中华人民共和国国境卫生检疫法实施细则》（2019 年修订）

（三）海关总署部门规章

进出境货物监管类

《中华人民共和国海关行政裁定管理暂行办法》（2002 年）

《中华人民共和国海关进出口货物查验管理办法》（2006 年）

《中华人民共和国海关进出口货物商品归类管理规定》（2021 年）

《中华人民共和国海关暂时进出境货物管理办法》（2017 年）

《中华人民共和国海关预裁定管理暂行办法》（2018 年）

《中华人民共和国海关进出口货物申报管理规定》（2018 年第三次修正）

《中华人民共和国海关对过境货物监管办法》（2018 年修正）

进出境物品监管类

《中华人民共和国禁止进出境物品表》（1993 年）

《中华人民共和国限制进出境物品表》（1993 年）

《中华人民共和国海关关于过境旅客行李物品管理规定》（1991 年）

《中华人民共和国海关对进出境旅客行李物品监管办法》（2017 年修正）

《中华人民共和国海关对进出境快件监管办法》（2018 年修正）

进出境运输工具监管类

《中华人民共和国海关进出境运输工具监管办法》（2018 年修正）

关税征收管理类

《中华人民共和国海关税收保全和强制措施暂行办法》（2009 年）

《中华人民共和国海关审定进出口货物完税价格办法》（2014 年）

《中华人民共和国海关审定内销保税货物完税价格办法》（2014 年）

《中华人民共和国海关进出口货物减免税管理办法》（2021 年）

《中华人民共和国海关进出口货物征税管理办法》（2018 年修正）

加工贸易保税监管类

《中华人民共和国海关加工贸易货物监管办法》（2020 年修正）

《中华人民共和国海关对保税仓库及所存货物的管理规定》（2018 年修正）

《中华人民共和国海关对出口监管仓库及所存货物的管理办法》（2018 年第二次修正）

《中华人民共和国海关关于加工贸易边角料、剩余料件、残次品、副产品和受灾保税货物的管理办法》（2018 年第二次修正）

《中华人民共和国海关加工贸易单耗管理办法》（2018 年第二次修正）

《中华人民共和国海关出口加工区货物出区深加工结转管理办法》（2018 年第二次修正）

稽查、处罚类

《中华人民共和国海关办理行政处罚案件程序规定》（2021 年）

《〈中华人民共和国海关稽查条例〉实施办法》（2016 年）

企业管理类

《中华人民共和国海关注册登记和备案企业信用管理办法》（2021 年）

公告类

《海关总署关于非优惠原产地规则中实质性改变标准的规定》（海关总署令 2018 年第 238 号）

《关于明确税款滞纳金减免相关事宜的公告》（海关总署公告 2015 年第 27 号）

《关于取消加工贸易银行保证金台账制度有关事宜的公告》（海关总署、商务部公告 2017 年第 33 号）

《关于推进全国海关通关一体化改革的公告》（海关总署公告 2017 年第 25 号）

《关于实施〈中华人民共和国海关预裁定管理暂行办法〉有关事项的公告》（海关总署公告 2018 年第 14 号）

《关于〈中华人民共和国海关企业信用管理办法〉及相关配套制度实施有关事项的公告》（海关总署公告 2018 年第 32 号）

《关于加工贸易监管有关事宜的公告》（海关总署公告 2018 年第 104 号）

《关于取消〈加工贸易企业经营状况及生产能力证明〉的公告》（商务部、海关总署公告 2018 年第 109 号）

《关于公布〈海关认证企业标准〉的公告》（海关总署公告 2020 年第 137 号）

《关于跨境电子商务零售进出口商品有关监管事宜的公告》（海关总署公告 2018 年第 194 号）

《商务部、发展改革委、财政部、海关总署、税务总局、市场监管总局关于完善跨境电子商务零售进口监管有关工作的通知》（商财发〔2018〕486 号）

《关于处理主动披露涉税违规行为有关事项的公告》（海关总署公告 2019 年第 161 号）

《关于开展 2020 年度法定检验商品以外进出口商品抽查检验工作的公告》（海关总署公告 2020 年第 95 号）

其他

《中华人民共和国海关行政赔偿办法》（2003 年）

《边民互市贸易管理办法》（2010 年修改）

《有关进出口货物税则号列申报不实规定的理解和适用问题》（海关总署第 2 号行政解释，署法发〔2012〕495 号）

《货物贸易外汇管理指引》（2012 年）

《货物贸易外汇管理指引实施细则》（2012 年）

《中华人民共和国海关行政复议办法》（2014 年修改）

《中华人民共和国海关计核涉嫌走私的货物、物品偷逃税款暂行办法》（2018 年修正）

《中华人民共和国海关行政许可听证办法》（2018 年修正）

《中华人民共和国海关关于〈中华人民共和国知识产权海关保护条例〉的

实施办法》（2018 年修订）

（四）司法解释

《最高人民法院关于处理自首和立功具体应用法律若干问题的解释》（法释〔1998〕8 号）

《最高人民法院关于审理单位犯罪案件具体应用法律有关问题的解释》（法释〔1999〕14 号）

《最高人民检察院关于擅自销售进料加工保税货物的行为法律适用问题的解释》（高检发释字〔2000〕3 号）

《最高人民法院、最高人民检察院、海关总署关于印发〈办理走私刑事案件适用法律若干问题的意见〉的通知》（法〔2002〕139 号）

《最高人民法院关于被告人对行为性质的辩解是否影响自首成立问题的批复》（法释〔2004〕2 号）

《最高人民检察院、公安部关于公安机关管辖的刑事案件立案追诉标准的规定（一）》（公通字〔2008〕36 号）

《最高人民法院、最高人民检察院关于办理职务犯罪案件认定自首、立功等量刑情节若干问题的意见》（法发〔2009〕13 号）

《最高人民法院关于审理走私犯罪案件适用法律有关问题的通知》（法〔2011〕163 号）

《最高人民法院、最高人民检察院关于办理走私刑事案件适用法律若干问题的解释》（法释〔2014〕10 号）

《最高人民法院、最高人民检察院关于办理妨害文物管理等刑事案件适用法律若干问题的解释》（法释〔2015〕23 号）

《最高人民法院关于审理毒品犯罪案件适用法律若干问题的解释》（法释〔2016〕8 号）

《最高人民法院、最高人民检察院关于涉以压缩气体为动力的枪支、气枪铅弹刑事案件定罪量刑问题的批复》（法释〔2018〕8 号）

《最高人民法院关于审理走私、非法经营、非法使用兴奋剂刑事案件适用法律若干问题的解释》（法释〔2019〕16 号）

《关于进一步加强国境卫生检疫工作　依法惩治妨害国境卫生检疫违法犯罪的意见》（署法发〔2020〕50 号）